当代中国马克思主义
经济哲学思想研究

Research on Contemporary
Chinese Marxist

Economic
Philosophy

易美宇　邓斯雨　著

社会科学文献出版社

SOCIAL SCIENCES ACADEMIC PRESS (CHINA)

序

　　中国经济社会发展的奇迹折射出理论话语的滞后。从本质上来说，这种滞后一方面源于日益实证化的经济学对经济社会奇迹背后之哲学智识支持的忽视，另一方面源于哲学对直接推动经济社会发展奇迹的经济实践探索和经济思想创新的高度关注。纵览西方经济学思想史，哲学与经济之间的内在关联不是什么秘密。在西方经济学之父亚当·斯密那里，经济学就被视为伦理学的组成部分，与哲学具有天然的"血缘关系"。在马克思、恩格斯那里，政治经济学批判是基于唯物史观并具有唯物史观高度的政治经济学，而唯物史观是服务于政治经济学并在政治经济学批判中获得生命活力的唯物史观，甚至我们可以将马克思主义的哲学和政治经济学视为同一理论整体的两个维度。这一理论整体就是"马克思主义经济哲学"。"马克思主义经济哲学"是一个极具科学性和现实性的学科范畴。在此范畴下，人们可以借助哲学的智识支援，把握人类经济社会发展的内在规律；同样，人们亦可以在鲜活的经济活动中，为哲学自我发展提供丰富的质料。在此范畴下，人类社会本身的整体性才得以获得完整的理论表达。人类社会本身是作为一个完整机体直接呈现的，人类社会发展的现实问题也不是分学科发生的。只有立足于"经济－哲学"的整体性视角，才能完整诠释人类社会的发展规律。如此，探寻新时代中国经济社会奇迹之谜，就理所当然地要从解析当代中国马克思主义经济哲学入手了。这一任务要求我们必须回到作为经济哲学研究典范的马克思主义经济哲学那里去。在马克思主义经济哲学的思想传统中，虽然直接地看来，它似乎仅仅是哲学革命与政治经济学革命的内在性关联和整体性呈现，但由于它本质性地以共产主义为灵魂归宿，并密切关联着政治、文化、社会、生态等多重维度，因而从某种意义上说，马克思主义经济哲学可以被视作马克思主义的代名词。正是马克思主义经济哲学的理论特质和思想传统，使马克思主义成为"一整块钢铁"与"艺术的整体"。作为如此这般的"整体"，马克思主义经济哲学乃是一种具有总体性的研究范式，具有无可置疑的当代性意义。它不仅为当代经济哲学研究提供了重要范式，使作为"结构性交叉"的经济哲学研究更具合法性，而且契合了新时代中国特色社会主义从经济、政治、社会、文化到生态实践的现实，是解码中国特色社会主义经济社会发展奇迹、呈现中国特色社会主义理论的深厚底蕴、勾勒当代中国马克思主义经济哲学思想创新、构建当代中国马克思主义经济哲学话语体系的理论遵循。

作为一种总体性的研究范式，马克思主义经济哲学思想具有本体论、认识论、方法论和价值论四重理论维度，其原初思想逻辑就是在四重理论维度的相互交织中展开的，旨在基于对人类社会发展规律的宏大理论叙事，揭示现代社会即资本主义社会的经济运动规律，科学论证资本主义走向灭亡和无产阶级获得彻底解放的历史必然性。遵循马克思主义经济哲学思想的原初逻辑及总体性范式，本书从四个相互渗透、相互交织的维度，即从经济哲学本体论、经济哲学认识论、经济哲学方法论以及经济哲学价值论，来尝试性地解析当代中国马克思主义经济哲学的创新话语。

在经济本体论维度中，当代中国马克思主义经济哲学聚焦于对中国特色社会主义历史方位、基本经济制度和中国式现代化道路的哲学判定。以唯物史观为基础，在世界历史和人类共同命运的大尺度理论视野中，追问中国特色社会主义经济实践的历史方位、基本经济制度的社会主义性质以及中国特色社会主义市场经济与中国式现代化道路的内在关联及其在人类文明史上的重大意义，这是典型的经济哲学本体论课题。就历史方位而言，百年未有之大变局、中国特色社会主义进入新时代、中国经济进入新常态的历史标定，为新时代中国特色社会主义经济建设提供了精准的方位坐标系；就中国经济现代性而言，必须立足于当下中国的发展实际，在进一步坚持和完善社会主义基本经济制度的基础上，把实现经济体系现代化作为经济实践重点；并将坚持中国共产党领导作为实现经济现代性、坚持和完善社会主义基本经济制度的根本保证；中国式现代化道路与中国特色社会主义市场经济具有本质关联，它们共同指向并肩负着实现中华民族伟大复兴与开启人类文明新形态的时代重任。历史方位、经济现代性与时代任务的三大哲学判定，构成了当代中国马克思主义经济哲学的本体论维度。

经济哲学本体论维度的澄明关联着对新时代中国特色社会主义经济实践一系列重大问题的认识论创新。从经济哲学本体论维度来理解历史方位、经济现代性与基本经济制度、时代任务与中国道路，本身就意味着当代中国共产党人正在重新认识中国特色社会主义建设的特殊性及其现实规律，正在日益深入地推进马克思主义中国化的现实进程，正在实现当代中国马克思主义经济哲学的认识论创新。在对经济发展动力机制的哲学判定中，依据社会主要矛盾的新时代转变，将创新驱动视为经济发展的主要动力；在对经济发展理念的哲学审视中，一方面牢牢把握住经济发展对于坚持和完善中国特色社会主义、实现中华民族伟大复兴的重大意义，坚定不移地把发展视为解决一切问题的基础与关键，另一方面积极推进发展理念的时代创新，把"五大发展理念"视为引领新时代中国经济社会发展的先导；在对经济发展格局的哲学反思中，突破了"经济"单维发展的狭隘认识，从"经济－社会"的总体性高度规制新时代发展的总格局，统筹推进"五位一体"协调发展的新格局；在对经济发展新制度的哲学思考中，始终立足于中国国情，在生产力与生产关系的辩证运动中推进社会主义所有制制度创新；在生产与分配、效率与公平的辩证统一中推进社会主义分配制度创新；在经济手段与经济制度的辩证关系中推进社会主义市场经济体制创新。总之，在对中国特色社会主义经济建设规律的特殊性及其现实规律的再认识中，马克思主义政治经济学获得了新的理论表达形式。对经济动力机制、经济发展理念、"经济－社会"发展总格局、中国特色社会主义基本经济制度的哲学审视与创新，构成了当代中国马克思主义经济哲学的认识论维度。

经济认识论的创新同时意味着经济方法论上的突破。经济方法论对经济发展方式和经济学的理论建构具有重要意义。科学的方法能够帮助人们正确把握经济活动的规律，指导经济实践。西方经济学之所以陷入困境，其中一个重要原因就是它研究经济活动方法的抽象性和狭隘性。马克思主义经济哲学不仅在经济学的理论前提、理论立场、政治立场与核心观点等方面实现了彻底变革，同时也在方法论上与资产阶级经济学彻底划清了界限。马克思主义经济哲学方法论为新时代中国特色社会主义经济建设和新时代中国特色社会主义政治经济学的理论建构提供了普遍性的指导原则。依据马克思主义经济哲学的基本方法，立足于中国国情和中华优秀传统文化，基于中国特色社会主义理论在经济本体论和经济认识论上的一系列伟大创新，形成了指导中国特色社会主义经济建设取得伟大成就的经济哲学方法论。当代中国马克思主义经济哲学方法论包括经济思维方法、经济工作一般方法与经济建设的具体策略等，是一个日趋成熟的经济方法论体系。就经济思维方法而言，包括辩证思维与历史思维、系统思维与战略思维、创新思维与法治思维、底线思维与短板思维等思维方法；就经济工作一般方法而言，包括坚持实事求是、保持战略定力，坚持问题导向、重视调查研究，坚持抓铁有痕、推进全面协调，坚持稳中求进、做到六稳六保，坚持系统观念、加强统筹协调；就经济建设的具体策略而言，主要包括处理好"一个改变"和"两个没有变"的关系，统筹推进"五位一体"的总体布局、协调推进"四个全面"战略布局，以发展实体经济为根基、以供给侧结构性为主线，正确处理政府与市场的关系、坚持"四化同步"与"区域协调"，坚持"两个增长"与"两个同步"相统一、用好国际国内两个市场两种资源，更好统筹发展和安全、强化国家经济安全保障，等等。

与西方经济学所宣称的价值无涉抑或价值中立不同，马克思主义经济哲学思想自始至终都秉持无产阶级立场。同样，当代中国马克思主义经济哲学具有鲜明的价值立场。从本质上来说，作为当代中国马克思主义经济哲学的经济学表达，新时代中国特色社会主义政治经济学是科学的人民经济学，体现出鲜明的人文经济学色彩。以人民为中心是中国经济发展的根本价值立场，坚持人民主体地位是中国经济发展的价值出发点，满足人民群众对美好生活的向往是中国经济发展的价值追求，不断实现好、维护好、发展好最广大人民的根本利益是中国经济发展的价值指向，为资本设置"红绿灯"、支持和引导资本规范健康发展是中国经济发展的价值路径，增进人民福祉、实现共同富裕是中国经济发展的价值落脚点。同时，赓续伟大建党精神、实现中华民族伟大复兴是中国经济发展的历史责任，积极参与全球经济治理、重塑更加公平合理的国际经济秩序是中国经济发展的时代担当，推动世界经济发展、构建人类命运共同体、开启人类文明新形态是中国经济发展的深远世界意义。

总之，当代中国马克思主义经济哲学是一个内容丰富的思想整体。本书的本体论、认识论、方法论和价值论的四个理论维度，是呈现中国特色社会主义理论在经济哲学高度上所达成的系列性创新的尝试性解释视角或框架，而且各部分所包含的基本内涵是相互交织和不可分割的，因而对它们的划分与归类只能是相对的。在这个可贵的理论尝试过程中，中国马克思主义哲学，尤其是中国马克思主义经济哲学也为自身的理论创新找到了最为坚固、最为丰富的质料素材和现实基础。

卜祥记

上海交通大学马克思主义学院特聘教授、

全国经济哲学研究会副会长

目　录

导论　新时代中国特色社会主义研究的新视角

——"经济哲学"视角

一　研究背景：新时代中国经济社会发展奇迹的哲学追问

在百年变局和世纪疫情交织叠加的 2021 年，我国国内生产总值突破110 万亿元，达到 1143670 亿元，较 2020 年增长了 8.1%，人均国内生产总值 80976 元，比 2020 年增长 8.0%。① 新产业、新业态、新模式加速成长，城乡区域协调发展扎实推进、生态环境保护取得新成效。毫无疑问，中国经济社会发展所取得的显著成绩，必将在全世界范围内把求解新时代中国经济社会发展奇迹之谜的研究推向又一个高潮。一个不容忽视的事实是，中国造就的经济快速发展和社会长期稳定两大奇迹，绝非闪现于历史河流中的"浪花"，而是顺应了时代情势的"大潮"，更是引领着人类文明的"先锋"。这表明，中国经济快速发展和社会长期稳定奇迹的取得，本质性地关联着历史发展的必然意蕴、时代精神的现实意蕴以及文明跃迁的进步意蕴。理论界要探寻奇迹之谜，就不得不去揭示和阐释这些意蕴，那些试图绕过这一点的人，将错失这一宝贵的思想支撑点和中转站。这些意蕴的阐明直接性地告诉我们如此事实：如果将我们的思路局限于一般意义上的经济学（尤其是长期以来盛行于大学课堂的西方经济学），试图在纯

---

① 国家统计局：《中华人民共和国 2021 年国民经济和社会发展统计公报》，2022 年 2 月 28 日，http://www.stats.gov.cn/tjsj/zxfb/202202/t20220227_1827960.html。

粹的经济学领域来对这一奇迹加以探究，那么我们不仅不会有半点理论上的推进，反而有将话语权拱手让人的意识形态风险。

一个鲜明的立场是，中国奇迹必须由中国理论来加以阐明。如此立场的确立，必然将我们从纯经济学的狭隘视野引向更加广阔的政治经济学理论视域。习近平总书记不止一次地要求我们学好、用好政治经济学，发展当代中国马克思主义政治经济学，要坚持新时代中国特色社会主义政治经济学。当我们着手构建新时代中国特色社会主义政治经济学时，马上就会发现它与马克思主义经济哲学的原初性内在关联。我们立即体察到，马克思主义经济哲学与中国经济奇迹背后内在机理的天然契合性。我们似乎能够感受到马克思在进行政治经济学批判时，那展望美好未来的深邃目光。就是说，求解经济社会奇迹之谜，必须进入"两个统一"的理论生成界面，一是中国特色社会主义政治经济学，二是马克思主义经济哲学及其中国化。而要实现二者的有机统一，只有在当代中国马克思主义经济哲学中才能实现。当代中国马克思主义经济哲学的理论出场，同时是中国经济社会奇迹之谜的解答。就此而言，理论界全方位、全视域地展开对当代中国马克思主义经济哲学的研究，意义重大且任重道远。

二 研究述评："经济学"与"哲学"维度中的习近平新时代中国特色社会主义思想研究

（一）关于马克思主义经济哲学的理论范式与现实意义研究

1. 国内研究

社会科学的发展应当走整体化、系统化和集约化的路子，经济哲学就是其中的典范[①]；哲学与经济学的创造性结合是马克思剖析社会奥秘的一生不变的研究路径，正是通过这种相得益彰的内在结合，马克思得以走向历史的深处，将唯物史观和剩余价值学说这两大发现贡献给我们，成为人类历史上永垂不朽的伟大思想巨人[②]；在实现哲学与经济学的相互渗透和

---

① 张雄、陈章亮：《经济哲学：经济理念与市场智慧》，云南人民出版社，2000，前言第 6 页。
② 余源培、荆忠：《马克思的启示：在哲学与经济学的结合中走向历史的深处》，《东南学术》2000 年第 5 期。

融合的同时，必须继承马克思主义经济哲学的理论传统①；马克思的政治经济学批判就是追求经济的"政治和哲学的实现"②；经济哲学旨在通过两门学科的"强强联合"，充分发挥其由于辩证综合而展现的理论优势，对当代人类社会和我国社会主义现代化事业所面临的重大问题进行整体性研究③；马克思的经济哲学是一个不可分割的历史性理论整体④；马克思经济哲学是以共产主义为宗旨的哲学与经济学交叉融合的思想体系⑤。

　　社会主义经济建设需要社会主义经济哲学⑥；毛泽东经济哲学思想和邓小平经济哲学思想是马克思主义经济哲学中国化的理论结晶⑦；经济学与哲学是社会科学两大基础学科，它自身建设的好坏，直接关联着改革的理论对改革实践前导作用的发挥。应当看到，中国的改革是一项多因子、多目标、多变量的系统工程，社会科学的发展也应当走整体化、系统化和集约化的道路⑧；在实现哲学与经济学的相互渗透和融合的同时，继承马克思主义经济哲学的传统，实现它在当今条件下的新发展，在应用马克思主义哲学解决经济学和回答我国改革开放面临的重大问题的研究中，构建具有中国特色的马克思主义经济哲学⑨；哲学和政治经济学是马克思研究社会经济矛盾的两个内在统一的思维层次。依循马克思的思路，坚持在社会经济矛盾的研究中，强化哲学和政治经济学的内在统一，弥补将二者分化、隔离的缺陷，是社会主义理论发展的必要前提⑩；马克思的经济哲学传统是批判美国化的资产阶级经济学及其哲学理念的有理、有力和有效的

①　吴德勤：《经济哲学——历史与现实》，上海大学出版社，2002，序言第3页。
②　张雄：《政治经济学批判：追求经济的"政治和哲学实现"》，《中国社会科学》2015年第1期。
③　余源培：《马克思主义经济哲学及其当代意义》，上海人民出版社，2016，第297页。
④　张以哲：《通往真理的道路：马克思早期经济哲学思想探析》，上海财经大学出版社，2019，第3-4页。
⑤　范迎春、卜祥记：《"双重起源论"视域中的马克思经济哲学思想的发展逻辑》，《南昌大学学报（人文社会科学版）》2021年第6期。
⑥　陈章亮主编《社会主义经济哲学概论》，上海交通大学出版社，1987，第5页。
⑦　王金磊：《毛泽东经济哲学思想导论》，湖南人民出版社，2006，第285页；朱书刚：《试论邓小平经济哲学思想》，《中南财经大学学报》2001年第1期。
⑧　张雄、陈章亮：《经济哲学：经济理念与市场智慧》，云南人民出版社，2000，前言第6页。
⑨　吴德勤：《经济哲学：历史与现实》，上海大学出版社，2002，序言第3页。
⑩　刘永佶：《论哲学和政治经济学在研究社会经济矛盾中的内在统———基于哲学和政治经济学形成期资本主义与社会主义两大派系的考察》，《马克思主义研究》2009年第11期。

武器①；马克思主义经济哲学思想是指导中国特色社会主义建设实践和理论创新的指南②，不仅反映和表达而且塑造和引导了新的时代精神③，习近平新时代中国特色社会主义思想是对马克思主义哲学的创新与发展④，凝聚了当今世界的时代精神，代表了当代中国的思想高度，开辟了21世纪当代中国马克思主义哲学发展新境界⑤，是用当代鲜活的实践语言写成的《资本论》的伟大续篇⑥；直面新时代中国特色社会主义理论建设的需求，回答新时代经济社会发展面临的重大现实问题，作为广义上的生态哲学的马克思经济哲学，必须将重建马克思生态哲学的理论基础作为马克思经济哲学研究的当代使命⑦。

目前国内学界在新时代中国特色社会主义的伟大实践中推进经济哲学研究。当西方经济学在所谓数理模型、价值中立的"科学"道路上越走越远时，中国经济哲学学者正以一种超越式的哲学眼界，来审视西方经济学及其带来的流弊，并在中国特色社会主义的视域中，自觉回到马克思主义经济哲学，积极推进中国马克思主义经济哲学创新发展，构建中国特色政治经济学的理论体系，为新时代中国经济社会的发展提供哲学智慧支援。

2. 国外研究

（1）马克思早期经济哲学思想和后期"资本论"研究的关系之争

马克思思想的发展存在着一个从早期的意识形态批判向后期的政治经济学批判的理论转向，存在着早期哲学批判与后期政治经济学批判的思想断裂⑧，应当把马克思后期的政治经济学批判作为纯粹的经济学问题来对待⑨，

---

① 宫敬才：《重建马克思经济哲学传统》，人民出版社，2018，第9页。

② 余源培、赵修义、俞吾金等：《关于经济哲学的笔谈》，《中国社会科学》1999年第2期。

③ 孙正聿：《〈资本论〉与马克思主义哲学》，《学习与探索》2014年第1期。

④ 侯惠勤：《中国特色社会主义的哲学坚守与创新》，当代中国出版社，2019，第108页。

⑤ 王伟光：《开辟当代马克思主义哲学新境界》，中国社会科学出版社，2019，第262页。

⑥ 鲁品越：《〈资本论〉与当代世界》，学习出版社，2022，第324页。

⑦ 卜祥记、王子璇：《马克思经济哲学思想研究的理论逻辑与问题域》，《广西社会科学》2021年第1期。

⑧ 参见〔法〕路易·阿尔都塞、艾蒂安·巴里巴尔：《读〈资本论〉》，李其庆、冯文光译，中央编译出版社，2017。

⑨ 参见〔英〕本·法因、劳伦斯·哈里斯：《重读〈资本论〉》，魏埙、张彤玉等译，山东人民出版社，1993。

而在哲学之外的马克思经济学的劳动价值论等核心理论是不能成立的（庞巴维克，1889）；与之相反，决不可以把马克思的哲学与政治经济学割裂开来，马克思以政治经济学批判论证了哲学的无产阶级立场（约翰·E. 罗默，2003）。①

（2）《资本论》的理论定向之争

对《资本论》的理论定向的讨论，是关涉能否抵达马克思经济哲学思想的本真境域的重大问题。但是很长一段时间以来，国外相关学者在这个问题上存在着严重分歧，呈现出诸如经济学、哲学、政治学、逻辑学等多样化的阐释进路。在这些多样化的阐释进路之中，有两大解释路向形成了尖锐的对立关系：经济学理论定向和哲学理论定向。②

就哲学理论定向来说，《1844 年经济学哲学手稿》的正式发表，在东欧等地区引发了从哲学路径诠释马克思的经济哲学思想的理论热潮。苏联学者鲁宾的《马克思价值理论文集》（1928）是这一理论定向的先行者。匈牙利学者卢卡奇所著的《历史与阶级意识》开启黑格尔主义解释之先河，代表了当时通过更新和发展黑格尔的辩证法和方法论来恢复马克思理论的革命本质的最激进尝试。但是卢卡奇所理解的马克思经济哲学思想的总体性辩证法，是黑格尔式的精神辩证法，具有明显的思辨性，使得卢卡奇错误地认为"不是经济动机在历史解释中的首要地位，而是总体的观点，使马克思主义同资产阶级科学有决定性的区别"③。阿尔都塞则开启了一条辩证唯物主义的哲学化解读路径（1965）。"新黑格尔派马克思主义"中的"德国新马克思阅读学派"（弗雷德里克·詹姆逊、罗伯特·奥尔布里顿、托尼·史密斯）和"新辩证法学派"（克里斯多夫·约翰·阿瑟）再度回归马克思经济哲学思想的黑格尔主义诠释之路。

就经济学理论定向而言，学者对此路向的探讨，客观上推进了马克思政治经济学的发展，具有积极意义。但是，由于过度地将研究工作框定在经济学视域中，所以对《资本论》做实证化解读的倾向逐渐凸显。以理论

---

① 〔美〕约翰·E. 罗默：《在自由中丧失：马克思主义经济哲学导论》，段忠桥、刘磊译，经济科学出版社，2003，前言第 2 页。

② 卜祥记：《〈资本论〉理论定向的阐释维度》，《中国社会科学》2020 年第 8 期。

③ 〔匈〕卢卡奇：《历史与阶级意识》，杜章智、任立、燕宏远译，商务印书馆，2004，第77 页。

正统自居的第二国际是这一倾向的始作俑者。其代表人物考茨基、伯恩斯坦、普列汉诺夫，在把唯物史观庸俗地归结为"经济决定论"时，抛弃了《资本论》所独有的唯物史观原则高度，以至于他们最后竟倒退回李嘉图的范式中来阐释马克思的价值论。费彻尔评价这一做法把"马克思主义变成了实证主义的变种"。① 因此，面对来自以庞巴维克为代表的新古典政治经济学的攻击时，除希法亭的抵抗稍显主动之外，整个第二国际基本处于被动防守地位。更为荒谬的是，伯恩斯坦竟然以"边际效用论"取代了"劳动价值论"，这就彻底地抛弃了马克思政治经济学的理论立场。在随后的研究中，"分析的马克思主义"和"数理马克思经济学派"试图通过改造马克思政治经济学的方法论来彻底消除黑格尔哲学的影响。他们向西方主流经济学靠近，用实证方法取代马克思的辩证法。如"分析的马克思主义"的科恩运用分析哲学的方式重构唯物史观，埃尔斯特和罗默则直接引入了方法论个人主义和理性选择理论，同时采用主流经济学的数学模型化、均衡分析框架等微观分析方法处理马克思主义经济学的理论问题。② "数理马克思经济学派"也将数理分析运用于马克思经济学研究，并在吸纳主流经济学方法论的前提下与主流经济学展开论战，以维护马克思的经济理论。森岛通夫就转型问题与萨缪尔森的论战及其对扩大再生产理论的新解、置盐信雄在价值理论上的"马克思基本定理"和关于平均利润率的"置盐定理"等，都是颇有影响的理论尝试。③

我们认为，无论是马克思早期经济哲学思想和后期"资本论"研究的关系之争，还是《资本论》的理论定向之争，都具有一定的积极性意义，帮助我们拓展了视野并发散了思维。例如《资本论》的经济学理论定向提升了马克思政治经济学的科学性，而哲学理论定向又为我们进一步反思马

---

① 〔德〕费彻尔：《马克思与马克思主义：从经济学批判到世界观》，赵玉兰译，北京师范大学出版社，2009，第 86 页。
② 参见〔英〕G. A. 科恩：《卡尔·马克思的历史理论：一种辩护》，段忠桥译，高等教育出版社，2008；〔美〕乔恩·埃尔斯特：《理解马克思》，何怀远等译，中国人民大学出版社，2008；〔美〕罗默：《马克思主义经济理论的分析基础》，汪立鑫等译，世纪出版集团、上海人民出版社，2007。
③ 参见置盐信雄、骆桢、李怡乐等：《技术变革与利润率》，《教学与研究》2010 年第 7 期；〔日〕森岛通夫：《马克思经济学——价值与增长的双重理论》，张衔译，中国社会科学出版社，2017。

克思哲学革命与"资本论"研究提供了有益的启示。但是，这些研究又都具有各自的局限性，造成局限性的原因在于未能准确理解马克思哲学革命的本质及其与"资本论"研究的内在逻辑关系，而这正是马克思主义经济哲学研究及其新时代意义凸显的关键所在。

（二）关于西方经济哲学的研究

1. 国外西方经济哲学研究

就思想史而言，经济哲学不是晚近的新概念，其深厚的历史渊源甚至可以追溯到古希腊、罗马和中世纪经院哲学的经济思想中。但就学科意义而言，经济哲学可追溯到 16 至 17 世纪科学革命。尽管当时对经济问题的思考还未完全离开哲学"母体"，但是自亚当·斯密建立古典经济理论体系后，经济哲学活动的主要平台很快就由哲学走向作为独立学科的经济学。因此，这里我们仅对斯密及之后的经济哲学思想做简单的介绍。一般而言，西方经济哲学的这一发展进程可以简单划分为六个阶段。在这里，我们主要参考的是国内经济哲学研究专家张雄教授的划分标准，并在此基础上对 21 世纪的西方经济哲学动态进行介绍。第一个阶段（18 世纪中叶至 19 世纪初），在道德哲学与古典经济学之间的交流中寻找经济哲学的理论关切点。第二个阶段（19 世纪初至 70 年代），在历史哲学与政治经济学之间的交流中寻找经济哲学的理论关切点。第三个阶段（19 世纪晚期），在经济学方法论与哲学方法论之间的交流中寻找经济哲学的理论关切点。第四个阶段（20 世纪上半叶），在经济学与科学哲学之间的密切交流中寻找经济哲学的理论关切点，所着眼的仍是从上一阶段延续下来的经济方法论纷争。第五个阶段（20 世纪下半叶），在经济学与现代伦理学之间的交流中寻找经济哲学的理论关切点。第六个阶段（20 世纪晚期以来），在经济学与心理学、复杂性科学、信息科学之间的交流中寻找经济哲学的理论关切点。

2. 国内西方经济哲学研究

（1）关于经济哲学本体论

唯物史观的伟大创制意味着用全新的哲学本体论去否定和代替旧有的哲学本体论。① 董明惠认为西方经济学理论的继续发展，不可能在 21 世纪

---

① 宫敬才：《重建马克思经济哲学传统》，人民出版社，2018，第 242 页。

实现创新发展。原因就在于，西方经济学的整套理论方法不是建立在对创造人类社会的劳动的认识基础上，而是建立在对人的生理欲望认识的基础上。这样两种根本不同的认识基础，决定了两种经济学理论在性质和内容上的根本区别。作为一个历史范畴存在于一个历史阶段的商品经济形态，是唯一和独立的，没有另外的经济形态作为历史范畴同时存在。这样，经济学的基础理论对象和真理体系，只有唯一的一个。这个唯一的真理体系，只能是在对劳动认识的基础上建立的。[①]

（2）关于经济哲学认识论

马涛在其专著《理性崇拜与缺憾：经济认识论批判》中系统阐述了哲学的理性概念、认识论和方法论是如何构成经济学的精髓并成为经济学的认识论和方法论的理论基础的。马涛认为西方经济学理论发展史在某种意义上就是经济主体认知理性能力的探讨史，譬如，受西方唯理论的影响，古典经济学和新古典经济学就相应地提出"理性经济人"假设作为其建构经济自由主义和微观经济理论的基础。何关银教授在其《经济认识论》一书中提出目前经济学认识经济现象的特点有两个：一是物化，二是借助数学工具"实证"化。程恩富教授和胡乐明教授主编的《经济学方法论》一书对西方经济学（西方主流经济学）的理性主义哲学底蕴进行了考察分析。该书认为，西方哲学中的理性概念及其理性主义与经济学理性主义具有直接联系。在理性主义哲学的影响下，西方经济学理性主义发展出三大"硬核"：确定性的、轨道世界的经济社会观，理性经济人，个体主义。然后从实证主义、证伪主义（批判的理性主义）、数学形式主义、博弈论对经济学理性主义的冲击等几个阶段分别讨论和展望了理性主义对西方经济学的影响以及提出了借助于非理性传统来对西方经济学进行"理性重建"的构想。鲁品越教授在其《鲜活的资本论——从〈资本论〉到中国道路》一书中也对经济学理性主义进行了考察。他认为西方经济学与近代自然科学的哲学基础相同，就是旧唯物主义。尽管旧唯物主义哲学有许多延伸形态，如贝克莱、休谟的唯心主义哲学，现代英美逻辑实证主义哲学，但是西方经济学的根基仍然是旧唯物主义哲学。形式逻辑就是这种哲学的唯一

---

① 董明惠：《通评西方经济学的理论方法》，清华大学出版社，2016，前言第2页。

的论证工具。西方经济学理论就是建立在这样的哲学基础之上的。在这种情况下，人类对于事物的认识往往会陷入悖论，鲁品越教授称之为"客体的原像－镜像悖论"。主体与认识对象处于二元对立的关系之中，只能对作为独立的自在之物的客体进行直观（注视、沉思、想象）。而要确认镜像与原像是否一致，必须借助于处于二元对立关系之外的中立观察者。同时作为认识主体的人类，永远只能处于主观"镜像"之中，这就形成了无法解决的认识论悖论。

（3）关于经济哲学方法论

廖士祥主编的《经济学方法论》将资产阶级庸俗经济学方法论的固有特征归纳为五点：第一，不是研究资本主义社会的内在生理学，不是研究经济范畴之间的内部联系，而是以描述资本主义社会的竞争现象和摹写资产阶级的日常观念为满足；第二，不是研究人与人之间的生产关系，而是专门研究物的关系，用物的关系掩盖人与人之间的关系，用对物的关系的研究取代对人与人之间的生产关系的研究，其学说充满拜物教气息；第三，不是研究资本主义经济形态所特有的经济范畴和经济问题，而是以研究生产一般、分配一般、交换一般和消费一般相标榜，取代或回避对资本主义经济的特有矛盾的研究；第四，不对经济范畴进行质的分析，而是偏重于量的分析，企图用量的分析取代或偷换质的分析；第五，摒弃资产阶级古典派经济学揭示资本主义社会阶级对立的经济基础的传统，力图炮制和宣扬阶级利益调和一致的经济学说。宏观经济学家向松祚在《超越实证经济学方法论》一文中指出，近代经济学者将自然科学的实证科学方法论移植为自己的哲学基础。他主张，仅仅对新古典经济学那一套假设进行修改是远远不够的，而是要从根本上抛弃新古典经济学的世界观和方法论。[①]张彦教授在《活序：本真的世界观——兼论社会发展的第三种秩序》一书中指出西方经济学的哲学基础归根结底是机械还原论，实质上就是一种理性主义的简化论。[②] 机械论的长驱直入，使经济学被带进不食人间烟火的死胡同。

---

① 向松祚：《超越实证经济学方法论》，《国际融资》2020 年第 12 期。

② 张彦：《活序：本真的世界观——兼论社会发展的第三种秩序》，上海人民出版社，2019，序言第 3 页。

（三）关于习近平新时代中国特色社会主义思想的哲学研究

习近平新时代中国特色社会主义思想是当代中国马克思主义经济哲学思想的集中体现。因此，我们在研究当代中国马克思主义经济哲学思想时，应该首先深入分析习近平新时代中国特色社会主义思想的哲学意蕴，这样可以为我们的研究提供一个更加切近的理论入口。

习近平新时代中国特色社会主义思想自觉运用哲学思维来分析和解决现实问题，是引领新时代的"顶天立地"的原创性理论硕果[①]，具有鲜明的科学性、人民性与实践性等特征[②]。

1. 本体论层面

习近平新时代中国特色社会主义思想对基本国情的判定体现出社会存在决定社会意识的哲学原理，继续坚持以经济建设为中心体现出社会矛盾是社会发展动力的唯物史观，对新时代历史方位的判定体现出对社会历史发展规律的把握[③]；表现为物质生产基础论、以人民为中心论、社会关系本质论[④]。

2. 认识论层面

实践观点集中体现了习近平新时代中国特色社会主义思想的认识论思维[⑤]；习近平新时代中国特色社会主义思想坚持实事求是这一马克思主义的活的灵魂，体现出对认识本质与认识规律的自觉把握。把实事求是作为党的根本路线，体现出对真理与价值的共同追求。把实事求是与解放思想统一起来，体现出认识与实践的统一性原理[⑥]；在认识论层面进一步深化了对人类社会发展规律论、社会主义建设规律论以及共产党执政规律论的把握[⑦]。

---

① 方兰欣：《习近平新时代中国特色社会主义思想的哲学智慧》，《东岳论丛》2021 年第 6 期。
② 孙要良：《习近平新时代中国特色社会主义思想的哲学基础》，《理论视野》2020 年第 1 期。
③ 冯颜利、刘庆芳：《习近平新时代中国特色社会主义思想的哲学基础研究》，《福建师范大学学报（哲学社会科学版）》2021 年第 2 期。
④ 陈胜云：《习近平新时代中国特色社会主义思想的本体论、认识论与方法论》，《广西社会科学》2022 年第 1 期。
⑤ 黄丽萍：《新时代中国特色社会主义思想的哲学底蕴》，《中学政治教学参考》2017 年第 34 期。
⑥ 冯颜利、刘庆芳：《习近平新时代中国特色社会主义思想的哲学基础研究》，《福建师范大学学报（哲学社会科学版）》2021 年第 2 期。
⑦ 陈胜云：《习近平新时代中国特色社会主义思想的本体论、认识论与方法论》，《广西社会科学》2022 年第 1 期。

3. 方法论层面

习近平新时代中国特色社会主义思想把矛盾分析作为自己的辩证法基础①，这一思想所蕴含的辩证、历史、价值、实践和创新等思维特质，对我们弄清历史新变革、历史新方位、时代新使命、时代新课题和时代新思想等论断极具启发意义②。它运用与拓展了唯物辩证法、矛盾分析法、系统分析法，不断丰富和发展马克思主义哲学方法的理论宝库并增强其实践效能③。强调问题导向，坚持在发展中解决发展的问题④；强调实事求是，推进理论创新；强调科学思维能力，提升应对复杂局势的本领⑤。运用从"社会基本矛盾运动"到"中国社会主要矛盾"的社会分析方法⑥，组成一个"普遍－特殊－个别"的方法论体系，实现了马克思主义中国化在方法论层面的创新发展⑦。同时，这一思想开辟发展辩证法时代新内容；准确判断社会主要矛盾，全面把握经济社会发展矛盾体系，赋予矛盾辩证法时代新内涵；立足实际、实践，以理论创新为先导，注重制度创新，推进系统创新，开创实践辩证法时代新境界；运用和贯彻战略思维、创新思维、辩证思维、法治思维、底线思维，彰显马克思主义辩证思维（思维辩证法）时代新风范⑧；创造性地提出了系统观念是基础性的思想及其工作方法，强调了马克思主义思想方法的科学性基础⑨；体现了对现实问题的

---

① 黄丽萍：《新时代中国特色社会主义思想的哲学底蕴》，《中学政治教学参考》2017 年第 34 期。

② 隋洪波：《习近平新时代中国特色社会主义思想的哲学思维方式》，《学习与实践》2018 年第 1 期。

③ 郭云泽、刘同舫：《习近平新时代中国特色社会主义思想对马克思主义哲学的继承与发展》，《思想理论教育》2018 年第 8 期。

④ 韩庆祥、杨建坡：《习近平新时代中国特色社会主义思想的哲学基础》，《山东社会科学》2019 年第 7 期。

⑤ 冯颜利、刘庆芳：《习近平新时代中国特色社会主义思想的哲学基础研究》，《福建师范大学学报（哲学社会科学版）》2021 年第 2 期。

⑥ 陈胜云：《习近平新时代中国特色社会主义思想的本体论、认识论与方法论》，《广西社会科学》2022 年第 1 期。

⑦ 袁久红、许丽：《论习近平新时代中国特色社会主义思想的方法论体系》，《南京社会科学》2021 年第 5 期。

⑧ 翟俊刚：《习近平新时代中国特色社会主义思想对唯物辩证法的发展创新》，《长白学刊》2021 年第 6 期。

⑨ 黄力之：《系统观念是新时代基础性的思想和工作方法》，《学术月刊》2021 年第 10 期。

规律性认识与创造性实践相融合的方法论①；是哲学方法论、思想方法论、思维方式论的统一②；是以"以人民为中心"为价值灵魂，实事求是地遵循客观规律，解决治国理政实践中的各种矛盾而形成的方法论体系。党的领导、人民至上、党与人民结成生死相依的命运共同体，从而将人民组织成强大的整体力量，是这一方法论体系的根本，并由此通过各层面与各领域形成宏大的治国理政方法论体系③。

4. 价值论层面

习近平新时代中国特色社会主义思想中的"以人民为中心"体现出"现实的人"的唯物史观价值立场。对社会主要矛盾的判定，体现出人民主体的唯物史观价值立场。新时代治国理政的核心价值理念，体现出人民"自己解放自己"的命运自觉④，实现了从"现实的个人"到"以人民为中心"的人民立场延续，继承与发展了历史唯物主义⑤，内含丰富的使命观和实践论旨趣，明确了当代中国理应担负起的历史使命，蕴含了理解中国特色社会主义实践生成过程的哲学使命思维⑥。

（四）关于新时代中国特色社会主义政治经济学的哲学研究

在我国学术界，一般来说，"经济学"指的就是"政治经济学"，因此人们往往是在相同意义上来理解"习近平经济思想"与"新时代中国特色社会主义政治经济学"，它们是"中国特色社会主义政治经济学的最新成果"，是马克思主义政治经济学中国化的最新成果，因而也是当代的马克思主义政治经济学。因此，我们不再对此进行详细的比较，为了简化，我们始终以新时代中国特色社会主义政治经济学为对象，讨论其哲学意蕴，而实际上，在本书的研究视域中，新时代中国特色社会主义政治经济学、

① 刘同舫：《当代中国马克思主义的哲学境界》，《中国社会科学》2021年第9期。
② 陈胜云：《习近平新时代中国特色社会主义思想的本体论、认识论与方法论》，《广西社会科学》2022年第1期。
③ 鲁品越：《习近平以人民为中心的方法论体系的形成机制及其哲学意蕴》，《哲学研究》2022年第2期。
④ 冯颜利、刘庆芳：《习近平新时代中国特色社会主义思想的哲学基础研究》，《福建师范大学学报（哲学社会科学版）》2021年第2期。
⑤ 赵峰：《习近平新时代中国特色社会主义思想对历史唯物主义的继承与发展》，《马克思主义哲学》2021年第4期。
⑥ 刘同舫：《当代中国马克思主义的哲学境界》，《中国社会科学》2021年第9期。

习近平经济思想与新时代马克思主义政治经济学被理解为同一回事，即同一个研究对象。

1. 本体论层面

习近平经济思想以中国经济社会发展进入新常态这一重大事件为其逻辑起点①，另有学者认为逻辑起点应是新时代中国特色社会主义主要矛盾②。关于逻辑起点的讨论，可以理解为从本体论层面来探寻新时代中国特色社会主义政治经济学的哲学意蕴。

2. 认识论层面

习近平将实践认识论作为中国特色社会主义政治经济学的方法论。③中国特色社会主义政治经济学理论体系的构建，遵循了中国马克思主义哲学"实践、认识、再实践、再认识"的认识论原则。④ 习近平经济思想是"实践－认识－再实践－再认识"的过程，同时也是"具体－抽象－再具体－再抽象"的辩证运动过程。理解和把握"经济新常态"，提出创新、协调、绿色、开放、共享的新发展理念，实现了从具体到抽象、从感性认识到理性认识的飞跃。以新发展理念指导生产关系的调整来促进生产力的发展，习近平经济思想发挥了指导新时代经济建设的作用。在实践中，新发展理念"合五为一"地表现为"推动经济高质量发展"，而这一实践的不断深化，在新的发展阶段催生出关于我国经济运行和发展模式的新认识——构建新发展格局，这是新发展理念的进一步提炼和升华⑤。

3. 方法论层面

只有把唯物史观视为习近平经济思想的方法论基础，才能科学探索逻辑起点，导出以人民为中心的逻辑主线，导出实现人民美好生活的逻辑终

---

① 方玉梅：《习近平新时代中国特色社会主义经济思想的逻辑理路——基于马克思主义政治经济学的分析框架》，《社会主义研究》2018 年第 6 期。

② 刘荣材：《论习近平新时代中国特色社会主义经济思想的逻辑起点——基于马克思主义政治经济学的理论范式》，《中国经济问题》2021 年第 3 期。

③ 谭苑苑：《习近平对中国特色社会主义政治经济学的方法论探索》，《中共福建省委党校（福建行政学院）学报》2021 年第 5 期。

④ 周绍东、陈艺丹：《论中国特色社会主义政治经济学的哲学基础》，《政治经济学研究》2020 年第 2 期。

⑤ 周绍东、陈艺丹：《从"经济新常态"到"新发展格局"——习近平新时代中国特色社会主义经济思想的认识论解读》，《江苏行政学院学报》2021 年第 6 期。

点，导出基本经济制度的逻辑保障，导出坚持党的领导的逻辑引领[1]；坚持正确工作策略和方法，稳中求进，保持战略定力、坚持底线思维，一步一个脚印向前迈进是习近平经济思想的方法论[2]；也可以从唯物史观的哲学基础、科学研究方法和实践认识论三个层面对中国特色社会主义政治经济学的方法论进行研究[3]。

4. 价值论层面

在价值论层面，学者普遍认为新时代中国特色社会主义政治经济学体现出鲜明的人民性：习近平经济思想体现了"以人民为中心"的人民性哲学[4]，以人民为中心的发展思想是中国特色社会主义政治经济学的核心价值观与本质特征[5]，习近平经济思想具有鲜明的人民性[6]。

另外，还有一些学者对马克思主义经济哲学总体性范式之于新时代中国特色社会主义政治经济学的引领性进行了详细阐述。如颜鹏飞、王梦颖指出，马克思把辩证唯物主义、历史唯物主义和总体方法应用于政治经济学领域，形成了作为马克思政治经济学体系构建学说之精髓的总体构筑方法论。这一方法论对中国特色社会主义政治经济学体系的建设，体系自信建设，以及提高把握社会经济发展规律及驾驭经济发展能力，定当大有裨益。习近平经济思想是对马克思方法论的丰富和发展[7]。夏一璞认为近年来关于习近平经济思想的系统性、基础性、总体性研究进一步加强[8]。

---

[1] 严金强：《论习近平新时代中国特色社会主义经济思想的方法论基础》，《马克思主义研究》2021年第3期。

[2] 方玉梅：《习近平新时代中国特色社会主义经济思想的逻辑理路——基于马克思主义政治经济学的分析框架》，《社会主义研究》2018年第6期。

[3] 王立胜、郭冠清：《论中国特色社会主义政治经济学的方法论》，《马克思主义与现实》2022年第2期。

[4] 芮飞军：《习近平关于经济建设重要论述的方法论意蕴》，《广西社会科学》2020年第12期。

[5] 洪银兴：《开拓中国特色社会主义政治经济学新境界》，《中国经济评论》2022第Z1期。

[6] 何毅亭：《习近平新时代中国特色社会主义经济思想的理论品格》，《中国经济评论》2022年第1期。

[7] 颜鹏飞、王梦颖：《新时代中国特色政治经济学体系及其构建方法论研究》，《福建论坛（人文社会科学版）》2018年第6期。

[8] 夏一璞：《习近平新时代中国特色社会主义思想十大前沿问题研究（2021）》，《马克思主义研究》2022年第1期。

三　视角转向：经济学与哲学交叉叠加的"经济哲学"新视角

通过上述文献梳理，我们可以发现学界对经济学－哲学研究范式已经逐渐承认和应用。同时，在习近平新时代中国特色社会主义思想和中国特色社会主义政治经济学的哲学意蕴（基础）的阐发方面，已经取得了相当丰富的成果。相关学者在本体论、认识论、方法论以及价值论等维度上都有所论及，尤其是在认识论、方法论、价值论维度展开了非常精深的研究，为本课题的进一步研究提供了重要的理论启示。我们发现，这些研究大多直接性地阐发习近平新时代中国特色社会主义思想和中国特色社会主义政治经济学中体现出来的辩证唯物主义和历史唯物主义哲学意蕴，进而解答中国经济社会发展奇迹之谜。这一解读角度具有当然的合理性，因为它体现出当前学界自觉运用马克思主义哲学的原理及其方法论，将习近平新时代中国特色社会主义思想和新时代中国特色社会主义政治经济学视作马克思主义中国化最新成果的一种理论期待。然而，我们认为，这一做法隐藏着一定的理论风险，保守地来说，它至少错失了一个更加契合现实的研究视域，即作为经济学与哲学"结构性交叉"的经济哲学理论视域。通过经济哲学视域，我们可以将视野顺其自然地回溯至作为经济哲学研究典范的马克思主义经济哲学诞生的原初境遇——马克思经济哲学研究范式的本质生成和现实运用。对照新时代中国特色社会主义经济实践，我们能够鲜明地感受到二者之间那本质关联着的"血脉跳动"。如此，探究新时代中国经济社会发展奇迹之谜，就自然而然地转向对更加契合理论原旨与现实实践的当代中国马克思主义经济哲学的探析了。

"中国特色社会主义是党和人民长期实践取得的根本成就"[①]，其中经济社会发展是新时代中国特色社会主义的核心议题与突破性成就，那么关于经济社会发展问题的哲学追问理所当然地呼唤着经济哲学的出场，尤其是中国马克思主义经济哲学的出场。这里也面临着一个重大问题：所谓中国马克思主义经济哲学究竟是何种经济哲学呢？当前，学界在一般意义上把经济哲学视为"哲学把握经济世界的方式"，是无异议的。在学科特征

[①]　《习近平谈治国理政》第 1 卷，外文出版社，2014，第 7 页。

上将经济哲学视为一种"结构性交叉学科",也是无甚争议的。但是,这种对经济哲学一般意义上的理解,显然无法满足我们对中国马克思主义经济哲学的理论期待。我们认为,触寻新时代中国特色社会主义的经济哲学基础,推进中国马克思主义经济哲学发展,必须回归到马克思主义经济哲学场域中去,原因至少有两点。一是坚持与发展马克思主义是新时代中国特色社会主义的根本特征,而新时代中国特色社会主义毫无疑问地、历史性地开拓了中华民族坚持与发展马克思主义的全新境界。因此,当我们在检审这一伟大成就时,特别是在为它奠定哲学基础时,无论怎样强调马克思主义哲学,尤其是马克思主义经济哲学,都不为过。二是经济哲学是马克思主义哲学的核心程式。有学者明确指出:"在马克思那里,实践的最基本、最普遍的形式是生产劳动,而生产劳动也是经济学研究中的基础性概念,因而理论探索的唯一正确的进路是把马克思哲学理解为经济哲学。"① 应当说,这种理解路径无疑抓住了马克思主义哲学的关键之处。对马克思主义哲学做经济哲学式解读,具有思想史意义上的合理性。纵观马克思思想史不难发现,追寻人的全面而自由的发展与共产主义社会的实现乃是马克思主义最高社会理想。确立此理想后,马克思很快发现,它的实现不能仅仅依靠思想的革命,而应诉诸现实的革命。这是马克思对费尔巴哈以及以往所有理论哲学发动哲学革命的直接诉求。马克思发动哲学革命的目的显然不是要重新设立一种理论哲学,而是要为澄清国民经济学理论体系的理论前提、划定与构建无产阶级政治经济学提供一种全新的世界观与方法论。如果非要用一种哲学化的语词来对革命后的理论形态加以表达与把握的话,那就是全新的实践哲学立场,而唯物史观实际上就是这种实践哲学立场的具象化展开。而基于该立场的唯物史观的核心要旨,马克思早已阐明:"哲学家们只是用不同的方式解释世界,问题在于改变世界。"② 正是在唯物史观所提供的世界观与方法论的基础上,马克思开始了政治经济学批判工作。可见,马克思根本无意于重建一种哲学。而所谓的哲学革命,在他那里只不过是一种思维层面的自我清算,其目的是为政治经济学

---

① 俞吾金:《作为经济哲学的马克思哲学》,《中国经济哲学年鉴(2019)》,社会科学文献出版社,2020,第12页。

② 《马克思恩格斯文集》第1卷,人民出版社,2009,第502页。

批判工作提供全新的世界观与方法论。而马克思致力于政治经济学批判的直接目的乃是为无产阶级提供强大的理论武器，其最终目的是实现无产阶级的现实解放，即全人类的解放。"资本论"研究工作是马克思政治经济学批判的顶峰，是马克思经济哲学思想研究的典范，全面展示了唯物史观与经济学的完美交融，恰如马克思自己所说，这是"一个艺术的整体"[1]。马克思的这种自我评定恰当地呈现出其经济哲学研究范式，即一种总体性、整体性研究范式。在他那里，唯物史观、政治经济学与共产主义运动乃是有机统一的整体。唯物史观为政治经济学批判提供世界观与方法论，政治经济学批判使唯物史观成为真正的历史科学，而这种经济科学与历史科学之生成的全部理论旨趣则在于实现无产阶级即全人类的现实的解放。

　　强调马克思主义经济哲学的本质重要性，是学界在探讨新时代中国特色社会主义政治经济学时应有的一种自明性共识。无论当代中国马克思主义经济哲学思想所涉经济哲学思想多么丰富，无论各种当代经济哲学研究范式如何在理论与实践层面大放异彩，我们都必须首先回到由马克思所开启的经济哲学场域中。在此场域中，当代中国马克思主义经济哲学方能得到最为精准的表达与最为深刻的阐释。这一判定至少具有以下几个方面的根据。一是马克思主义经济哲学思想持有真正的人民立场。新时代中国特色社会主义的根本价值立场是"以人民为中心""人民至上"，这是马克思主义经济哲学的人民立场的当代赓续与切实践行。二是马克思树立了经济哲学总体性辩证法的典范。"总体性"是新时代中国特色社会主义经济社会发展的重要特征，马克思经济哲学总体性研究范式理应成为透析新时代中国特色社会主义的方法论基础。这种"总体性"还表现为对那种非历史性、形而上性、纯粹自然科学性的实证经济学的自觉拒斥。马克思主义经济哲学思想是经济学与哲学、政治学等学科有机结合的优秀典范，以唯物史观为世界观与方法论考察人类经济社会形态的发展规律，真正地实现了价值判断与事实判断的统一，是最贴近人民现实经济生活的理论形式。三是马克思主义经济哲学思想深刻揭示了资本逻辑统治下的人类现代经济社会发展模式之痼疾，尤其是对人与人、人与自然关系的深刻洞察，对当前

---

① 《马克思恩格斯文集》第10卷，人民出版社，2009，第231页。

人类文明走向做了有益的提示，更为当前中国正在形塑的全新现代化模式提供强力的思想指引与清晰的精神路标。四是马克思主义经济哲学思想与中华优秀传统文化具有内在的"亲合力"以及随之伴生的"创造力"。这种"亲合力"与"创造力"在当下热火朝天的新时代中国特色社会主义伟大实践中，将推进当代中国马克思主义经济哲学走向理论深处，进而推动具有"中国性"的中国特色社会主义政治经济学话语体系成为世界经济社会发展中独树一帜的话语标识。

四　研究意义：开启新时代中国特色社会主义研究的"经济哲学"新场域

纵观经济思想史，尽管凯恩斯主义曾风行一时，但是新自由主义及其新古典经济学说（"目前流行于西方国家的带有新古典传统的主流经济学"①）很快又被各国政治经济实践奉为圭臬，理所当然地成为经济学绝对主流话语，在世界范围内拥有了极为重要的话语权与意识形态权力。其核心要旨在于，通过建立一个以稳固的个人财产权、自由市场以及自由贸易为特征的制度框架，来释放个体企业的自由和技能，进而最大限度地促进人的幸福。然而事实证明，新自由主义的完美理念无法映现成为美好现实。接续爆发的经济危机一再向人们宣告着新自由主义在全球经济治理上的无能为力抑或"有力无心"。2008 年全球金融危机使全球经济再次遭遇重大阻击。以西方主流经济学为代表的经济学图式开始陷入尴尬的境地——一方面是理论体系的不断科学化、数学公式与模型的精致化，一方面是经济现实境况的"一地鸡毛"。危机之后，对"黑板经济学"的批评不绝于耳。面对人类经济社会正在穿越的重重迷雾，有的经济学家并不承认其自身理论存在问题，反而荒谬地认为现实经济实践之所以一再遭遇挫败，是因为没有遵其理论之"旨"才出现了危机与混乱。从本质上来说，经济学产生这种自我幻象的根本原因，在于缺乏哲学原则高度的独特批判视野。正是与哲学"息交绝游"，才使得经济学成为黑暗汪洋中的孤帆、理性思维中的公式游戏，陷入理论的高傲与现实的衰退的悖反式处境，无法穿透市场

① 　陆长平：《新古典经济学的"悖论"及其反思》，《南开经济研究》2002 年第 2 期。

经济迷雾。当前，尽管西方主流经济学仍然占据着绝对主导地位，但是可以发现，在理论与现实严重冲突的背景下，其内部的经济学流派不断展现出自我反思的可贵姿态，不断冲击经济学帝国主义神话。例如主要与生物学结合的演化经济学、主要与心理学结合的行为经济学等。

在过去的几十年间，新自由主义遭遇"双重失败"。一是奉行新自由主义的西方世界在经济治理上的重大失败；二是中国经济的巨大成功反衬出他们的失败（一直以来，不少人否认中国道路的合法性，并将其视为新自由主义的中国运用）。2020 年全球新冠疫情的暴发，使本就复苏乏力、增长疲软的经济形势雪上加霜。西方经济学一贯引以为傲的理论经济学在面临现实经济危机时只能"无语凝噎"，或者"顾左右而言他"，甚至"祸水东引"。中国经济奇迹的取得令国内外一些新自由主义经济学者很是失望，因为，中国道路在实践中成功地实现了社会主义与市场经济的有效结合——在新自由主义经济学那里这被视为不可能——面对如此现实，这些经济学者略显荒谬的论调自然不攻自破。"面对这一问题，西方世界话锋急转，转而承认'中国奇迹'和'中国模式'并争夺其理论解释权，试图将其解释为新自由主义在中国的成功。"① 这些新自由主义经济学者不仅选择性地忽略了它们在西方国家中所引发的经济普遍性崩溃的事实，还反过来将中国取得的经济奇迹归因于自己在中国的胜利，用新古典主义经济学话语体系来解释中国成绩的取得。从而认定中国目前采用的经济学实际上就是向资本主义经济过渡的"转型经济学"，就是西方主流经济学在中国的应用。进而断言中国经济要解决目前还存在的问题，必须彻底地采纳新自由主义经济学主张。这样做的目的已经非常明显了，那就是把中国彻底地推向新自由主义道路。应当说，这是西方主流经济学形而上学特征的具体体现，展现出其理论的傲慢与偏执。如此情势下，习近平总书记敏锐地意识到中国哲学社会科学尤其是中国经济学在国际学术话语权之争中的重要性，他提醒道："在解读中国实践、构建中国理论上，我们应该最有发言权"，我们必须解决"我国哲学社会科学在国际上的声音还比较小，

---

① 王立胜：《中国特色社会主义政治经济学的时代意义》，《河北财贸大学学报》2016 年第 6 期。

还处于有理说不出、说了传不开的境地"① 的问题。这样，准确地阐发和形成中国道路及其经济学理论体系，就成为中国经济学界甚至整个中国学界必须解决的重大课题。

作为一种"结构性交叉"的新兴学科，经济哲学具有"与生俱来"的有机性、系统性、整体性，也展现出旺盛的理论生命力。这种生命力来源于经济哲学的本质规定性，更来源于它对人类经济实践的密切追踪、深刻反思与科学指引。面对复杂的全球经济困境与经济学的歧途，无论是世界经济问题还是中国经济问题，显然都不再是一个单纯的经济学、发展学问题，而成为一个涉及哲学、政治、经济、社会、生态、国际关系等多学科、多领域的综合性、整体性问题。而解决这一复杂、全新而急迫的问题，马克思主义经济哲学研究范式值得期待。一般认为，马克思开创了经济哲学研究范式，在一定意义上我们也可以将马克思哲学理解为经济哲学。因为马克思发动哲学革命是在人类经济活动即生产关系与交换关系中完成的，马克思主义哲学不同于以往的一切哲学，因为它具有实践性的特点。马克思主义政治经济学也不仅仅是一门经济学科，而是具有深刻的实践政治变革意义，即为无产阶级变革现实经济关系提供指南。马克思主义哲学与马克思主义政治经济学共同指向共产主义社会，就理论整体性而言，马克思主义哲学、马克思主义政治经济学与科学社会主义是完整的"钢铁"，同时更是一个理论有机体，其中任何一个部分的缺少或变异都会导致其他部分的相互排斥以及整个理论机体生命力的削弱乃至消亡。

显然，新时代中国特色社会主义已经具有一个成熟有机体的基本雏形，它不同于苏联社会主义有机体，更不同于资本主义社会有机体，是一个全新的、具有无限生命力的社会有机体。这一社会有机体本质上是社会主义有机体，又是具有"中国性"的社会主义社会有机体，是中国特色社会主义社会有机体，是在马克思主义中国化尤其是马克思主义经济哲学中国化的理论进程中不断生成的，深刻地体现出中国马克思主义经济哲学的创新发展。因此，对当代中国马克思主义经济哲学的研究，有利于促进新时代中国特色社会主义经济实践与新时代中国特色社会主义政治经济学的双向建构。

---

① 《习近平谈治国理政》第 2 卷，外文出版社，2017，第 346 页。

第一章 "经济哲学"新视角中的新时代中国特色社会主义：渊源、创新与向度

第一节 思想渊源：高度的历史自觉和理论自觉

当代中国马克思主义经济哲学不是从天而降的科学理论，而是具有深厚的理论渊源与广阔的发展前景的，其理论渊源至少包括四个方面：一是作为"理论母体"的马克思主义经典作家的经济哲学思想，二是作为理论发育的中国化马克思主义者的经济哲学思想，三是作为理论基因的中华优秀传统文化中的经济哲学思想，四是作为理论参照的西方经济哲学思潮。

一 马克思主义经典作家的经济哲学思想

就思想史而言，经济哲学不是晚近的新概念。但是，真正将哲学研究和经济学研究统一起来的，当属马克思和恩格斯。他们为后来的经济哲学研究者树立了优秀典范。

（一）马克思、恩格斯早期经济哲学思想

莱茵报时期的马克思陷入了"物质利益的困惑"，这使得他对黑格尔的国家决定市民社会论断产生了怀疑。通过对黑格尔法哲学的批判，马克思发现了市民社会对于国家的决定性作用。而要进一步"解剖"市民社会，则需要借助政治经济学才能完成，这就促使马克思从理性批判转入了

对经济问题的研究。就在马克思陷入物质利益困惑的同一时期，在曼彻斯特的恩格斯则从另一条道路独立发现了如下事实："迄今为止在历史著作中根本不起作用或者只起极小作用的经济事实，至少在现代世界中是一个决定性的历史力量；这些经济事实形成了产生现代阶级对立的基础；这些阶级对立，在它们因大工业而得到充分发展的国家里，因而特别是在英国，又是政党形成的基础，党派斗争的基础，因而也是全部政治史的基础。"① 恩格斯此时发表的几篇文章对马克思产生了重大的理论触动。

我们可以在作为马克思经济哲学经典文本的《1844 年经济学哲学手稿》中发现恩格斯对马克思的触动。马克思在《1844 年经济学哲学手稿》中说道："我的结论是通过完全经验的、以对国民经济学进行认真的批判研究为基础的分析得出的……德国人为了这门科学而撰写的内容丰富而有独创性的著作，除去魏特林的著作，就要算《二十一印张》文集中赫斯的几篇论文和《德法年鉴》上恩格斯的《国民经济学批判大纲》。"② 不难发现，马克思这里所谓的"完全经验的"分析方法受益于恩格斯的启示。于是，我们看到马克思把哲学研究和经济学研究有机地统一起来了。马克思在肯定国民经济学劳动价值论的同时又指出其资产阶级立场及其历史局限性，即他们将私有财产视为天然的前提，在此基础上来讨论劳动，认为是私有财产导致异化劳动，也就是说他们是在承认私有财产的前提下来承认劳动的意义的。因此，国民经济学这种经济学是无法也根本无意解释私有财产的本质来历的；不仅如此，实际上，它为资产阶级剥削无产阶级提供了合法性证明，全然地成为一种为资产阶级辩护的经济学了，正如马克思所言"国民经济学只不过表述了异化劳动的规律罢了"③。

马克思拒绝从假定的事实出发，而是从"当前的国民经济事实出发"来弄清楚"私有制、贪欲以及劳动、资本、地产三者的分离之间，交换和竞争之间、人的价值和人的贬值之间、垄断和竞争等等之间以及这全部异化和货币制度之间的本质联系"④。马克思首先将商品还原为劳动的产品，

---

① 《马克思恩格斯文集》第 4 卷，人民出版社，2009，第 232 页。
② 《马克思恩格斯文集》第 1 卷，人民出版社，2009，第 111 - 112 页。
③ 《马克思恩格斯文集》第 1 卷，人民出版社，2009，第 166 页。
④ 《马克思恩格斯文集》第 1 卷，人民出版社，2009，第 156 页。

在剥离掉劳动产品的商品属性后发现，作为劳动者的产品却反过来"作为一种异己的存在物，作为不依赖于生产者的力量，同劳动相对立"①。马克思进一步分析劳动异化的四重表现形式，即劳动产品的异化、劳动活动的异化、人的类本质的异化、人与人的异化。那么，如何在现实中说明和阐述这种"异化的、外化的劳动"呢？马克思指出，在现实中，"通过异化的、外化的劳动，工人生产出一个同劳动疏远的、站在劳动之外的人对这个劳动的关系。工人对劳动的关系，生产出资本家——或者不管人们给劳动的主宰起个什么别的名字——对这个劳动的关系"②。也就是说，在现实的经济活动中，"私有财产是外化劳动即工人对自然界和对自身的外在关系的产物、结果和必然后果"，因此在概念逻辑中，"从外化劳动这一概念，即从外化的人、异化劳动、异化的生命、异化的人这一概念得出私有财产这一概念"③。即真实的情况是异化劳动导致私有财产，而不是私有财产导致异化劳动。这一重大论断的提出直接性地导致马克思理论立场的根本性转变，而这一转变意味着一种新的政治经济学理论立场——无产阶级的理论立场的确立。在得出这个重要论断后，马克思又给自己提出了一个任务——根据这个新的立场，重新推导出国民经济学家一切理论范畴的来历，重建以异化劳动导致私有财产为前提的、站在工人阶级立场的新政治经济学。

在此基础上，马克思认为，在重构国民经济学，进而构建无产阶级的政治经济学之前，还需要解决两个前置性问题。一是从私有财产属人的本质来讨论私有财产普遍的本质。也就是说，异化劳动导致私有财产，但最初的私有财产与工业资本是没有关系的。必须搞清楚异化劳动导致私有财产之后，私有财产经历了什么样的过程，进而产生了工业资本主义。这个过程实际上就是资本主义的来历。二是既然是异化劳动导致私有财产，那么异化劳动是如何产生的呢？在这个问题上，马克思明确指出："我们已经承认劳动的异化、劳动的外化这个事实，并对这一事实进行了分析。现在要问，人是怎样使自己的劳动外化、异化的？这种异化又是怎样由人的发展的本质引起的？我们把私有财产的起源问题变为外化劳动对人类发展

① 《马克思恩格斯文集》第 1 卷，人民出版社，2009，第 156 页。
② 《马克思恩格斯文集》第 1 卷，人民出版社，2009，第 166 页。
③ 《马克思恩格斯文集》第 1 卷，人民出版社，2009，第 166 页。

进程的关系问题，就已经为解决这一任务得到了许多东西。因为人们谈到私有财产时，总以为是涉及人之外的东西。而人们谈到劳动时，则认为是直接关系到人本身。问题的这种新的提法本身就已包含问题的解决。"① 马克思认为，要弄清楚异化劳动如何发生，就必须回到人类历史发展进程中来思考。这就是马克思、恩格斯在《德意志意识形态》中所要解决的问题。

在《1844 年经济学哲学手稿》这一阶段的经济学研究和批判，即国民经济学理论前提的批判工作，引导并要求马克思必须对黑格尔法哲学、《逻辑学》和整个旧哲学做出批判。因此，马克思从作为"黑格尔哲学的真正诞生地和秘密开始"的《精神现象学》出发，对黑格尔辩证法的精神劳动辩证法本质予以了澄清，进行了创造性拯救工作。马克思认为，精神劳动辩证法是黑格尔历史哲学的伟大之处也是其根本症结所在。他深刻地指出："黑格尔的《现象学》及其最后成果——辩证法，作为推动原则和创造原则的否定性——的伟大之处首先在于，黑格尔把人的自我产生看做一个过程，把对象化看做非对象化，看做外化和这种外化的扬弃；可见，他抓住了劳动的本质，把对象性的人、现实的因而是真正的人理解为人自己的劳动的结果。"② 虽然黑格尔指认劳动辩证法完成了资产阶级理性启蒙的任务，但他对现实世界的把握和解释采取了一种知识论的态度。其劳动辩证法本质上是精神劳动辩证法，这种辩证法把理性精神的成长史视为人的历史，把人的历史看成是人的概念的历史。如此一来，马克思就有充足的理由将人的概念的历史辩证法转化为现实的人的生成历史及其辩证法。他认为，在人类理性的自我意识的各个发展环节之间，实际上包含着劳动辩证法的全部要素。如果我们把黑格尔这里的理念换成人，把意识和自我意识理解为人本身，那么这个理性、意识和自我意识的形成过程就变成了人的自我认识、自我成长的历史。理性、理念、意识、自我意识经过一系列环节达到绝对知识的过程，就变成了一个人通过他自己的劳动活动创造他自己的存在这样一个现实的、感性的过程。这里出现的就是劳动的历史、人的产生的历史、人在劳动中产生的历史，那么它所展现出来的其实就是现实的个人通过对象性劳动把自己的本质力量投射到对象物（自然

① 《马克思恩格斯文集》第 1 卷，人民出版社，2009，第 168 页。
② 《马克思恩格斯文集》第 1 卷，人民出版社，2009，第 205 页。

界）上，进而形成劳动产品或创造自然的历史过程。作为人之本质力量的劳动产品或自然，成为异化、外化于人的存在。而通过扬弃这种异化状态，人与劳动产品、自然的感性对象性关系之建立就成为可能了。如此一来，马克思就把黑格尔认识论意义上的精神劳动辩证法转换成现实意义上的、本体论意义上的现实个人的劳动辩证法。

《1844年经济学哲学手稿》是马克思经济哲学的经典著作，也是贯穿马克思经济哲学运思逻辑的重要文本。它体现出马克思经济哲学思想的总体性范式，既是经济学著作，又是哲学著作；既包含对资产阶级国民经济学的批判，也包括对粗陋的平均主义的共产主义批判，还包括对黑格尔哲学的批判。经济学批判、政治批判、哲学批判被马克思有机地融在了一起，马克思通过这种总体性范式，第一次系统地阐述了自己的经济哲学思想。通过异化劳动理论的阐明，马克思顺利地从哲学领域走向政治经济学领域。

在《关于费尔巴哈的提纲》中，我们发现马克思对唯心主义和费尔巴哈的唯物主义同时做了批判。在第一条中，可以概览马克思所发动的哲学革命的全部意蕴。在这里，马克思将费尔巴哈的唯物主义与"从前的一切唯物主义"都视为一种直观唯物主义。为什么马克思会从对费尔巴哈的高度赞赏突然转变为批判呢？我们认为，在之前的《1844年经济学哲学手稿》中，马克思之所以高度评价费尔巴哈的人道主义的唯物主义是一种超越旧唯物主义的"新唯物主义"创制，是因为马克思的误判——费尔巴哈的唯物主义达到了他当时到达的高度。尽管费尔巴哈超越了斯宾诺莎那"敌视人"的唯物主义，见物又见人地从人的立场去讨论物，用感性对象性原则对基督教和黑格尔哲学进行批判，把黑格尔的"思想客体"转变为"感性客体"，取得了巨大的"功绩"，但是马克思很快发现费尔巴哈并不懂得其对象性关系的根据何在。尽管费尔巴哈直观到的现实不再是与人无关的，甚至敌视人的、冰冷的物质现实，而是一种感性的现实，即与人发生现实关系的现实。但遗憾的是，费尔巴哈却把这种感性现实之来历归于直观。在马克思看来，这是一种极不彻底的做法。费尔巴哈所不清楚的感性现实的来历，在黑格尔的精神劳动辩证法那里得到了解答——虽然是唯心主义把"能动的方面抽象地发展了"，即黑格尔的精神的对象性活动，这也正是马克思对黑格尔的高度肯定之处。但是在黑格尔那里，伟大的对象性活动又被理解为抽象精神的劳作、理性的活动，而非现实个人的物质生产劳动。马克思把黑格尔的精神劳作翻转为现实个人的活动，这一决定性过程昭示着即将到来的哲学范式革命。马克思强调："感性世界决不是某种开天辟地以来就直接存在的、始终如一的东西，而是工业和社会状况的产物，是历史的产物，是世世代代活动的结果"①，也就是说，人所面对这个对象、现实、感性世界乃是人的感性活动即实践的产物。换言之，现实的人的对象性的活动创造了旧唯物主义所直观到的现实。从与人无关的物，到直观的感性现实，再到实践，这一理论推进本质地意味着马克思实现了从认识论到本体论的重大转向以及在哲学范式层面上的根本性超越。马克思真正要追问的是，这种在人类知识论视野中作为直观而存在的感性现实对象世界究竟如何成为客体的存在呢？他的答案是：它是人类实践活动的产物。在这里，马克思完成了一场新的哲学范式革命，即实践哲学立场的伟大创制，为《德意志意识形态》中唯物史观的草创，提供了实践哲学立场。

在《1844 年经济学哲学手稿》中，马克思实际上已经看到了资本主义的来历问题。劳动创造了人类社会，由于某种因素，劳动成为异化劳动，进而导致私有财产，然后私有财产经历了一个长期的历史发展，产生了工业资本这种特定的私有财产形式，由此产生了工业资本主义。马克思在这里已经弄清楚了解决劳动异化问题的基本路向——回到人类历史进程中，而《德意志意识形态》就是按此路向具体展开的。马克思在《德意志意识形态》中一开始就指出，人类社会历史前提是什么呢？是现实个人的劳动。那么劳动是如何发生异化的呢？自发分工。自发分工和私有制是同义语。一个是就活动而言，自发分工的活动就是异化劳动；一个是就产品的分配形式而言，以自发分工为前提的分配一定是在不同人之间不平等的分配，即私有制。所以，自发分工是一个最根本的环节。自发分工导致了异化劳动，进而导致私有财产。同样，自发分工本身也经历了一个历史发展的过程，在不同的自发分工基础上，私有财产的存在形式也是不一样的。

① 《马克思恩格斯文集》第 1 卷，人民出版社，2009，第 528 页。

直至资本主义大分工出现，私有财产才最终表现为工业资本，资本主义就此产生。可见，整个《德意志意识形态》自始至终都在回答《1844 年经济学哲学手稿》中遗留下来的问题——异化劳动何以产生以及资本主义的来历。马克思认为，只有回答了这个问题，人类社会发展规律才能在唯物史观中被透视。唯物史观基本原理（社会存在与社会意识的关系、生产力与生产关系的辩证运动规律、经济基础和上层建筑之间的关系、阶级－国家－革命）的阐发，为马克思政治经济学提供了科学的世界观与方法论，以至于恩格斯明确地指出，马克思的政治经济学"本质上是建立在唯物主义历史观的基础上的"。[1]

　　我们可以在马克思批判蒲鲁东的《哲学的贫困》中深刻地感受到唯物史观对马克思政治经济学研究的指导性作用。为了批判蒲鲁东把经济范畴视为社会经济发展的主体的唯心主义观点，马克思明确指出："经济范畴只不过是生产的社会关系的理论表现，即其抽象。真正的哲学家蒲鲁东先生把事物颠倒了，他认为现实关系只是一些原理和范畴的化身。这位哲学家蒲鲁东先生还告诉我们，这些原理和范畴过去曾睡在'无人身的人类理性'的怀抱里。"[2] 也就是说，在马克思那里，生产关系是第一性的，而经济范畴则是第二性的，现实的生产活动生产出生产关系，生产关系先于经济范畴出现，因而是第一性的。同时，马克思还批评蒲鲁东"把社会体系的各个环节割裂开来，就是把社会的各个环节变成同等数量的依次出现的单个社会"。[3] 其后，马克思还对蒲鲁东拙劣的辩证法进行了严厉批判，认为蒲鲁东对范畴运动的形而上学解释，暴露出其根本不懂得辩证法的精髓。[4] 在马克思的唯物史观视域中，所谓经济范畴的矛盾运动根本不是在头脑中虚构出来的东西，而是来自对现实经济运动矛盾现象的客观反映。实际上，对蒲鲁东的一系列批判，为马克思在《资本论》中创建科学的劳动价值论和剩余价值论准备了哲学工具。而作为政治性纲领的《共产党宣言》，就是马克思和恩格斯运用已经达致的唯物史观世界观和方法论与初

---

[1]　《马克思恩格斯文集》第 2 卷，人民出版社，2009，第 597 页。
[2]　《马克思恩格斯文集》第 1 卷，人民出版社，2009，第 602 页。
[3]　《马克思恩格斯文集》第 1 卷，人民出版社，2009，第 602－603 页。
[4]　参见《马克思恩格斯文集》第 1 卷，人民出版社，2009，第 607 页。

现轮廓的政治经济学理论，来对资本主义社会进行解剖，进而阐述其社会主义基本思想，为无产阶级和人类解放指明了现实道路。

（二）"资本论"研究中的经济哲学研究思想

在《1857—1858年经济学手稿》中，马克思运用唯物史观首次较为系统地阐述了劳动价值论。他明确地将商品作为分析资本主义经济的起始范畴，科学地揭示了商品的二重性以及生产商品的劳动的二重性，清晰地阐述了"商品拜物教"理论，并初步阐发了价值形式理论，为剩余价值理论的创立提供了科学的理论依据。马克思明确地把自己政治经济学的对象规定为"一定社会性质的生产"①"一定社会发展阶段上的生产"②，进而强调社会生产的各个环节（生产、交换、分配和消费）既存在差别，又构成一个总体。必须在社会生产的总过程中研究生产，把对生产关系的研究与生产力、国家形式、法的关系、意识形式以及家庭等联系起来。"资本论"研究的唯物史观性质还体现在研究方法上，如马克思提出从抽象到具体的政治经济学研究方法，这一方法集中地体现为马克思在考察资本主义生产方式时，既注重横向联系、又注重纵向比较，使之能够具体地、历史地把握住整个社会生活的总体性和人类全部的历史发展过程。在具体方法上，马克思既不像蒲鲁东那样的哲学家，自恃"神秘公式"而不屑于深入经济事实，又不像资产阶级经济学家那样，无批判地对待经济事实，仅仅从经济表象来实证性地建立起抽象的范畴或规律。

在以《1857—1858年经济学手稿》为基础而加工完成的《政治经济学批判（第一分册）》的"序言"中，马克思精准地阐释了其经济学研究的唯物史观基础："我所得到的，并且一经得到就用于指导我的研究工作的总的结果，可以简要地表述如下：人们在自己生活的社会生产中发生一定的、必然的、不以他们的意志为转移的关系，即同他们的物质生产力的一定发展阶段相适合的生产关系。这些生产关系的总和构成社会的经济结构，即有法律的和政治的上层建筑竖立其上并有一定的社会意识形式与之相适应的现实基础。物质生活的生产方式制约着整个社会生活、政治生活和精神生活的过程。不是人们的意识决定人们的存在，相反，是人们的社

---

① 《马克思恩格斯文集》第8卷，人民出版社，2009，第5页。
② 《马克思恩格斯文集》第8卷，人民出版社，2009，第6页。

会存在决定人们的意识。社会的物质生产力发展到一定阶段，便同它们一直在其中运动的现存生产关系或财产关系（这只是生产关系的法律用语）发生矛盾。于是这些关系便由生产力的发展形式变成生产力的桎梏。那时社会革命的时代就到来了。随着经济基础的变更，全部庞大的上层建筑也或慢或快地发生变革。"① 不难看出，这里阐述出来的既是唯物史观的核心，也是马克思主义政治经济学的基础。这种伟大的洞见，就是马克思始终坚持哲学研究和政治经济学研究双向建构而结成的科学硕果。

毫无疑问，马克思的《资本论》秉持着经济学和哲学双向建构的科学传统，因此，《资本论》既是伟大的经济学著作，亦是伟大的哲学著作。在《资本论》中，马克思对作为科学世界观与方法论的唯物史观的运用是双重性的，既运用于作为具体社会形态的资本主义社会，又运用于作为具体学科的政治经济学。正如马克思叙说他在创作《资本论》的宗旨时所说的那样："我要在本书研究的，是资本主义生产方式以及和它相适应的生产关系和交换关系"②，"本书的最终目的就是揭示现代社会的经济运动规律"③。现在看来，马克思在《资本论》中完全兑现了这一承诺，使唯物史观得到了充分而严格的验证。具体而言，《资本论》对唯物史观的验证以及丰富与发展主要表现为论证了生产力与生产关系的辩证统一关系、论证了经济基础和上层建筑的辩证关系、论证了阶级斗争和社会革命的理论、论证了人类历史发展的一般趋势。不仅如此，《资本论》所使用的科学方法也将其哲学性质淋漓尽致地展现出来。对于马克思《资本论》的科学方法，列宁就曾在《哲学笔记》中明确指出："在《资本论》中，唯物主义的逻辑、辩证法和认识论（不必要三个词：它们是同一个东西）都应用于一门科学，这种唯物主义从黑格尔那里吸取了全部有价值的东西并发展了这些有价值的东西。"④

《资本论》主要有三种科学方法。

一是从抽象上升到具体。马克思认为抽象法是政治经济学必要的研究

① 《马克思恩格斯文集》第 2 卷，人民出版社，2009，第 591-592 页。
② 《马克思恩格斯文集》第 5 卷，人民出版社，2009，第 8 页。
③ 《马克思恩格斯文集》第 5 卷，人民出版社，2009，第 10 页。
④ 《列宁全集》第 55 卷，人民出版社，2017，第 290 页。

方法，但是需要建立在对大量的经验材料的研究和概括之上，这样才能保证抽象方法的科学性。在对经验材料进行深入研究概括的基础上，形成各种科学概念、范畴，然后根据它们的发展所表现出来的连贯性，将它们逻辑地联系起来，这种方法就是从抽象到具体的方法。这种方法是人们在思维中把握和再现复杂的资本主义生产方式的必要方法，它要经历前后相继而又方向相反的道路，"在第一条道路上，完整的表象蒸发为抽象的规定；在第二条道路上，抽象的规定在思维行程中导致具体的再现"①。马克思就此批评了资产阶级古典经济学仅仅选择第一条道路，而不是将两条道路结合起来的做法。不难发现，《资本论》第一卷就是运用从抽象到具体的方法，对资本主义生产方式进行了深入考察，全景式地展示出经济范畴由抽象上升到具体的总体过程，《资本论》的第二卷对资本主义流通过程进行了完整考察，第三卷则将生产和流通过程结合起来进行综合考察，实现了在思维中总体地、具体地再现资本主义运行过程。

二是逻辑与历史的统一。马克思所采用的从抽象到具体的逻辑过程与历史发展进程相一致，进而实现了逻辑与历史的统一。恩格斯就此做了简单易懂的说明："历史从哪里开始，思想进程也应当从哪里开始，而思想进程的进一步发展不过是历史过程在抽象的、理论上前后一贯的形式上的反映；这种反映是经过修正的，然而是按照现实的历史过程本身的规律修正的，这时，每一个要素可以在它完全成熟而具有典型性的发展点上加以考察。"②

三是唯物辩证法。马克思在运用从抽象上升到具体的方法时，自始至终坚持矛盾分析法，展现出对辩证法精华的深刻理解。如他之所以对穆勒的形而上学方法论提出批评，就是因为穆勒否定了经济现象中客观存在着的矛盾，"在经济关系……包含着对立的地方……他就强调对立的统一因素，而否定对立"③。而在马克思看来，这种被穆勒否定的"对立面的统一"，恰好是唯物辩证法最为根本的规律。如此，承认矛盾分析法，就成为马克思经济学方法区别于资产阶级经济学方法的显著标志了。我们看

---

① 《马克思恩格斯文集》第 8 卷，人民出版社，2009，第 25 页。
② 《马克思恩格斯文集》第 2 卷，人民出版社，2009，第 603 页。
③ 《马克思恩格斯全集》第 35 卷，人民出版社，2013，第 92~93 页。

到，马克思从商品这一涵蕴着资本主义社会一切矛盾胚芽的"细胞"出发，先揭示出商品内部使用价值与交换价值的矛盾，然后将这个矛盾归之于具体劳动和抽象劳动的矛盾。然后马克思指出货币的出现使商品之间的对立转化为货币与商品的对立，而当劳动力也成为商品后，货币就转化为资本。如此，原来商品和货币的矛盾就转化为资本与雇佣工人之间的矛盾。然后马克思又从不变资本和可变资本的矛盾中揭示出劳动力价值与其所创造出的劳动价值存在差异，即能够产生出大于劳动力价值的价值，也就是剩余价值，这就揭示出资本家剥削无产阶级的现实。由此，马克思揭示出资本主义社会的基本矛盾，即生产的社会性与生产资料占有的私人性之间的矛盾，它必然导致无产阶级的社会主义革命。另外，马克思还非常注重唯物辩证法中的质量互变规律。资产阶级的经济学家只注重对资本主义经济关系做量的分析，而忽视其质的规定。他们只看到量变而否认量的积累达到一定程度必然要导致质的变化，因而得出了资本主义经济关系将永世不变的形而上学的结论。马克思则相反，他不仅重视量的分析，更重视对事物质的分析，将量的分析与质的分析有机地统一起来。

总之，通过对马克思、恩格斯经济哲学思想的简单回溯，我们可以感受到，在马克思、恩格斯那里，经济学与哲学水乳交融，共同服务于他们的政治理想。这种总体性的经济哲学研究范式由马克思、恩格斯开启，唯物史观、政治经济学与科学社会主义在他们那里，形成了相辅相成、有机融合的"一整块钢铁"。

二 中国化马克思主义者的经济哲学思想

当代中国马克思主义经济哲学是马克思主义经济哲学中国化的最新成果，它并非无中生有的思辨性产物，亦非跨越历史阶段的虚妄想象物，而是中国共产党人坚持马克思主义经济哲学基本立场、观点、原则与方法，在紧密结合中国具体实际的艰辛探索中，不断生成出来的现实理论体系。

（一）毛泽东思想对马克思主义经济哲学的坚持和创新

1. 新民主主义革命时期

实事求是是马克思主义经济哲学的灵魂，也是毛泽东思想的精髓。正是由于毛泽东坚持了实事求是的哲学思维，才能对旧中国的社会经济形态进行科学分析与精准判断，进而提炼出新民主主义的经济纲领，为取得新民主主义革命的胜利提供物质保障。我们可以从《中国社会各阶级的分析》（1925年）和《中国革命和中国共产党》（1939年）两篇文章中发现，毛泽东对中国社会各阶级进行了深入的调查研究，通过对地主阶级、资产阶级、民族资产阶级、小资产阶级、农民阶段、无产阶级的社会力量、经济状况、政治态度进行翔实的考察，毛泽东对中国当时的国情和阶级状况做出了科学分析。他认为，中国当时的国情和阶级结构实际上处于半殖民地半封建状态，这无疑是一个符合现实情况的科学判断，为纲领政策的制定提供了基本的出发点。土地革命和抗日战争时期，毛泽东一以贯之地对根据地的社会经济情况和阶级关系进行调查分析，制定出能够科学指导实践的政策与方针，正确处理好经济建设与革命战争的关系，坚持独立自主、自力更生的经济方针，把农业生产作为经济建设的核心工作。同时积极发展手工业和对外贸易，最终使根据地成功地粉碎了敌人的围剿和经济层面的封锁，进而取得了"伟大的生产胜利"①。同时，毛泽东还准确地认识到"中国政治经济发展的不平衡"②，意识到建立农村革命根据地并进行土地革命的必要性与现实可能性。可以说，正是毛泽东自觉运用马克思主义经济哲学来分析中国的现实情况，才为中国革命找到了正确道路。另外，毛泽东还采用矛盾分析法，把中国国内的革命形势与世界革命形势联系起来加以整体式考察，指出帝国主义的殖民体系的动摇和各殖民地、半殖民地国家的民族民主革命的高涨，搞清楚了中国革命的前途和命运。我们还可以发现，毛泽东之所以能够科学准确地分析新民主主义革命中各类社会关系，关键就在于他所采用的科学分析法——调查研究方法、矛盾分析方法、群众路线方法，这些方法是毛泽东思想的精髓所在。

抗日战争与解放战争胜利后，新民主主义经济纲领不断明确。1947年，毛泽东在西柏坡会议上做了《目前形势和我们的任务》的报告。这份报告确定了新民主主义三大经济纲领。第一，没收封建地主阶级的土地归农民所有。从根本上摧毁了几千年来的封建剥削制度，进而摧毁了帝国主义借以控制中国的社会基础。土地革命在解放区的全面展开，彻底改变了

---

① 《毛泽东选集》第 1 卷，人民出版社，1991，第 131 页。
② 《毛泽东选集》第 1 卷，人民出版社，1991，第 152 页。

中国的阶级结构，有效解放了农业生产力，为解放战争的胜利提供了坚实的物质保障。第二，没收官僚资本归国家所有，将封建买办性质的官僚资本收归国有，本质上是消灭地主阶级和官僚资产阶级（大资产阶级）的剥削和压迫，彻底改变买办的封建的生产关系，把国家经济命脉掌握在新生的人民政权手中。第三，保护和发展资本主义民族工商业。允许民族资本主义经济的发展和富农经济的存在。"中国共产党通过革命力量废除了旧的阻碍生产力发展的封建生产关系和官僚买办资本主义生产关系，建立了新的平等的新民主主义生产关系，既实现了伟大的社会革命的胜利，也内在地促进了社会生产力的发展。"[①] 尽管新民主主义革命时期的经济实践还具有明显的过渡性，但就其所取得的革命成效来看，却是实现了一场伟大经济革命。这场经济革命的重大意义在于，它将中国人民彻底地从半殖民地半封建社会的生产关系中解放出来，为新中国独立自主地开辟解放与发展生产力之路奠定了经济基础。

2. 社会主义革命和建设时期

这一时期，在社会主义改造中建立起社会主义根本制度体系，为社会主义奠定坚实的制度基础，是最为紧迫的任务。中国共产党带领全国各族人民快速确立起生产资料公有制的社会主义基本经济制度，并进一步对社会主义经济建设做了有益探索。新中国成立之后，工业化成为经济建设的基本目标。中国需要在实现民族独立的基础上，进一步将落后的农业国建设为先进的工业国。通过实行社会主义"一化三改"，中国建立起以社会主义公有制为核心的国民经济体系，夯实了社会主义道路的物质基础。此间，经济实践的人民性逐渐意识到经济性的积极意义。以毛泽东为主要代表的中国共产党人"以苏联经验为鉴戒"，对社会主义所有制、社会主义商品生产与价值规律以及经济体制改革进行了独具中国特色的有益探索。如毛泽东提出了以公有制为主体、个体私营经济为补充的社会主义所有制构想；强调社会主义阶段要利用商品生产来发展社会主义生产，进而利用价值规律这所"伟大的学校"[②] 来建设社会主义。总之，这一时期的经济

---

① 周文、肖玉飞：《中国共产党百年经济实践探索与中国奇迹》，《政治经济学评论》2021 年第 12 期。

② 《毛泽东文集》第 8 卷，人民出版社，1999，第 34 页。

实践为之后的改革开放提供了制度基础、理论基础和物质基础。

（二）中国特色社会主义理论体系对马克思主义经济哲学的坚持与创新

邓小平理论是在对马克思主义经济哲学进行创造性发展、对"准确的完整的"[①]毛泽东经济哲学思想进行自觉继承的过程中生成的，比较系统地回答了建设中国特色社会主义的一系列基本问题。邓小平紧紧围绕"什么是社会主义、怎样建设社会主义"这一根本性问题，对建设有中国特色的社会主义进行了开创式探索。关于发展道路，他强调走有中国特色的社会主义道路；关于发展阶段问题，他提出社会主义初级阶段理论；关于发展任务，他强调生产力的极端重要性；关于发展动力，他强调改革永无止境；关于发展的外部条件，他强调坚持独立自主的和平外交政策；关于政治保证，他强调坚持四项基本原则；关于发展战略，他强调"三步走"的现代化战略；关于发展的领导力量，他强调党的领导核心地位；关于祖国统一，他提出"一国两制"的伟大构想。毫无疑问，邓小平理论作为承前启后的思想理论，不仅继承和发展了毛泽东思想，也对中国特色社会主义理论体系发挥了奠基和开创作用，开拓了马克思主义新境界和马克思主义中国化的新境界。

邓小平理论对社会主要矛盾进行准确判定，指出当时我国社会主要矛盾已转变为人民日益增长的物质文化需要同落后的社会生产之间的矛盾。在生产力较低、经济规模尚小、经济结构简单与发展目标集中的时代，高度集中的计划经济体制起到了巨大的作用。然而随着生产力不断提升、人民需求不断丰富，这种经济体制必须要进行相应调整才能适应生产力发展，不断解放社会生产力，而不是成为生产力进一步发展的阻力。在不断的探索中，党和国家对社会主义的本质有了更为深刻的认识——"贫穷不是社会主义"。在保证经济社会人民性的本体地位之时，创新性地建立起社会主义市场经济制度，大胆地倡导经济性机制，积极利用市场经济制度来配置资源、组织生产、提高效率。中国共产党人创造性地提出"中国式的现代化"[②]，这是一条既不同于苏联社会主义现代化道路、又超越西方现代化道路的全新现代化模式，它将现实地、具体地生成中国特色社会主义

---

① 《邓小平文选》第2卷，人民出版社，1994，第42页。
② 《邓小平文选》第2卷，人民出版社，1994，第194页。

经济文明的超越性特征。社会主义初级阶段理论与改革开放政策为经济社会建设提供时空坐标。一个明显的事实是，现代化进程从来都不是从起点到目标的单线发展，而是在坎坷与挑战之中向前蠕动。现代化也不是闭门造车、封闭空想就能实现的，而是要在全球化浪潮中寻找契机。党中央提出的社会主义初级阶段理论与改革开放实践路线，把中国的现代化事业拉回现实世情、国情之基，实事求是地根据当下的时空条件来制定发展目标、选择发展模式。可见，只有立足于现实，才有对社会主要矛盾的正确判定，才能对经济体制、政治体制进行客观具体的改革，才能通过改革开放走出一条中国特色社会主义道路，才能开启"中国式的现代化"。

中国特色社会主义市场经济体制提供根本动力。以邓小平同志为主要代表的中国共产党人提出"建设有中国特色的社会主义"，并着手进行经济体制改革，建立起中国特色社会主义市场经济体制，这是马克思主义基本原理同中国具体实践相结合的第二次飞跃。正是这次伟大飞跃，写出了中国政治经济学的初稿。在所有制方面，中国特色社会主义突破单一的公有制形式，提出以公有制为主体、多种所有制经济共同发展；在分配制度方面，中国特色社会主义打破平均主义，实行以按劳分配为主体、多种分配方式并存；在经济运行与管理体制方面，中国特色社会主义建立起社会主义与市场经济相结合的全新体制。社会主义市场经济体制的建立，有效激活了人民群众的创造热情，极大提升了各类生产要素的生产效率，生产力得到前所未有的提升与发展。中国从单维度的工业化逐渐转向全面现代化，创造了经济总量跃居世界第二、社会长期和谐稳定的经济社会发展奇迹，实现了人民生活从温饱不足到总体小康、奔向全面小康的历史性跨越。应当说，中国特色社会主义的出场，意味着人民性逐渐将经济性纳入自己的"工具箱"之中，开辟了一条扬弃超越经济性的创新发展之路。而这种超越将真正地在新时代中国特色社会主义的经济实践中得到更加清晰的体现。

总之，中国特色社会主义之所以取得如此巨大的成就，离不开对马克思主义经济哲学综合性的创造性运用和创新性发展。它更加证明了哲学尤其是马克思主义经济哲学对人类经济实践的重大指导作用。

三 中华优秀传统文化中的经济哲学思想

蔚为大观的中华优秀传统文化蕴含着高远深邃的经济哲学思想，是当代中国马克思主义经济哲学的智慧源泉和重要理论渊薮。从中华优秀传统文化中汲取智慧，是新时代中国特色社会主义经济建设的重要经验。习近平总书记强调："只有把马克思主义基本原理同中国具体实际相结合、同中华优秀传统文化相结合，坚持运用辩证唯物主义和历史唯物主义，才能正确回答时代和实践提出的重大问题，才能始终保持马克思主义的蓬勃生机和旺盛活力。"① 事实上，概观中国经济社会发展进程，可以清晰地感受到中华优秀传统文化对当下现实的穿透力，对人类经济活动的引领力。这种蕴藏于中华优秀传统文化中的哲学思想，是具有独特文化特征的经济哲学思想。这种经济哲学思想，具有与近代西方经济哲学迥然不同的价值关怀与实践路径，体现着中国人独特的、超越的精神品质，同时，与当下的中国式现代化道路具有天然的契合性。具体地说来，新时代中国特色社会主义对中华优秀传统文化中经济哲学思想的汲取，主要体现为对三个范畴的体认和实践。

一是"和合"思想。在西方经济哲学的语境中，"零和"思维方式已然成为一种惯性思维，一种不需要反思、证成的思维方式。人们已经习惯用这种思维方式来看待世界和人类社会。这一思维方式在西方经济学那里，起初仅具有一种方法论意义。在《博弈论与经济行为》一书中，经济学家将"零和"作为一种在竞争关系中分析经济变量函数关系的根据，来寻求相对平衡的最佳价值取向。这种作为经济学方法论的"零和"理论，随着现代社会的全面铺陈，已经上升为一种具有现代性特质的思维方式。这种思维方式以恒定性、唯一性、不相容性为哲学表征②，在这种思维方式的影响下，当下世界政治经济秩序的"病症"不断凸显。诸多思想家对这种根深蒂固的"零和"思维方式表示焦虑，如汤因比认为这种思维方式将会导致人类走向集体自杀的悲剧，而中华民族独特的"和合"思维方式将是带领人类走向和谐幸福的良药。"和合"思维方式具有三大内涵：首先，"和合"是一种和谐的社会秩序论；其次，"和合"追求共生、和

---

① 习近平：《高举中国特色社会主义伟大旗帜 为全面建设社会主义现代化国家而团结奋斗——在中国共产党第二十次全国代表大会上的报告》，人民出版社，2022，第17页。

② 张雄、朱璐、徐德忠：《历史的积极性质："中国方案"出场的文化基因探析》，《中国社会科学》2019年第1期。

生的礼乐文明制度；最后，"和合"的目的是构建和谐的、丰衣足食的经济秩序。"和合"的精髓在于和而不同，在承认差异的前提下寻求统一。

二是"良知"思想。在西方经济哲学语境中，作为市场经济中预设的人性，常常被理解为理性利己与同情、怜悯。斯密在《国富论》《道德情操论》中曾进行过精深的论述。斯密认为社会即市场，人人皆商人，将人抽象为以利己主义为价值原则的"原子"。这些寻求利益最大化的"原子"，通过自由的竞争，最终实现整个社会的幸福。这种类似于机械论的经济思想，推动西方经济学不断实证化，成为当下西方主流经济学的思想源泉。然而，这种人性预设本质上是抽象的，因为它仅仅突出人的利己心，而将人的善之德性解释为"同情-怜悯"，进而忽视了人身上所蕴含着的具有超越性的"良知"。作为儒学的核心范畴，"良知"凸显出人的内在圆融性，这种圆融性表现为人格在私向度和公向度上所具有的完整性。在王阳明那里，"良知"不仅被视为人之为人的哲学本体范畴，还被理解为一种辨别是非、从善去恶的道德路标，认为"致良知"的唯一途径是知行合一。较之于西方经济哲学中的"同情-怜悯"，"良知"是每个人应具有的德性，是为人之善的先验性承认，是对自我行为的约束的检讨。而"同情-怜悯"则仅仅是一种富人对穷人的施舍，因而是对以个人私利为绝对原则的前提性承认。

三是"义以生利"思想。"理性利己"一直都是西方经济哲学中具有原在性的经典理论预设。逐"利"被视为市场中任何经济行为者天经地义的事情，经济学家们把这种逐利秉性作为原初的逻辑程式起点，从纷繁庞大的经济学理论体系出发解释和预测经济发展趋势。毫无疑问，西方主流经济学家的这种理论信念在复杂的经济汪洋中被不断浇灭。人们越发感到以"理性利己"为预设的西方经济学在解释和预测经济发展上的力不从心。"理性利己"无法说明人们的经济行为，甚至在一定程度上对经济发展具有误导作用。中国传统经济哲学从来就没有孤立地来考察人的逐利行为，经典的"义利之辨"深刻地反映着中国人独特的财富观。他们将辩证思维置入"义利"关系之中，推动经济思想不断走向深入，"既确保利益的始基意义和重点论，又同时关注制约利益的种种义的因素，以至于使经济学的思考不发生变形，物质与精神、欲望与道德、私向化与社会化、利己与利他、动机与目标等实现辩证统一"①。

中华优秀传统文化中的经济哲学思想是新时代中国特色社会主义经济实践植根的文化沃土。在中国式现代化道路的语境中，这些古老的经济哲学思想不断闪耀着时代的智慧之光，引领中国人民在世界市场中秉承和合、持有良知、义以生利，为人类的现代化进程提供独具特色的中国方案和中国智慧。

四　西方经济哲学思潮的有益借鉴

经济哲学是哲学对经济世界的理性追问。就现代学科意义而言，它是一种"结构性交叉"学科，其研究对象包括经济理论与经济活动。就思想史而言，经济哲学不是晚近的新概念，它具有深厚的历史渊源，我们甚至可以在古希腊、罗马和中世纪经院哲学那里发现哲学中的经济思想。但就现代学科意义而言，对经济哲学的研究可追溯至 16 - 17 世纪科学革命发生后。尽管当时对经济问题的思考还未完全离开哲学"母体"，但是自亚当·斯密建立古典经济理论体系以来，经济哲学活动的主要平台很快就由哲学走向作为独立学科的经济学。因此，这里我们仅对斯密及之后的经济哲学思想做简单的介绍。一般而言，经济哲学的这一发展进程可以简单划分为六个阶段。在这里，我们主要参考的是国内经济哲学研究专家张雄教授的划分标准，并在此基础上对 21 世纪的西方经济哲学动态进行简单介绍。

（一）第一阶段（18 世纪中叶至 19 世纪初）

在道德哲学与古典经济学之间的交流中寻找经济哲学的理论关切点。这一阶段的主要代表人物是建构起古典经济学的斯密和密勒，他们自觉地从道德哲学角度来理解、阐述人类经济活动中的思想与感情特性，把人的价值融入经济学研究之中。依据休谟对人性自利的揭示，斯密提出了自己的道德自利原则，认为"每个人生来首先和主要关心自己"②。斯密认为，在此基础上建立起来的自发经济制度，会自发地促进个人和社会的"共

---

① 张雄、朱璐、徐德忠：《历史的积极性质："中国方案"出场的文化基因探析》，《中国社会科学》2019 年第 1 期。
② 〔英〕亚当·斯密：《道德情操论》，蒋自强等译，商务印书馆，1997，第 101 - 102 页。

赢"，这就是个人主义方法。密勒则在黑格尔道德哲学和法哲学的影响下，指责斯密所提出的思想本质上是利己主义和唯物主义，把交换的实践非法地提升至自然主义原则的高度。他主张，不应以个人规定社会，而应由国家、社会共同体精神来决定个人存在，这体现出其利他的道德原则。

（二）第二阶段（19世纪初至70年代）

在历史哲学与政治经济学之间的交流中寻找经济哲学的理论关切点。这一时期的历史哲学家给政治经济学带来了历史性思维。其中，黑格尔从历史哲学和政治哲学出发，把政治经济学所研究的市民社会范畴和经济观念纳入他的权利哲学、国家哲学之中，并把政治经济规律归结为绝对精神的自我运动，使其融进世界历史逻辑的序列之中，为人类把握经济世界提供了极为重要的历史哲学视野。而作为将经济学、哲学（唯物史观）统一起来的典范——《资本论》，把哲学与经济学的理论和方法统一在同一部著作中，显示出鲜明的历史哲学特征："它从历史哲学的角度，将斯密的世俗时间和黑格尔的精神时间综合在一种资本的逻辑活动（《资本论》）与历史展开（《共产党宣言》）的双重过程之中，并以一种辩证的逻辑把革命的观念纳入历史时间的洪流，从而得出一种指向未来的历史哲学结论。"[①]

（三）第三阶段（19世纪晚期）

在经济学方法论与哲学方法论之间的交流中寻找经济哲学的理论关切点，哲学自觉地对政治经济学的抽象理论前提及其范式进行反思和批判。凯尔恩斯在1875年出版的《政治经济学的特征与逻辑方法》一书，使经济哲学开始关注哲学方法论对经济学的影响，而1883年经济学家门格尔出版的《关于社会科学，特别是政治经济学方法的研究》则彻底引发了关于经济学方法论的"德奥方法论大战"。针对以门格尔为代表的边际主义立场及其主张的抽象演绎模型的哲学方法论，德国历史学派的李斯特、罗雪尔、施穆勒、桑巴特持历史主义原则发起了攻击。李斯特主要提出"国民经济学"来对抗古典经济学的世界主义，罗雪尔则归纳了历史方法的四大原理，而作为"德奥方法论大战"中的主攻手，施穆勒严厉地抨击了"英

---

① 张雄：《西方近、现代经济哲学发展的历史与现状》，《哲学动态》2003年第2期。

国演绎学派"的门格尔，认为"政治经济学的一个崭新时代是从历史和统计材料的研究中出现的，而绝不是从已经过一百次蒸馏的旧教条中再行蒸馏而产生的"①。桑巴特则将历史原则具体运用于对西欧资本主义的研究中，其代表作《现代资本主义》的问世意味着历史学派进入学术鼎盛时期。历史学派在方法上旗帜鲜明地反对纯粹的理性演绎法，认为这种抽象模型方法是对自然科学研究方法拙劣的模仿，主张将历史归纳法作为经济学的主导性方法，提出理性演绎法并不能发现普遍的经济规律，唯有历史归纳才能总结出经济规律。

（四）第四阶段（20世纪上半叶）

在经济学与科学哲学之间的密切交流中寻找经济哲学的理论关切点，所着眼的仍是经济方法论，科学哲学对于科学方法论的讨论直接地左右着经济学的方法论选择，在这个过程中，传统经济学的理论前提和范式受到了强烈冲击。

1. 逻辑实证主义对经济学方法论的影响

罗素和石里克等哲学家将传统实证主义和经验主义与现代的逻辑分析方法加以结合，试图通过逻辑分析为人类的知识与科学寻求基础与根据，创立了作为科学哲学第一个完整形态的逻辑实证主义，又由于其实际上促进了经验主义的当代发展，所以又被称为逻辑经验主义。它所秉持的经验、实证原则极大地促进了经济学形式化、数学化、逻辑化，最终使经济学"科学化"。在这个过程中，数理经济学和计量经济学得到了极大发展。

2. 证伪主义对经济学方法论的影响

证伪主义是唯理论与实证主义的理论发展及其延续，由英籍奥地利裔的哲学家卡尔·波普创立，后经英籍匈牙利裔的哲学家拉卡托斯的推进而甄于完善，成为影响整个20世纪的科学哲学思潮，也对这一时期的西方主流经济学产生了重大影响。波普认为经验观察的目的是反驳，而不是证实，经验证实在逻辑上存在着"肯定后件"的错误，而经验证伪在逻辑上却符合"否定后件"的推理逻辑。波普认为，一个理论或命题的科学性和

---

① 转引自汤在新主编《近代西方经济学史》，上海人民出版社，1990，第502页。

真理性不在于其可以被经验证实，而在于其可以被经验证伪，一切科学理论只不过是大胆的猜想或假说，一个理论或命题的科学性与其可证伪性成正比，越是精准无误的理论，其可证伪性则越大。对波普的弟子拉卡托斯而言，老师的证伪主义所指认的科学发展模型过于刚性，一个理论、命题或假说哪怕只要被一个经验观察证伪就应当立即被抛弃，一个理论哪怕只有一次没有给出符合经验事实的预言也应被证伪。拉卡托斯认为，这种刚性的证伪主义无法解释为什么一个科学理论在现实中往往表现出较强的稳定性。如果严格地按照波普的证伪主义，科学知识的增长是难以想象的。为此，拉卡托斯提出了自己的"科学研究纲领方法论"（MSRP），解释了在不断地推测、检验、反驳中科学能够保持稳定性和连续性的原因。拉卡托斯认为，一个科学研究的纲领具有"硬核"和"保护带"的双层结构，并接受正面启发法和反面启发法的方法论指导。所谓"硬核"是一种思辨的、形而上的、不受经验直接检验的猜测、断言、规律，是整个研究纲领的核心假设和根本信念，决定着纲领的"存亡"。而"保护带"则由一系列具有理论韧性的辅助假设组成，其作用是直接应对与分担经验检验带来的证伪压力，以及针对纲领所提出的反常，借助正反面启发法来灵活地调整或更改自身的假说。同时，拉卡托斯也指出，保护带的工作机制也不是完全有效的，不管保护带如何调整自身以"抵御"经验检验，研究纲领都不可能永远不被证伪，因为保护带的调整有可能是进化的，也有可能是退化的。拉卡托斯关于科学发展和知识增长的模式与波普的"不断革命"模式、库恩的"连续的常规科学"模式相比具有显著不同。在他那里，科学发展的模式是"科学研究纲领的进步阶段－科学研究纲领的退化阶段－新的进步的研究纲领证伪并取代退化的研究纲领－新的研究纲领的进步阶段……"[①]

英国经济学家特伦斯·哈奇森石破天惊地将证伪主义方法论引进经济学，试图通过证伪主义方法论来检验经济学中的每一个理论，进而把经济学打造成与自然科学一样的经验科学。哈奇森的做法招致经济学中的先验论者的批评。如芝加哥学派创始人之一的富兰克·奈特就指责道："严格

---

① 程恩富、胡乐明主编《经济学方法论》，上海财经大学出版社，2002，第251页。

说，如果论断的关键词被恰当、相关精确地定义，用'经验'来'验证'有关'经济'行为的命题是不可信的。"① 美籍奥地利裔经济学家马克卢普认为，哈奇森提出的对经济学的每一点都进行个别的检验的主张，最终会使人们趋向于对直观现象进行消极描述，进而使经济学彻底丧失理论性。新古典综合学派的保罗·萨缪尔森也表现出一定的证伪主义倾向，他在其代表作《经济分析的基础》一书中指出，经济学的任务就是提出可以接受反驳的、具有操作意义的"一般原理"或经济学理论。与之相反，货币学派弗里德曼认为理论前提是否现实是无关紧要的，他甚至认为理论愈是重要，理论的前提就愈是脱离现实。在弗里德曼那里，假定的虚假性反而成为经济学的优点，因而他彻底放弃了对理论前提的现实性检验，转而注重于对理论预测的现实性检验。在他那里，"假设不相关"得到了普遍运用，而所谓的证伪主义则被扭曲成一种实用的工具主义，以至于有人将其哲学基础理解为杜威的实用主义，而非波普的证伪主义。而正是这种被萨缪尔森指责为"F-扭曲"的实用工具主义方法论，受到了主流经济学的追捧。如马克卢普就提出，我们不能对理论前提进行独立检验，以此来为弗里德曼辩护。尽管弗里德曼将预测能力作为评判理论正确性的标准是存在问题的，这一做法显然仿效了备受争议的"解释覆盖率模型"②，也表现出对理性的过分崇拜，但是弗里德曼的观点仍表现出超强的"韧性"。进入20世纪下半叶，他的实用工具主义方法论信条已经被广泛接受，甚至其反对者也不自觉地接受了这一方法论信条。受此影响的主流经济学家大多放弃了对理论的前提或假定进行经验证实，经济学理论被视为一个纯粹的"工具箱"，经验检验的目的不再是证明经济理论的真伪，而是判定何种理论在何种场合下适用。由是，主流经济学得到了最大程度的辩护，他们不再为证实自身而忧心忡忡，因为只要他们建立起严格的公式、形成精致的结构、与现实经济世界具有潜在的一致性就可以使自身得到确认，而不用理会经济模型与现实经济世界所存在着的鸿沟。

---

① 〔美〕弗兰克·H. 奈特:《弗兰克·奈特文集：经济学的真理》，王去非、王文玉译，浙江大学出版社，2016，第387页。

② 〔加〕A. 科丁顿:《实证经济学》，《现代国外经济学论文选》第14辑，商务印书馆，1992，第83-102页。

尽管证伪主义被诸多经济学家追捧，但是在现实经济实践中，这些经济学家却仍然回到了证实的防卫性方法论那里去了。我们看到，以新古典主义为代表的主流经济学在总体上表现出异乎寻常的稳定性，当他们的理论面临着苛刻严峻的波普证伪主义风险时，他们自然而然地想起了拉卡托斯的"保护带"机制。借助于拉卡托斯的科学研究纲领理论，这些经济学家可以更加轻松地为自己辩护、证实，而回避了苛刻严峻的证伪。如新古典经济学的研究纲领就具有一个坚不可摧的"硬核"以及柔韧多变的保护带。格拉斯（J. C. Glass）和约翰逊（W. Johnson）就将新古典经济学研究纲领的硬核凝练为四个基本假设：①个体主义；②理性；③私人产权；④市场经济。尽管这四个假设具有显而易见的"形而上学性"，但是从拉卡托斯的方法论来看，它们不可被检验和被证伪。在这个总纲领之下，还延伸出诸多子纲领，如消费者行为理论、厂商理论、一般均衡理论，这些理论同样地拥有自己的硬核及其保护带。在这种相互渗透关联着的纲领系统中，想要证伪新古典理论何其困难！对它来说，经验检验不仅不可证伪，反而是对自身的证实。于是，我们就明白为什么在证伪主义的幌子下，经济学家依然秉持着证实的防卫性方法论了，因为从本质上看，证伪主义实际上是他们的一个标签、一个口号而已。

3. 数学形式主义对经济方法论的影响

方法论个人主义是西方经济学研究纲领的硬核之一。主流经济学家将经济社会视为无数独立的、原子式的理性经济人之集合。他们坚信，理性经济人的自利行为，如消费者和生产者各自的最大化自利行为，会在市场经济这双无形之手的引导下，既自然地实现二者的利益最大化，又自然地使整个经济社会达至均衡状态，从而最大限度地促进公共利益。那么，如此完美的经济学均衡如何才能具有可靠的、精准的外在形式呢？那就是将经济学均衡用数学形式精准地表达出来。边际革命后，经济学数学化的脚步越来越快。杰文斯沿袭了毕达哥拉斯学派的数本主义，将经济学的本性归于数学性，并建立诸多经济数学模型。瓦尔拉斯首次尝试使用数学来论证经济学家的"无形手"信念，在《纯粹经济学要义》一书中，他以四组联立方程式证明了在一个经济体系中的消费者和生产者的最大化行为会导致需求与供给之间的均衡。作为瓦尔拉斯的学生，迷信牛顿物理世界的帕累托进一步发展了老师的均衡理论，他尤其重视经济现象之间的数量关系分析，运用序数效用论和无差异曲线等数学工具，建立起从交换到生产的一般均衡理论，并提供了一个所谓"帕累托最优"的均衡检验标准。而真正将一般均衡和数学形式严密结合起来的是阿罗与德布鲁，在他们的体系中，经济学才真正具备了所谓"精密科学"的形式。然而，也正是在阿罗－德布鲁体系中，我们越发清晰地发现了牛顿和拉普拉斯学说的影子，一种严密的、精准的机械论经济世界观在他们的理论中清晰地呈现出来。总之，20世纪以来，数学在经济学研究中从工具角色逐渐转变为主宰角色，计量经济分析、数理经济分析和统计经济分析成为主流经济学最具热度的分析方式。

（五）第五阶段（20世纪下半叶）

在经济学与现代伦理学的交流中寻找经济哲学的理论关切点。借助现代伦理学的范畴和原理，这一时期的经济学主要讨论诸如社会秩序，理性经济人，市场与政府的挫败，制度、技术及其道德价值，市场、国家及其道德范围，事实性平等与规范性平等等问题，创建了经济伦理学这一新学科。市场与伦理的关系，始自经济学家艾尔斯和奈特在1935年就市场原则与伦理道德原则展开的论战。尽管艾尔斯和奈特之间存在诸多争议，但实际上，他们都承认了市场和伦理具有紧密的联系，并强调经济学家不仅要关注市场"选择理论"，更要关注有关社会秩序、市场中人们相互作用的理论。20世纪50年代以后，科学技术的飞速发展客观上助长了人类经济增长极大化欲望，造成了社会公共伦理的崩坏和道德的"滑坡"，生态环境遭到破坏，社会秩序陷入混乱，世界贫富加速分化。另外，人类的经济、政治、文化等活动更加具有组织性、体系性、结构性，在此情况下，维护社会秩序就迫切地需要从法律、伦理甚至是制度层面进行秩序构建。所以，经济学家与哲学家的联盟显得更为迫切，在此情势中，现代经济伦理学应运而生。阿马蒂亚·森被视为现代经济伦理学的代表人物，被评价为"集经济学和哲学手段于一身，从道德范畴去讨论重要的经济问题"的经济学家。

（六）第六阶段（20世纪晚期以来）

这一时期的西方经济哲学研究视角与研究方法逐渐多元化。首先，数字资本主义研究日益兴起。20 世纪 90 年代互联网技术与市场经济的日益勾连，使得西方经济哲学学者注意到数字科技给资本主义生产生活带来的巨大影响。信息时代来临，数字技术的突飞猛进使得数字资本从物质资本、人力资本、金融资本、债券资本等资本形态中凸显出来，成为一种具有底层支配力的资本形态。它正在悄然改变资本运行方式，形塑资本主义生产方式。美国学者丹·希勒在其《数字资本主义》中较早地提出"数字资本主义"概念，阐述了信息技术在以新自由主义为信念的资本主义当代发展中所起到的关键作用，表达出对数字资本主义带来的更深层次的不平等的担忧，"数字资本主义没有消除，反而助长了长期困扰市场制度的种种弊端：不平等与以强凌弱。这种认识正是矫正之路的开始"①。在当今数字资本主义时代，"数字"或"数据"正在成为劳动的主要方式，传统的"劳动一般"正在转向"数据一般"，数字及其生产越来越具有本体性地位。意大利的一些学者，如哈特、奈格里、拉扎拉托、维尔诺，将数字资本主义时代视为自治主义时代的开启。他们从马克思的《1857—1858 年经济学手稿》中发掘出"一般智力"②的概念，以此表征当代资本主义最新发展特征。并提出无产阶级可以借助于这种主观性的"一般智力"控制社会生产，为未来的共同体铺平道路。这显然过于乐观，原因就在于，对"一般智力"具有主观性且能为无产阶级使用的断定与现实情况不符。现实情况是，在数字资本主义时代，"一般智力"以一种更加具有支配力、更加异化的客观性力量形式出现在无产阶级面前，无产阶级不是更加主动了，反而更加被动了。国内学者蓝江认为，意大利学者从马克思那里挖掘出来的"一般智力"，在如今的数字资本主义时代中，已经具有新的本体论形态，即"一般数据"③。一般数据成为当今时代交换和社会关系的决定性中介与架构方式，体现出数字资本主义时代人类的普遍性生存状态。但是，问题的关键在于，不能停留于对交换、流通中一般数据的中介性作用

---

① 〔美〕丹·希勒：《数字资本主义》，杨立平译，江西人民出版社，2001，第 285 页。

② 原文是："固定资本的发展表明，一般社会知识，已经在多么大的程度上变成了直接的生产力，从而社会生活过程的条件本身在多么大的程度上受到一般智力的控制并按照这种智力得到改造。"（《马克思恩格斯文集》第 8 卷，人民出版社，2009，第 198 页。）

③ 蓝江：《一般数据、虚体、数字资本——数字资本主义的三重逻辑》，《哲学研究》2018 年第 3 期。

的现象描述。从政治经济学批判的角度来看，问题的关键在于考察一般数据是如何被生产出来，并能够成为增殖的资本的。安东尼奥·奈格里认为，当足够多的人在网上进行浏览、搜索等行为时，其所产生的数据在经过大数据技术和云计算处理后就成为有价值的资源。这种数据资源成为资本的当代表现形式之一，而且是越来越具有本体性意义的资本，表征着当代资本主义的重要特征，引起了广泛的关注。

其次，是在经济学与心理学交流中寻找经济哲学的关切点。发展于认知心理学和实验经济学的行为经济学，是心理学与经济学结合而成的学科。它研究人们的行为如何系统性地偏离经济学传统的"理性人"假设，简言之，即对人之行为的非理性成分进行描述性研究。行为经济学反对主流经济学仅仅将非理性因素视为数学模型中的随机变量，而主张把"理性人"还原为现实经济生活中的"社会人"，即有限理性、有限自制力和有限自利的人，在此基础上把经济学改造成接地气的经济学。其先驱丹尼尔·卡尼曼与阿莫斯·特沃斯基以心理学为突破口入侵了经济学大本营，并由此获得2002年诺贝尔经济学奖（特沃斯基因英年早逝而无缘奖项）。他们提出的启发式认知偏差和展望理论进一步发展了西蒙的有限理性假说，重点关注的是"理性经济人"在不确定情境下行为决策背后的心理变化。美国芝加哥大学理查德·塞勒（Richard Thaler）则受进化心理学的启发，进一步创立了心理账户理论和行为生命周期理论，心理账户直接性地区别于传统的经济学账户，其对参照点的解释部分填补了展望理论的空白。另外，塞勒根据该理论所著写的《轻推》一书还极大地推进了行为经济学理论在政策制定和实践方面的应用。这些突出贡献使得塞勒获得2017年诺贝尔经济学奖，这也意味着行为经济学在主流经济学中拥有了一席之地。在《非理性繁荣》中，希勒的非理性繁荣理论重点描述了金融市场异象，把心理因素和行为分析应用到金融领域，进而开创了行为金融学。对完全有效市场和理性经济人的直接质疑，认为股市的非理性繁荣的主要原因在于非有效市场和非完全理性的参与主体，换言之，希勒认为人们的市场行为并不完全符合"理性经济人"和市场完全信息假定，而是表现出鲜明的、突出的非理性特征。在与阿克洛夫合著的《动物精神》一书中，他们进一步提示人们从根本上反思经济学基本原理的必要性。在他们看来，经济学必须关注凯恩斯思想中被裁剪掉的"动物精神"。在该书中，希勒将作为"动物精神"的重要方面的"故事"视为引起经济波动的关键因素。由此，希勒提出了叙事经济学的理论叙事，叙事经济学把被主流经济学忽视的"经济叙事"以及由此所代表的心理情绪与情感因素纳入经济学的理性分析框架，对宏大叙事与微小叙事、理性与非理性加以嵌构，以改进和完善理性经济学模型。[①]

第二节　理论创新：当代中国马克思主义经济哲学

理论之花的绽放离不开实践土壤的滋养。作为经济哲学的重大理论创新成果，当代中国马克思主义经济哲学离不开中国特色社会主义的实践探索以及新时代中国特色社会主义的实践开辟。经济实践是中国特色社会主义实践的核心，经济哲学是哲学与经济学双向交互的过程中逐渐生成出来的理论形态。深入理解经济哲学的本质内涵，就不能不自觉回到中国特色社会主义的伟大实践中。而要继续推进中国特色社会主义实践不断开拓向前，又必须借助于经济哲学所提供的智识支持。

一　马克思主义经济哲学的现实新场域

当代中国马克思主义经济哲学是中国共产党团结带领人民在中国特色社会主义伟大经济实践中，立足于马克思主义经济哲学的立场、原则、方法、范式，根据国情、世情，不断汲取中华优秀传统经济思想，不断借鉴世界各国经济文明优秀成果所形成的概括式凝练与系统性表达。如果我们将当代中国马克思主义经济哲学视为一个理论有机体的话，那么它的理论活动场域当然地涉及新时代中国特色社会主义社会、当代资本主义社会、当代世界社会主义。这三个活动场域并非各自独立、互不涉及，而是多维叠加、有机勾连的共在场域。由是，当代中国马克思主义经济哲学的研究对象至少要包括三个社会有机体：中国特色社会主义社会有机体、资本主义社会有机体、人类命运共同有机体。新时代中国特色社会主义开拓出更为广阔的马克思主义经济哲学现实新场域，进而本质性地开拓出当代中国

[①] 卜祥记、易美宇：《叙事经济学的理论贡献及其限度》，《苏州大学学报（哲学社会科学版）》2021年第4期。

马克思主义经济哲学。

二　马克思主义经济哲学的时代新课题

中国共产党带领全国各族人民在推进改革开放的伟大实践中，在寻求中华民族伟大复兴的远大征程中，在传承中华民族优秀文明的光辉进程中，现实地探索出中国特色社会主义。习近平总书记用"五个得来"全景式、全过程地展现了中国特色社会主义这一生成路径，他指出："中国特色社会主义不是从天上掉下来的，而是在改革开放 40 年的伟大实践中得来的，是在中华人民共和国成立近 70 年的持续探索中得来的，是在我们党领导人民进行伟大社会革命 97 年的实践中得来的，是在近代以来中华民族由衰到盛 170 多年的历史进程中得来的，是对中华文明 5000 多年的传承发展中得来的，是党和人民历经千辛万苦、付出各种代价取得的宝贵成果。"① 应当说，"五个得来"为我们展现出一幅波澜壮阔的中国特色社会主义发展史，为我们展现出一代代中国共产党人带领人民艰苦创业、团结协作的奋斗史。只有坚定牢记和时刻回顾这段历史，才能深刻体会到中国特色社会主义的来之不易及其伟大历史意义。

（一）社会主义道路的艰难获致

近代中国的先进分子不甘于半殖民地半封建的国家民族之耻，在黑暗中艰难探寻着能够救亡图存的革命与发展之路。万幸的是，俄国十月革命的胜利号角使这些先进分子看到了希望，他们从十月革命中接触、认识与感悟到马克思主义强劲的真理性力量。而真正使马克思主义在中国落地生根，开启中国化之伟大历程的，乃是中国共产党的成立及壮大。中国共产党的成立使马克思主义成为指导中国革命和发展的科学指南，确立中国革命和发展的正确道路：先通过新民主主义革命取得民族独立、人民解放，然后走上社会主义道路，朝着共产主义远大理想不懈奋斗。

（二）社会主义根本政治前提与制度基础的奠定

新民主主义革命的胜利与社会主义制度的建立，为中国特色社会主义奠定了根本政治前提与制度基础。而新中国成立后的 20 余年社会主义建

---

① 《习近平谈治国理政》第 3 卷，外文出版社，2020，第 70 页。

设，又为中国特色社会主义的出场提供了宝贵的实践经验、扎实的理论准备和坚实的物质基础。但是，照搬苏联模式的社会主义建设也产生了一些共性问题，这使得中国共产党开始反思苏联模式。毛泽东在《论十大关系》等讲话中，提出了中国的社会主义建设要从中国实际出发，走中国工业化建设道路的正确主张。尽管在此之后，我国在独立探索中国社会主义建设之路时出现严重失误，但幸运的是，仍然建立起了较为完整的工业体系和国民经济体系，这为开创中国特色社会主义提供了正反两方面的经验。尤其是毛泽东针对社会主义建设所提出的一系列独创性的重要理论观点，仍然具有重要的现实意义。

（三）中国特色社会主义的生成与完善

改革开放和社会主义现代化建设时期，以邓小平同志为主要代表的中国共产党人重新确立起解放思想、实事求是的思想路线，彻底地否定"以阶级斗争为纲"的错误发展路向，深刻全面地总结我国社会主义建设历程中正反两方面经验教训，同时借鉴吸取世界社会主义的历史经验，强调要搞清楚"什么是社会主义，怎样建设社会主义"，并将其视为党和国家必须回答和解决的重大理论和实际问题。在不断地反思总结中，党和国家对社会主义本质有了深刻认识，其中最突出的是提出了"贫穷不是社会主义"的经典判断，在保证社会主义经济建设的人民性的同时，创新性地建立起社会主义市场经济制度，大胆地倡导经济性机制，积极利用市场经济制度来配置资源、组织生产，大大提高了社会主义生产效率。也正是在这个过程中，中国共产党创造性地提出，中国所要走的现代化道路乃是"中国式的现代化"[①]。这是一条既不同于苏联社会主义现代化道路、又超越西方现代化道路的全新道路，它将现实地、具体地生成出中国特色社会主义经济文明的超越性特征。同时，党和国家还确立了社会主义初级阶段基本路线，为我国经济社会建设提供了清晰的时空坐标。社会主义初级阶段理论的明确提出，要求从中国具体国情出发，坚持走自己的路，持之以恒地建设中国特色社会主义，科学解答了中国特色社会主义建设中的一系列基本问题，史无前例地开创并成功推进了中国特色社会主义。之后，以江泽民同

----

① 《邓小平文选》第 2 卷，人民出版社，1994，第 194 页。

志为主要代表的中国共产党人在克服国内外严峻形势的过程中，坚持和捍卫了中国特色社会主义，确立了社会主义市场经济体制的改革目标和基本框架，确立了社会主义初级阶段的基本经济制度和分配制度，将中国特色社会主义成功推向 21 世纪。[①] 党的十六大以后，以胡锦涛同志为主要代表的中国共产党人，抓住宝贵的发展窗口期，在全面建设小康社会的进程中切实推进理论、实践、制度的创新，形成了科学发展观，在新的历史起点上坚持和发展了中国特色社会主义。

（四）中国特色社会主义迈入新的时代场域

党的十八大尤其是十九大以来，面对错综复杂的国际形势和艰巨繁重的国内改革发展稳定任务，以习近平同志为核心的党中央团结带领全国各族人民，系统性地总揽战略全局，宏观性地把握发展大势，在伟大斗争与伟大实践中凝练升华出习近平新时代中国特色社会主义思想，为开启全面深化改革新征程、全面推进社会主义现代化建设、开创中国特色社会主义事业新局面提供了科学的思想指引。新思想是时代的精华，它生成于新时代，同时也指引着新时代。新思想的时代背景具有本体性地位。在党的十九大上，习近平总书记做出中国特色社会主义已经进入新时代的重大判断。中国特色社会主义进入新时代是中国特色社会主义发展史上又一个具有重大历史转折意义的伟大事件。这一论断的提出，意味着中国特色社会主义站在了新的历史关口，迈进了新的历史方位，创新性地锚定了中国经济社会现实发展的坐标系与时间轴，具备着自觉把握人类社会历史转折的远见卓识和深刻洞见。

新时代具有丰富内涵和重要特征。首先，新时代是一个继往开来、承前启后的时代，它并不意味着我们可以停下来歇一歇，坐享已经取得的伟大成就，而是本质性地指向更加宏伟壮阔的远大理想。我们要立足于新时代的良好情势，在新的历史条件下，继续夺取新的胜利。在新常态下，我们要努力推进经济高质量发展，从快速致富到共同富裕，从大国迈向强国。其次，新时代，是全面建成小康社会的时代，是全面建设社会主义现代化强国的时代。2021 年 7 月，习近平总书记宣布我们已经全面建成了小

[①]　中共中央党史研究室：《深刻认识中国特色社会主义的历史逻辑》，《人民日报》2013 年 2 月 7 日。

康社会，历史性地解决了绝对贫困问题，实现了中华民族千百年来的美好夙愿。党的十八大报告提出了人才强国、人力资源强国、社会主义文化强国、海洋强国四个强国目标。党的十九大报告在此基础上又进一步提出了要在制造、科技、质量、航天、网络、交通、贸易、体育、教育等方面推进我国走向强国时代，到 2050 年，要把我国建成富强、民主、文明、和谐、美丽的社会主义现代化强国。这一清晰的目标规划，充分展现了新时代"强起来"的本质内涵和鲜明特征。再次，新时代是鼓励共同奋斗、创造美好生活、实现共同富裕的时代。无论是社会主要矛盾的转变，还是小康社会的全面建成，抑或新发展理念的提出，新时代的一切实践活动都以实现全体人民共同富裕为价值旨归。新时代的共富逻辑不是乌托邦的空想，更不是西方涓滴经济学的谎言，而是有着坚实的现实条件、清晰的战略规划、科学的发展理念、丰富的实践经验和坚忍的意志的。"做大蛋糕"和"分好蛋糕"的有机统一，是新时代中国特色社会主义必须解决好的问题，是一个重大的经济哲学问题。复次，新时代是全体中华儿女奋力实现中华民族伟大复兴中国梦的时代。实现中国梦，是党和人民矢志不渝、不懈奋斗的共同目标和美好愿景。新时代的出场，意味着这一梦想照进现实具有了可能性与现实条件，民族复兴的曙光已然出现在文明的地平线。最后，新时代是我国逐渐走向世界舞台中心，不断为世界文明做出更大贡献的时代。中国的社会发展，对世界经济的繁荣发展、秩序的稳定和谐、文化的多元交互、价值的公平正义都起到了关键性、引领性的作用。

三 马克思主义经济哲学的理论新形态

（一）以马克思主义经济哲学为根基

当代中国马克思主义经济哲学的第一重理论形态是马克思主义经济哲学，这也是最为根本的理论维度，它决定了当代中国马克思主义经济哲学的理论立场、价值取向与研究范式。正如习近平总书记指出的："现在，各种经济学理论五花八门，但我们政治经济学的根本只能是马克思主义政治经济学，而不能是别的什么经济理论。"[1] 我们也可以断定：当代中国马克思

---

[1] 中共中央文献研究室编《十八大以来重要文献选编》（下），中央文献出版社，2018，第2页。

主义经济哲学只能是马克思主义经济哲学，而不能是别的什么经济哲学理论。马克思主义经济哲学不仅没有过时，反而展现出对人类经济实践强大的哲学牵引力。通过对当代中国马克思主义经济哲学基础的探析，可以明确的是，中国之所以能够创造经济奇迹，根本原因在于马克思主义经济哲学思想的加持。新时代中国特色社会主义的经济实践是对马克思主义经济哲学思想的原则性遵循和创新性运用，进而形成了当代中国马克思主义经济哲学。如果放弃了马克思主义经济哲学独有的世界观与方法论，我们不仅无法探索出中国特色社会主义道路，更不可能实现马克思主义经济哲学创新性发展，生成当代中国马克思主义经济哲学；而是极有可能在纷纭变化的经济大潮中、在自由主义的"威逼利诱"中走上一条不归之路。苏联解体殷鉴不远，所带来的震荡至今还未完全消散，仍然值得正处于历史关口的中国深刻反思。

就当下严峻的世界经济形势而言，马克思主义经济哲学不应受到忽视。随着第二次世界大战炮声的远去，以新自由主义为外壳的市场原教旨主义逐渐在世界范围内复活。其标志性转折当属 1979 至 1980 年间英国首相撒切尔夫人与美国总统里根所推出的系列重大政策，这一重大事件被西方马克思主义学者大卫·哈维称为"世界社会史和经济史的革命性转折点"①，由此可见其影响力之大。自此人类经济社会似乎按照新自由主义叙事，走向了新自由主义所宣告的永恒繁荣与富足。一个事实是，当代资本主义及其所宣扬的新自由主义被世界大多数国家视为通达繁荣与幸福的唯一途径。这种认识在东欧剧变后越发坚定与扩散开来，并在西方"普世价值观"的刻意渗透与加持之下演变为一种极端的意识形态，成为人们心中的一种坚定不移的世俗信仰。然而，这种信仰所宣示的美好，并没有带来现实的幸福。在新自由主义及其经济学的指导下，全球经济并没有实现新自由主义所许诺的幸福，而是陷入了生态危机、贫富分化、道德滑坡、社会秩序混乱等困境。这些现代性危机，在马克思主义经济哲学的视域中早已被揭示出来，显示出马克思主义经济哲学对人类历史活动，尤其是经济活动的强大洞察力。这对当下的世界经济实践来说，不能不说是一张"良方"。

---

① 〔美〕大卫·哈维：《新自由主义简史》，王钦译，上海译文出版社，2010，第 1 页。

（二）以中国马克思主义经济哲学为主线

当代中国马克思主义经济哲学开拓出现实新场域，其出场意味着马克思主义经济哲学在理论和现实的双重意义上迈上了新台阶，为马克思主义经济哲学中国化向中国马克思主义经济哲学转变提供了实践基础和思想支持，使其具备建立更加系统化、科学化的理论体系的现实可能性。这也要求我们从马克思主义经济哲学中国化转向更能凸显主体性的中国马克思主义经济哲学。而之所以要进行如此转向，就在于当代中国马克思主义经济哲学所体现的鲜明的创新性与主体性，即"中国性"。一言以蔽之，当代中国马克思主义经济哲学在理论形式上具有完备的包容力，在理论深度上具有强大的穿透力，在理论视野上具有全面的辐射力，在理论高度上具有科学的解释力。

随着我国社会主义市场经济的深入发展，经济哲学理应具备关怀重大经济现实的理论自觉。事实上，目前国内学界也确实是在中国特色社会主义的伟大实践中推进经济哲学研究的。与西方经济学不同，在中国特色社会主义场域中，经济哲学绝非一种 18 世纪式的迂腐学说。当西方经济学在所谓数理模型、价值中立的科学化道路上越走越远时，中国经济哲学学者们却在经济哲学研究中不仅自觉回到马克思，还积极地走向中国马克思主义经济哲学的体系构建和中国特色政治经济学的体系构建，为中国经济社会的发展贡献智慧和力量。当前，国内学界正在推进中国马克思主义经济哲学的理论体系建构。在马克思主义经济哲学中国化的基础之上，其更加强调的是经济哲学研究的"中国性"，即在坚持和发展中国特色社会主义的实践中，加强中国马克思主义经济哲学的理论创新性。这是构建独具中国特色、气派与风格的中国哲学社会科学的题中应有之义。从这个意义上来说，对当代中国马克思主义经济哲学进行专题性研究显然不是多此一举。如果我们在建构中国自主的经济学知识体系中忽略了对当代中国马克思主义经济哲学的探索与挖掘，那么，对于其形式与内容的完备性以及"中国性"的彰显，都将是巨大的缺憾。

中国特色社会主义这条道路来之不易，是党和人民在付出巨大代价、经过艰苦探索后，才走出来的一条具有中国特色的社会主义发展道路。它既不是马克思主义经典作家设想的模板，也不是苏联社会主义道路的再版，更不是资本主义现代化发展的翻版，它只能是中国特色社会主义道路的独版、原版。中国特色社会主义道路的生成过程，也是当代中国马克思主义经济哲学的构建生成过程。同样，它既不教条式地继承马克思主义经济哲学，也不机械复制苏联社会主义经济哲学，更不迷恋沉溺资本主义经济哲学。它来源于中国特色社会主义道路，继承着马克思主义经济哲学的独创性、现实性和实践性的宝贵品质，并在中国特色社会主义经济实践中不断开拓着新的理论疆域。

第三节　理论向度：当代中国马克思主义
经济哲学的四重向度

作为一种总体性的研究范式，马克思主义经济哲学思想具有本体论、认识论、方法论和价值论四重理论维度，其原初逻辑就是在四重理论维度的相互交织中展开的，基于对人类社会发展规律的宏大理论叙事，揭示出现代社会即资本主义社会的经济运动规律，科学论证资本主义走向灭亡和无产阶级获得彻底解放的历史必然性。遵循马克思主义经济哲学思想的原初逻辑及其总体性范式，我们也从四个相互渗透、相互交织的维度，即从经济哲学本体论、经济哲学认识论、经济哲学方法论以及经济哲学价值论出发，来尝试性地解析当代中国马克思主义经济哲学的创新话语。换言之，当代中国马克思主义经济哲学至少包括四重向度，即经济哲学本体论内涵、经济哲学认识论内涵、经济哲学方法论内涵以及经济哲学价值论内涵。

一　经济本体论：确定经济建设的时空定位与路径选择

经济本体论所要探讨的问题，是如何确定经济建设的时空定位与路径选择。与实证经济学把一定时期的经济活动直接作为自己的研究对象，而不追问特定经济活动的来历不同，经济哲学尤其是马克思主义经济哲学总是首先立足于人类社会历史的宏大理论叙事，追问特定经济活动的历史性，即它是如何历史地产生于人类社会发展的特定条件下，又由于人类社会历史发展的规律性而如何被另一种类型的经济活动所取代的。实际上，在这里出现的就是与实证经济学截然不同的哲学视域，它具有追根溯源与展望未来的宏大历史性视野。它有助于超越经济学的狭隘的实证主义倾向，更为深刻地理解人类经济活动的来龙去脉。这个问题属于经济本体论的课题，它与唯物史观密切相关。以唯物史观为前提，追问特定经济活动的本质来历、历史地位及其未来趋势，就是典型的经济哲学本体论课题。当代中国马克思主义经济哲学继承着马克思主义经济哲学本体论，自觉运用马克思主义经济哲学本体论来分析与把握新时代经济发展实践的历史生成与未来走向，在此基础上为新时代中国特色社会主义经济建设提供有力的智识支持。

二　经济认识论：认识经济运行的动力机制与基本规律

经济认识论所要探讨的，是如何认识经济运行的动力机制与基本规律的问题。认识论是人们对于自身认识的形成、运作方式的反思，其目的是获得正确认识事物的认识工具，提升实践活动的能力。人类经济活动的现象是世界上最为复杂的、流变的事物之一，要准确把握其本质与规律必须借助于哲学认识论的指导。直接地说，对特定经济活动运行规律的探索，是经济学的理论任务。但是，如何把握经济活动的运行规律，是一个需要哲学介入并需要哲学给予指导的工作。尽管人类的经济活动具有与自然界不同的特殊性，它是具有目的性、选择性和自身利益最大化的人类的经济活动，但原则性地看，对经济活动运行规律的认识也必须遵循人类认识世界的一般规律。因此，把哲学认识论作为认识经济活动运行规律的一般前提，可以更为深刻准确地把握特定经济活动的运行规律。历史上的经济认识论，与哲学认识论有着深刻的谱系渊源，很多经济学家同时也是哲学家、思想家，因此，探讨经济认识论对于把握经济活动规律、构建经济学理论体系是至为关键的环节。

实际上，西方经济哲学认识论主要表现为理性主义认识论。理性概念源自古希腊，具有规律、思想、言语等含义。作为人区别于动物的根本特征和独特能力，理性通常是指人所具有的探索真理的能力。就认识论而言，理性指人认识事物本质及其规律的抽象逻辑思维形式，即认知理性。人们相信，人所具有的认知理性，使得人能够运用概念、判断、推理这些思维能力，透过事物的现象，把握事物的普遍性及其本质规律。理性主义是随着启蒙运动的发展和工业文明的降临，才具有至高无上的权柄的。同时，理性主义逐渐演变为个人主义和普世价值等不切实际的观念，并以其自身独有的演绎方法，将这些观念演绎为囊括人类社会所有领域的"自然秩序"。作为西方哲学史的核心概念，理性在启蒙运动时期成为资产阶级击破封建神权统治的利器。理性逐渐成为人的本质以及人类理智活动的关键性认识工具。尤其是在近代唯理论大师笛卡尔那里，理性逐渐发展成为理性主义。笛卡尔是启蒙运动的先驱，也是理性启蒙的先锋。他在封建神权的全面统治之下悄悄地进行了一场理性革命和理性启蒙，他不满于教会对新兴科学的反动立场，主张对人类的正确理解应该既包括精神上的价值观，也包括严密的科学研究能力。通过严密的推论，笛卡尔认为，一切都值得怀疑但是唯有怀疑的思想不能怀疑，因而"自我"或"意识"是可以确定的，这就为作为人之本质的理性奠定了坚实的基础。尤其是与资本主义的共谋，使得理性主义越发成为少数人的虚伪说辞。资本逻辑所主导的现代文明，是以理性主义为基础的、以资本增殖为目的的资本文明形态。其间，人运用理性的力量对大自然和人类社会进行了理性规制，为现代文明预设了诸如平等、自由、民主等价值公理。但是，在资本逻辑下，这些所谓的理性的价值公理均沦为了以增殖为唯一目的的资本的虚伪宣言和能指符号。人们发现，与启蒙运动并蒂而生的理性主义并未带来实质性的自由与平等，相反的是，人类社会陷入了更加混乱、荒谬、痛苦的境地，全球贫富差距急剧扩大，全球生态危机日益严峻，世界大战更是直接撕碎了理性主义的"遮羞布"。无数哲学家、思想家开始反思理性主义及其带来的现代性后果，但是，一向自诩为科学的西方经济学，却依然沉溺于理性的幻想中，执着于早应被批判的理性主义情节之中。

对现代性进行反思与批判的声音至今仍振聋发聩，如在近代西方哲学之后，现代西方哲学以及所谓的后现代哲学分别提出了非理性主义（irrationalism）和反理性主义（anti-rationalism）主张。哲学主张的内在核心依然聚焦于理性主义及其异化，但吊诡的是，时至今日，被思想界广为非议的理性主义对西方主流经济学的影响仍是决定性的。追求自身科学化的西方主流经济学，却在自然科学日益系统化、复杂化、非线性化的当代，一反常态地据守着理性主义，将自己束缚在线性机械的形式化世界之中自娱自乐。这不得不使我们重新思考理性主义这一关键性哲学认识论，及其如何对经济认识论施加影响。在人类社会发展史上，理性起到了至关重要的作用，但是人们在发现理性和使用理性的过程中，逐渐把理性抬上至高无上的神台。尤其是随着近代自然科学的不断发展，人类对大自然的控制愈加强力，理性更是被推崇倍加，成为进步强制、资本扩张的最佳工具。极端化的工具理性主义认识论牢牢地占据着世俗化人类的心智，人与人、人与自然的本真关系被理性主义认识论筑起了高墙，盖上了一层又一层的理性之"被"。在如此认识论的牵引下，人们习惯性地将主体与客体对立起来，一方面，理性并没有使主体全然地把握住客体本质，另一方面，客体在为我化的过程中永远外在于主体，与主体相对立，主客体永远处于二元对立之中。

理性主义是经济学系统化的基础。首先需要说明的是，本书所说的西方经济学或者经济学，抑或现代经济学，均是指亚当·斯密所创的，由马歇尔发展起来的西方主流经济学。因此，本书研究的西方经济认识论主要是指西方主流经济学家及其经济学理论体系的经济认识论基础。这种认识论是关于经济学家认识和把握经济活动的思维方式及其方法的最高抽象哲学表达，而不涉及具体的、个别的认识方式。就认识来源与认识方法而言，经济认识论表现为以唯理论和经验论为哲学基础的两大对立形态。西方唯理主义与经验主义的哲学之争，直接影响了西方经济认识论在人的认知能力和认知方法两方面的具体理论走向。本质上而言，唯理论和经验主义都属于西方理性主义哲学。在唯理主义的影响下，经济学家们无限拔高人的理性认知能力，在经济认识方法上采取理性演绎的方法，裁剪经济现实；在经验主义的影响下，从个体经验出发却得出普遍性的规律，容易陷入相对主义的窠臼之中。在经济学的发展过程中，不断地对唯理论与经验论进行折中调和，并在此基础上形成理性演绎与经验归纳并重的经济认识论形态。但是整体来看，经济学在追求自身自然科学化的过程中，仍然沉醉于理性主义精神而无法自拔。随着科学哲学的不断深化发展，经济学也在不断地吸收科学认识论的最新发展成果，例如系统论、信息论、自组织理论、博弈论等科学理论成果，进而对自身进行"理性重建"。通过对非理性、复杂性、系统性、演化性等特性一定程度的吸纳，西方经济学正在突破理性主义所带来的形而上学性。但是从西方的现实经济运行来看，要想彻底地回归现实经济土壤之中，还有一条遥远且艰难的路要走。

深受理性形而上学的哲学认识论影响的西方经济学认识论脱离了现实经济活动的感性对象生成性关系，这导致西方经济学对经济活动的认识或者停留于经济现象层面，或者幻化为精神理性的自我演绎，根本无法认识到人类经济活动的深层本质，更无法准确把握人类社会发展规律。马克思所发动的实践哲学革命，超越了传统唯物主义与唯心主义的认识论之争，在劳动本体论层面上解决了困扰无数哲学家的"思维与存在"的哲学难题。在感性活动（劳动、实践）中，存在于认识论中的主客体二元对立的悖反性被消除了，留存下来的，是基于人类劳动实践活动的关系性存在。诚如前面分析的那样，现实经济活动归根结底是现实个人的对象性活动，就经济哲学意义而言，现实个人的对象性活动就是生产性劳动，它具有本体性地位。认识与把握人类经济活动的本质就是要认识和把握人类的生产性劳动。而人类如何把握这种具有本体性地位的生产性劳动呢？问题的提出就意味着问题的解答，要在人类的劳动实践中去认识和把握生产性劳动，从而把握人类经济活动的规律，进而把握人类经济社会发展的规律。这就理所当然地要求一种完全不同于西方认识论哲学的全新认识论的出场，这种全新的认识论将把人的理性认识能力从个人的经验感觉或者思辨玄想中拉回至鲜活的现实感性世界之中。在马克思的经济哲学那里，这种以劳动本体论为基础的经济认识论，是将认识作为实践（现实个人的对象性活动）的一个环节的总体性实践认识论，或者从更彻底的意义上来说，就是实践论。当代中国马克思主义经济哲学认识论以现实个人的对象性活动的劳动本体论为基础，展开对经济活动和经济学的哲学审视，并在此基础上进行了大量的有益探索，将马克思主义认识论的理论精髓在新时代中国特色社会主义经济实践中向前推进了一大步。

三　经济方法论：做好经济工作的思维方法与工作方法

方法论对经济发展方式和经济学具有重要的建构性作用。尤其是对经济学或经济理论而言，方法论更是起着直接的决定性作用，如马克思主义经济学与西方主流经济学作为两种不同的研究范式，其本质的区别就体现在方法论的层面上。经济哲学的方法论研究分为两方面，一是对经济学研究方法的分析，属于经济学的方法论课题。依据马克思主义哲学、马克思主义哲学认识论和马克思主义哲学方法论，分析和反思经济学研究的科学方法，也是典型的经济哲学课题。因此，就方法论而言，它包括经济方法论和经济学方法论两个方面：前者侧重于认识经济运动规律和做好经济工作的基本方法，后者侧重于经济学研究必须遵循的基本方法。马克思主义哲学的方法论为经济方法论和经济学方法论提供了普遍性的指导原则。当代中国马克思主义经济哲学方法论具体包括经济思维方法、经济工作方法与经济工作策略，是一个日趋成熟的经济方法论体系。

四 经济价值论：明确经济发展的价值指向与责任担当

对经济学价值立场和价值诉求的分析，属于经济学的价值论课题。对资产阶级经济学理论性质和政治立场的哲学批判，对无产阶级经济学理论性质和政治立场的哲学阐明和论证，是典型的经济哲学课题。新时代中国特色社会主义经济建设具有鲜明的"以人民为中心"的价值立场，是坚持人民主体地位、实现美好生活和促进共同富裕的集中体现和反映。因此，新时代中国特色社会主义政治经济学的价值属性是人民经济学。同时，新时代中国特色社会主义经济建设还应自觉担负起赓续伟大建党精神、实现中华民族复兴的历史责任，积极参与全球经济治理、展现重塑世界经济良好秩序的大国担当，因而有着推动世界经济发展、构建人类命运共同体的重要世界历史意义。

第二章 经济本体论：当代中国马克思主义经济哲学本体论基础

与实证经济学把一定时期的经济活动直接作为自己的研究对象，而不追问特定经济活动的来历不同，经济哲学尤其是马克思主义经济哲学总是首先立足于人类社会历史的宏大理论叙事，追问特定经济活动的历史性，即它是如何历史地产生于人类社会发展的特定条件下，又由于人类社会历史发展的规律性而被另一种类型的经济活动所取代的。在这里出现的就是与实证经济学截然不同的哲学视域，它具有追根溯源与展望未来的宏大历史性视野，能够超越经济学的狭隘的实证主义倾向，更为深刻地理解人类经济活动的来龙去脉。这个问题属于经济本体论的课题，它与唯物史观密切相关。以唯物史观为前提，追问特定经济活动的来历、历史地位及未来趋势，就是典型的经济哲学本体论课题。当代中国马克思主义经济哲学自觉运用马克思主义经济哲学本体论来分析与把握新时代经济活动的历史生成与未来走向，在此基础上为新时代中国特色社会主义经济建设提供坚实的智识支持。

第一节 经济建设历史方位的哲学判定：大变局、新时代与新常态

经济哲学离不开历史性承诺，缺乏历史感的经济学无法关照人类鲜活灵动的经济活动，更无法洞悉经济活动的生成及其未来趋向。所以，深入

历史哲学界面，自觉把握世界历史进程，是当代中国马克思主义经济哲学认识与把握中国和世界经济社会发展的本体性前提。当代中国马克思主义经济哲学对新时代中国特色社会主义经济实践历史方位的哲学判定，主要是通过"百年未有之大变局""新时代""新常态"三个重大判断体现出来的。

一 人类历史进程与"百年未有之大变局"

一个经济体若要实现发展，就必须对自己身处的历史方位进行判定，而且要科学判定。而要实现对历史方位的科学判定，就要应用作为真理的马克思主义哲学，尤其是马克思主义经济哲学。当代中国马克思主义经济哲学对中国特色社会主义历史方位的判定就体现出其鲜明的理论品质。习近平总书记指出："当前，我国处于近代以来最好的发展时期，世界处于百年未有之大变局，两者同步交织、相互激荡。"① 他在多个场合频繁地提及百年未有之大变局，表现出对这一命题的高度重视。这里表现出来的是一个重大的经济哲学本体论判定，为什么是经济哲学本体论的判定呢？当代中国马克思主义经济哲学秉承了马克思主义经济哲学、中国马克思主义经济哲学、中国特色社会主义经济哲学、新时代中国马克思主义经济哲学一以贯之的历史哲学批判向度，自觉地对历史进程加以把握。这种历史哲学批判向度的集中表现形式就是唯物史观，即我们经常说的历史辩证法。秉持历史辩证法，就是要自觉深入客观存在的"顽强"的经济现实中去，对经济社会形态进行细致的剖析，进而发现人类社会形态演变的终极动力——生产力与生产关系之间、经济基础与上层建筑之间的辩证矛盾运动。不难发现，当代中国马克思主义经济哲学对中国特色社会主义历史方位的判定也正是基于唯物史观这一基本原理的，它所依据的是当下人类正在经历的新一轮科技革命和产业变革，以及随之重构的人类生产方式与思维方式、世界政治经济秩序及其治理模式。大变局论断中的历史辩证法把世界作为一个有机发展的整体来考察，以社会经济形态的发展为根本依据，关照人类的生产方式（科技革命、产业变革）和思维方式（和合的共

---

① 《习近平谈治国理政》第 3 卷，外文出版社，2020，第 428 页。

同体思想），进而科学准确地做出进入大变局的哲学判定。

百年未有之大变局，既关涉作为整体的世界之大变局，也关联着作为变局之核心推动力量的中国之大变局。我们可以自信地说，大变局之生成，在很大程度上归因于中国特色社会主义进入新时代这一极具世界历史意义的大事件。新时代中国特色社会主义大步前进，社会主要矛盾已经发生转化，中华民族朝着伟大复兴奋力前行，今日之中国早已不是100多年前饱受欺凌、任人宰割的旧中国。今日之中国，更加自信从容，越发雄姿英发，于变局中开新篇。客观的条件变迁和主体的精神自觉向我们提出了要更加系统、更为深层、更高质量、更全方位地推进改革开放的时代要求，此时展开对当代中国马克思主义经济哲学思想的研究，触摸、感受、领悟其穿透性、引领性、在场性，有助于我们更加坚定、从容、自信地驾驭纷繁复杂的局势、决胜第二个百年奋斗目标、实现中华民族伟大复兴的中国梦。

大变局中，资本主义社会有机体更是呈现出诸多马克思主义经典作家难以测度的新特征。中国特色社会主义社会有机体经过70余年的艰辛探索逐渐成熟，以其强大的生命力与包容力向世界展示出人类文明的新曙光。随着信息革命的深入推进，人类的交往形式正在发生颠覆性变革，人类经济生活与精神生活方式日益金融化、数字化，以资本逻辑为核心的资本主义社会有机体构造出来的生态系统越发严重地产生动摇社会机体生存与发展的深层次危机，集中表现为社会生态与自然生态的双重危机，而这种双重危机又具象化为如何重建全球经济治理秩序，如何实现中华民族伟大复兴，如何促进人与自然和谐共生，如何推动构建人类命运共同体等系统性问题。可以肯定的是，当前中国乃至世界经济社会发展所面临的问题绝非一时一域之策可以解决。人类经济社会早已成为"你中有我，我中有你"的命运共同体，资本主义社会有机体由于始终无法克服自身的内在性矛盾，机体"百病丛生"，生命力衰弱。在席卷全球的新冠疫情中，中西社会有机体的发展"机能"与治理效能逐渐为世界所辨明。中国特色社会主义社会有机体焕发出巨大的生命力量，中西社会有机体的"消长"有力地说明了历史唯物主义的科学性与现实性，充分展示了马克思社会有机体理论在把握现实方面的精准性、系统性与深刻性。中国特色社会主义社会有机体最为鲜明的特征就是将市场经济与社会主义制度有机结合起来，并以此作为社会机体的"原始基因"，由此生发出社会机体的各个系统、结构以及相互之间的运转逻辑。在这个社会有机体中，"资本的文明面"正在得到最大程度的伸张，社会主义"人民至上"原则正在得到根本性贯彻，人与自然之间逐渐实现和谐共生，人的自由而全面发展初显端倪。百年未有之大变局背后的逻辑既是中国特色社会主义由初级阶段向更高阶段的转折逻辑，也是人类现代文明由工业文明向生态文明的转变逻辑，成为中国领导集体在追寻现代化的进程中必须要回答和解决好的本体性问题。

二　经济发展的历史进程与"新时代"

人类的经济活动不是静止的、孤立的循环运动，在其本质上，是一个不断发展变化的历史性活动。这就要求我们，要审时度势地明辨经济活动的历史生成及未来走向，也就是自觉把握经济活动的历史方位。只有这样，才能把握住经济活动的历史发展规律。中国特色社会主义进入新时代，为我国经济实践确定了宏观的历史方位，是我国进行经济建设、推进社会发展的逻辑起点与实践基础。新时代历史方位的提出，为我国经济实践提供了时空意义上的本体论提示。我们可以从以下几个方面来讨论进入新时代对于中国特色社会主义经济建设的本体性意蕴。

（一）自觉把握世界历史进程：新时代经济实践的历史自觉

"新时代"重大论断是中国特色社会主义追寻经济社会发展的逻辑前提和基础性范畴，它为后者铺陈了历史与未来的双重叙事，对历史的主体性、实践性与进步性均做出了坚定的承诺。习近平总书记曾发出时代之问："我们从哪里来、现在在哪里、将到哪里去"①，就是对"新时代"历史哲学意蕴的深刻追问。我们认为，"新时代"论断的提出，具有重要的历史转折意蕴。中国特色社会主义进入重大历史转折点，中国特色社会主义总体上呈现出"站起来-富起来-强起来"的发展逻辑。这一逻辑生动体现了历史与逻辑的统一原理，蕴含着深刻的历史辩证法，展示出唯物史

---

① 《习近平谈治国理政》第 2 卷，外文出版社，2017，第 537 页。

观对"过去－现在－未来"的全景关照。应当说，其中每一个"起来"都意味着历史进程中的一个转折点。"站起来"意指中华人民共和国诞生存世的伟大创举，"富起来"意指中国特色社会主义道路开凿熔铸的伟大创新，"强起来"意指新时代中国特色社会主义将更加系统性、全面性地接近社会主义更高阶段的广阔天地，同时还意味着中国特色社会主义将继续引领人类自由解放事业的坚定信念。

（二）社会主义现代化强国：新时代经济实践目标的全新迭代

强盛，是每一个民族机体在发展路上必然萌发的迫切愿望。对于"强盛"的认识，中华民族有着独特的理解。作为世界上最古老的民族之一，中华民族在古代世界中的地位和影响是不可忽视的。无论是经济实力、科技实力、军事实力，还是文化影响力，都在相当长的一段时间里保持着世界领先地位。但是，中华之强盛，绝非以世界之衰弱为前提。所谓中华朝贡体系，也绝非类似于近代西方文明对全世界的残酷劫掠，而在本质上是一种协和万邦、和合共生的国际体系。换言之，古老中华之强盛，绝不是来自对邻邦的掠夺，而是世世代代中国人民付出辛勤的汗水，用双手创造出来的。近代以来，源于政治经济体制僵化、思想文化固化，中华民族错失宝贵的发展机遇，远离了世界科技变革浪潮，在世界市场最终成为被帝国主义支配压榨的对象。民族蒙难，文明蒙尘，中华民族遭受着近百年的巨大屈辱。自从中国共产党成立并引领民族前行后，中华民族从屈辱中涅槃重生、奋发进取，实现民族独立，再次走向民族复兴，展现出对"强盛"的全新认识与追寻。在中国共产党的带领下，中华民族重新焕发出勃勃生机，逐渐重返世界强国之列，以高度自信走进世界舞台中央。同样的，中华民族的伟大复兴，依然传承着古老的和合文化。协和万邦、亲和睦邻、合作共赢是中国式现代化进程中一以贯之的信念。此外，实现中华民族伟大复兴，也不会依靠对外扩张、侵略等野蛮行径，而是亿万中国人民为了生存和发展，为了实现美好生活，用勤劳的双手和诚实的劳动来创造。因而，中华民族伟大复兴这一古老又现代的话题，在新时代中国特色社会主义实践中具有全新的超越性意蕴。伟大复兴，绝不是封建王权的再次复辟，而是坚持人民主体地位的全过程人民民主；伟大复兴，绝不是天朝上国的呓语梦境，而是"五位一体"的全景式富强、全面多元的开放式发展；伟大复兴，绝不是复制西方工业文明，而是以共产主义为最高理想的社会主义文明超越。总而言之，社会主义现代化强国奋斗目标，是新时代经济发展实践目标的全新迭代。

（三）共同富裕：新时代经济正义的全面彰显

经济正义是马克思主义经济哲学的价值追求，其最直接的意义就是共同富裕。换言之，共同富裕乃是中国特色社会主义承续马克思主义经济哲学价值立场的新时代表达。从一穷二白的新中国到繁荣富强的新时代，从"贫穷不是社会主义"到全面建成小康社会，从凝心聚力打赢脱贫攻坚战到开启共同富裕新征程，在中国共产党的带领下，中国人民用自己的勤劳与智慧不仅创造了经济奇迹，还保护了生态环境、互利了合作伙伴、落实了分配正义，真正诠释了何谓物质的"文明"。可以说，共同富裕全面彰显出新时代中国特色社会主义对经济正义的现实承诺。

（四）人类命运共同体：新时代经济实践世界历史意义的集中体现

党的十八大之后，以习近平同志为核心的党中央统筹推进"五位一体"总体布局、协调推进"四个全面"战略布局，全面开创了中国特色社会主义新局面，"推动党和国家事业发生历史性变革、取得历史性成就"[1]。在此基础上，党的十九大正式宣告中国特色社会主义进入新时代，这既意味着"富起来"历史转折初步完成，也意味着我们已经站在了"强起来"这一新的历史转折点上。在中国共产党的带领下，中华民族将更加自信自觉地把握住历史转折，向更高处攀登、往更深处探索。同时，世界历史也进入重大历史转折期。习近平总书记指出："当今世界正经历百年未有之大变局。"[2]"大变局"与"新时代"的叠加绝非偶然，而是源于世界格局部分与整体之间正在进行着的系统性调整。换言之，中国特色社会主义进入新时代不是孤立事件，而是强力改良着世界格局、牵引着世界历史走向，具有重要且深远的世界历史意义。一方面，就世界社会主义事业而言，中国特色社会主义进入新时代意味着世界上最大的社会主义国家更快、更好地向社会主义更高层次跃迁，给世界其他社会主义国家、社会主义政党群体、资本主义世界的进步群体等提供了一个成功的示范。另一方

①　习近平：《在庆祝改革开放 40 周年大会上的讲话》，人民出版社，2018，第 8 页。
②　《习近平谈治国理政》第 3 卷，外文出版社，2020，第 537 页。

面，就现代文明而言，中国特色社会主义进入新时代证明我们开创了一条具有自主性、超越性、独特性的现代化道路，展现出不同于西方模式的新图景。正如习近平总书记所指出的，中国式现代化"是人口规模巨大的现代化，是全体人民共同富裕的现代化，是物质文明和精神文明相协调的现代化，是人与自然和谐共生的现代化，是走和平发展道路的现代化"[①]。中国式现代化是人类文明史上绝无仅有的壮举，在民族历史特殊性之中包蕴着世界历史的普遍性，这与自觉把握历史转折是密不可分的。

三　经济增长的历史转型：经济"新常态"与"高质量发展"

中国经济发展进入新常态不仅是一个经济判定，更是一个具有本体性的哲学判定。以习近平同志为核心的党中央运用唯物辩证法的基本原理，精准地把握中国经济发展在经历重大波动、变化后必然出现的新特征、新条件、新趋势，对当前与未来一个时期经济走势做出了科学论断。

如果说"新时代"表征着中国特色社会主义的宏大叙事，那么"新常态"战略判断则指向新时代中国具体经济结构的战略升级，这是对中国特色社会主义经济发展样态转化的识别与标定。"新常态"战略判断准确地把握住了我国经济社会发展在现阶段的客观变化，是在实践中对我国经济发展现实的科学认识。在此之后，"新常态"战略判断得到不断丰富，逐渐成为新时代中国特色社会主义经济工作的前提性概念，真正成为经济建设中的大逻辑。张雄教授深刻地指出，"新常态"论断充满了唯物辩证法智慧，它可以帮助我们把握中国经济基本面的积极变化规律和趋势，它贯通着实事求是的辩证原则，体现出进与退的辩证思维，渗透着质与量的辩证逻辑。[②]

我们认为，"新常态"战略判断首要地体现出新时代中国特色社会主义对于经济发展状态的现实把握，主要体现在以下三个方面。首先，"新常态"战略判断的现实根据是我国经济发展在速度、结构、动力三个维度的系统性转变。其次，习近平总书记从消费需求、投资需求、出口与国际收支、生产能力与产业组织方式、生产要素相对优势、市场竞争特点、资

---

①　《习近平谈治国理政》第 4 卷，外文出版社，2022，第 164 页。

②　张雄：《唯物辩证法与经济"新常态"》，《解放日报》2015 年 2 月 12 日。

源环境约束、经济风险积累与化解、资源配置模式与宏观调控方式等九个方面分析了我国经济发展新常态带来的趋势性转变，使该范畴更加具有现实性。[①]最后，"新常态"是变与不变的有机统一。"把经济发展仅仅理解为数量增减、简单重复，是形而上学的发展观"[②]，这就要求我们必须摆脱形而上的传统发展思维，破除"以 GDP 论英雄"的迷思。要尊重经济发展的客观规律，辩证地把握经济社会发展阶段的新特征，在对变与不变的缕析中，不断调整经济发展战略，"要把适应新常态、把握新常态、引领新常态作为贯穿发展全局和全过程的大逻辑"[③]。可见，"新常态"实质上是发展观层面上的重大哲学本体论判定。

新时代中国特色社会主义经济实践历史性地从"有没有""快不快"开始向"好不好"转变，把高质量发展作为新时代经济实践的本体性状。高质量发展是新时代中国经济发展的鲜明主题，是一切经济活动转型化质的关键"标尺"。高质量发展的唯物史观意蕴在于，它要求从原有的以数量增长为特征的经济活动形式转向以质量效益提升为特征的经济活动形式。从数量到质量的转变，要求经济活动形式，尤其是生产方式的历史性变革。这一要求不仅顺应着新一轮世界科技革命浪潮推进人类社会生产力快速跃升的时代大势，更体现着新时代中国特色社会主义对于经济发展模式的自觉创新迭代。从唯物史观来看，人类的生产力来源于对三种自然力进行转化，以此实现自身生存与发展。在此基础上，形成了生产力的三要素：一是掌握一定科学技术的劳动力（由人的自然力转化而来的生产力，如人的体力和智力，天生的自然力）；二是含有一定科学技术的生产资料（由自然界的自然力转化而来的生产力，既包括劳动对象，也包括劳动工具，指物的因素，含有一定科学技术的自然界）；三是生产系统的组织管理能力（由社会劳动的自然力转化而来的生产力）。从本质上来说，对自然力的这种转化能力取决于科学技术。科学技术乃是第一生产力，没有科学技术，人类就无法将这三种自然力转化为生产力，从而推进经济社会不

①　参见习近平《论把握新发展阶段、贯彻新发展理念、构建新发展格局》，中央文献出版社，2021，第 29—32 页。
②　中共中央文献研究室编《十八大以来重要文献选编》（中），中央文献出版社，2016，第245 页。
③　《习近平谈治国理政》第 2 卷，外文出版社，2017，第 245 页。

断发展。可以看到，人类历史上的转折变革，无不依赖于科学技术的突破。以手工科技为中心的生产力变革，将人类带入农耕时代；以机器科学技术为中心的生产力变革，将人类带入工业时代；以电磁科学技术为中心的生产力变革，将人类带入电力时代；以信息科技为中心的生产力变革，将人类带入信息时代；当前，以人工智能与基因科技为中心的生产力变革，将会把人类带入什么时代呢？历史终将给予我们答案。世界经济论坛创始人克劳斯·施瓦布早在 2016 年出版的《第四次工业革命》一书中就提出人类正处在第四次工业革命的开端。奠基于数字技术的第四次工业革命，更加具有颠覆性、系统性。总之，以科学技术为轴心的生产力是推动人类社会发展的最活跃、最革命的力量。无论是资本主义社会还是社会主义社会，其共同点在于都必须不断用科学技术挖掘自然力，在更大范围、更深程度上运用自然力、发展生产力，以实现人的生存与发展。

不可否认的是，西方现代性之所以激荡至今，原因就在于资本与技术的内在勾连，使得人类可以充分地利用科学技术开发更多的能源和原材料。人们越来越发现，尽管能源和原材料具有稀缺性，但人的智力（科学技术）却可以无止境地发展和提升，人类可以通过科学技术发现更多、更新、更好的能源及其利用方式。全新的产业、全新的"生产"将重塑人们的生活。然而，现代性批判家们却对资本主义的增长幻象表示出深切的担忧。其中，马克思对现代性的诊断是最为深刻与透彻的。马克思认为资本与科技的内在勾连助推了资本主义的非正义性、非文明性与非持续性（内在否定性）。科技作为人的本质力量的重要体现，在资本主义制度中乃是一种异化的存在，是外在于人、外在于社会的异化力量。它凌驾于人与自然之上，成为资本逐利、压榨的得力助手。只有消灭私有制，才能恢复科学技术的本性，即恢复其实现人的自由解放的关键性力量之"真身"。

当前，世界正经历百年未有之大变局。新一轮科技革命与产业变革方兴未艾，数字经济的蓬勃发展催生了新的资本形态（如数字资本主义、技术资本主义）。同时，中国特色社会主义发展正处在关键时期。在如此时空叠加的纷繁时刻，我们将高质量发展作为经济活动的关键"标尺"，具有深刻内涵和重要意义。从世界层面来看，高质量发展乃是对世界科学技术变革带来的劳动形态变化所做出的经济发展形式应对。当下，数字劳动、智能生产（工厂）等新兴生产方式正在取代传统的生产方式，人工智能、物联网、大数据、生物基因工程、无人驾驶、3D 打印、高级机器人、新材料、区块链、神经接口等前端技术及其交叉融合正在引发经济社会的系统性变革。与此同时，科学技术的不断突破也极可能带来"系统性的不平等"①。尤其是在资本主义制度中，科学技术与资本的勾连共谋更加深刻，使得剥削程度更加深重，剥削方式更加隐蔽。作为社会主义制度的探索者和实践者，中国必须积极顺应人类生产力变革大势，引领世界生产力发展，打造世界创新高地，彰显社会主义国家在提高生产力上的制度优势，并将提高生产力的最终目的回归到实现人民对美好生活的向往上来，坚定社会主义生产目的。从国内层面来看，实现高质量发展是中国特色社会主义进入新时代后的必然发展逻辑。改革开放以后，中国经济保持高速增长的同时，经济结构也逐渐暴露出很大的问题。随着人口红利的下降、自然资源约束的趋紧、世界经济震荡带来的需求缩减，原本拉动中国经济发展的"三驾马车"出现疲软迹象，经济驱动力减弱、经济增长放缓、环境生态恶化、贫富差距拉大，这些问题的出现迫使我们不得不慎重地反思发展方式。如果说进入新时代前主要解决的是"有没有"这个问题，那么进入新时代后主要解决的就是"好不好"的问题。从"有没有"到"好不好"，关涉着从量变到质变的内在跃迁逻辑。以供给侧结构性改革为主线，将高质量发展作为新时代的硬道理，这不仅是中国经济发展方式的出路所在，也是中国共产党人经济治理能力提升的重要标志。可以说，高质量发展是坚持和完善中国特色社会主义的逻辑起点，是全面建成社会主义现代化强国的根本动力，是实现中华民族伟大复兴的关键抓手，是引领人类文明新形态的实践典范，是新时代中国特色社会主义最具本体意义的维度。

第二节　经济现代性的哲学判定：经济体系现代化与社会主义基本经济制度

经济现代化是人类经济活动必经的历史环节，但是这并不意味着所有

---

① 〔德〕克劳斯·施瓦布：《第四次工业革命》，李菁译，中信出版社，2016，第 19 页。

的经济活动必须选择整齐划一的现代性模式来完成自己的现代化。选择什么样的经济现代化模式，归根结底是一个重大的经济哲学本体论问题。

一　中国特色社会主义的市场经济：必须建设现代化经济体系

经济体系的现代化，是一个国家、一个民族走向现代化的本体性基础。没有现代化的经济体系，所谓的强国富民梦想终将成为虚妄的空谈。中国特色社会主义所要建立的市场经济是人类经济实践进程中的伟大创新，但是，这并非意味着我们可以高枕无忧地坐等其自行运转。也就是说，我们所要创制的市场经济体系，是一个全新的经济体系，必须将其纳入现代化进程中作为最核心与最紧迫的任务，做好这篇"大文章"。同时，我们所要实现的经济体系的现代化，是一个史无前例的、具有开拓性的经济实践活动。它既关涉着我国发展方式、经济结构、增长动力能否顺利地转换与优化，也关涉着我国经济发展能否焕发新活力、迈上新台阶。因此，当代中国马克思主义经济哲学应自觉地对现代化经济体系予以关照，将推进我国经济体系的现代化作为重要理论目标。

事实上，从党中央对建设现代化经济体系的自觉认识和战略安排中，我们可以充分感受到其中蕴含着的经济哲学智慧。以习近平同志为核心的党中央将现代化经济体系视为由社会经济活动各环节、各层面、各领域的内在关系构成的有机整体，这一整体性的经济体系由产业体系、市场体系、收入分配体系、城乡区域发展体系、绿色发展体系、全面开放体系以及经济体制等七大方面组成，展现出完整的经济体系的现代化图式。就经济体系的显著特征而言，它反映了当代中国马克思主义经济哲学对系统性、整体性一以贯之的强调和应用。我们会发现，系统性、整体性是当代中国马克思主义经济哲学把握新时代经济实践的标志性思维；就经济体系的内在安排而言，它在各个环节、各个领域中都与西方国家的经济体系有着本质性的区别。譬如，我们所要构建的现代化经济体系，首要地就是坚持实体经济的本体性地位，把做实、做强、做优实体经济作为重点方向。而金融不仅不能脱离实体经济，还要回归其服务实体经济的本质。这就与西方尤其是美国当前去实体化、重金融化的体系趋向完全不同；再如，我们所要构建的现代化经济体系，是在促进市场有序竞争的同时，把公平正义作为经济体系的价值取向，这与西方国家市场经济模式重竞争、重程序正义而无视结果正义截然不同；又如，我们所要构建的现代化经济体系，是绿色的经济体系，是人与自然和谐共生的经济体系，这与西方国家在经济起飞时以牺牲生态环境为代价的做法截然相反；最后，我们所要构建的现代化经济体系，既充分发挥市场在资源配置中的决定性作用，又积极发挥政府的作用，实现政府与市场的良性互动，激发市场活力和社会创造力，这与西方尤其是新自由主义所主张的绝对自由化、彻底私有化和全面市场化迥然不同。

总之，建设现代化经济体系是一篇大文章，既是一个重大理论命题，也是一个重大实践课题。一方面，充分反映了以习近平同志为核心的党中央对新时代经济发展的认识和把握达到了一个新的境界。另一方面，也充分体现了当代中国马克思主义经济哲学的实践自觉。

二 中国特色市场经济的社会主义性质：必须坚持和完善社会主义基本经济制度

在马克思主义经济哲学看来，所谓基本经济制度，是一定生产关系的制度性形态，而生产关系的确立和变化根本性地取决于生产力的性状及其发展要求。即一个国家在特定历史阶段选择何种基本经济制度，取决于该国在这一历史阶段中社会生产力的性质和发展水平。这一经济哲学原理为我们思考中国实行社会主义基本经济制度的原因提供了有益启示。

为什么中国在近代没有建立起资本主义经济制度呢？历史地看来，有三个方面的原因。第一，外国资本的入侵不是建立在平等自由的市场秩序之上，从其本质上来说，外国资本的入侵是帝国主义对旧中国的侵略形式之一。尽管在客观意义上，这种入侵破坏了旧中国的传统自然经济体系，推动了旧中国的城乡商品经济的发展，但是，帝国主义资本进入中国，显然不是要帮助旧中国建立起独立的、健全的商品经济，进而创建起成熟的资本主义制度，将中国变成其强大的竞争对手，而是要剥夺旧中国的一切权利，把旧中国彻底地改造为丧失主权、任人宰割的殖民地。第二，旧中国的民族资产阶级虽然具有一定的内生性、革命性，但也具有软弱性。在外国资本主义和国内封建主义的双重打压下，民族资产阶级的力量是羸弱无力的，革命具有不彻底性，因此注定了其经济形式不可能成为当时主要的经济形式，更不可能成为领导人民进行反帝反封建的核心力量。第三，当时社会的主要矛盾是中华民族与帝国主义和封建主义的矛盾，中国所面临着的选择，乃是决定民族存亡的关键抉择。在此背景下，无产阶级与资产阶级之间的矛盾只能作为次要矛盾显现，而作为次要矛盾的矛盾运动结果也断然不会使资本主义方式成为主导的经济方式。这些主客观原因的存在，让中国的先进分子意识到资本主义道路在中国行不通，必须继续探寻符合中国现实国情的制度。

十月革命的胜利号角，使中国先进分子认识到马克思主义的真理力量。中国共产党自成立之日起，就把马克思主义鲜明地写在党的旗帜上。以毛泽东同志为主要代表的中国共产党人，把马克思列宁主义基本原理同中国革命具体实际结合起来。在取得新民主主义革命的胜利后，首要地将建立社会主义制度，尤其是建立社会主义经济制度作为党和人民的主要奋斗目标。随之而来的问题是，如何建立中国的社会主义经济制度呢？对于当时的党和人民而言，学习苏联的高度集中的计划经济体制，似乎成为唯一正确的选择。于是，我们党和人民发起社会主义改造运动。及至1956年，中国大地上第一次建立起以社会主义公有制为基础的计划经济体制。此间，党和人民不断吸取苏联经济建设的教训，避免实行脱离生产力发展水平的分配方式。尽管也走过不少弯路，但中国最终还是在坚持公有制的基础上，实事求是地将按劳分配作为主要分配方式。按劳分配方式有效保证和激发了劳动者的积极性，削弱或避免了苏联模式，尤其是"斯大林模式"的僵化性，在经济起步阶段有效解放和提升了我国的生产力。这在一定程度上要归功于毛泽东不止一次地强调要把马克思主义与中国实际结合起来。在他对苏联政治经济学教科书的评价中，我们能够清晰地感受到实事求是的思想精粹。

1978年12月，党的十一届三中全会召开。以邓小平同志为主要代表的中国共产党人根据当时中国经济社会的发展情况，毅然决然地做出改革开放的重大决策。紧接着，党和人民围绕"什么是社会主义、如何建设社会主义"，又开展了关于"社会主义初级阶段""社会主义市场经济"的两大历史性讨论。其中，将中国特色社会主义视为社会主义的初级阶段，将社会主义视为共产主义的初级阶段，为当时中国经济社会确立了符合实际的历史方位。此外，将社会主义与市场经济相结合视为中国特色社会主义基本经济制度改革的重要内容和目标。党的十五大正式把以公有制为主体、多种所有制经济共同发展作为社会主义初级阶段的基本经济制度。这样，社会主义基本经济制度就进一步在中国建立起来。这一成就，是中国共产党人自觉把马克思主义基本原理同中国具体实际相结合的创新性探索。由是，邓小平为中国写出了一个政治经济学的初稿。

党的十八大以来，在以习近平同志为核心的党中央的坚强领导下，"初稿"逐渐被续写成一个系统化的理论体系。换言之，中国特色社会主义政治经济学逐渐理论化、体系化。习近平总书记一再强调，"要加强研究和探索，加强对规律性认识的总结，不断完善中国特色社会主义政治经济学理论体系，推进充分体现中国特色、中国风格、中国气派的经济学科建设"，[①] 并系统性阐释了完成这一工作应当坚持的方法和原则，还列举出诸多具有重大现实意义的基础性命题，为理论界提供了明确的研究方向，也为马克思主义政治经济学的创新发展贡献了中国智慧。理论来源于实践，在实践层面，2013 年，党的十八届三中全会吹响了全面深化改革的号角，描绘了全面深化改革的新蓝图、新愿景并制定了新目标，其目的是推进制度体系及治理体系更加成熟、更加定型。在党的十九届四中全会审议通过的《中共中央关于坚持和完善中国特色社会主义制度、推进国家治理体系和治理能力现代化若干重大问题的决定》中，把社会主义基本经济制度的内涵概括为相互联系、有机统一的三个方面：在生产资料所有制方面，实行以公有制为主体、多种所有制经济共同发展；在收入分配制度方面，实行以按劳分配为主体、多种分配方式并存；在资源配置机制方面，坚持社会主义市场经济体制。不难发现，生产资料所有制决定了收入分配制度，二者又共同决定着采用社会主义市场经济这一资源配置机制。三者的关系及各自地位的确定，鲜明地体现出马克思主义经济哲学的深刻印记。

同时，中国特色社会主义基本经济制度的确立，是对僵化的"苏联模式"的深刻反思与变革，是对马克思主义经典作家关于未来经济制度设想

① 中共中央文献研究室编《习近平关于社会主义经济建设论述摘编》，中央文献出版社，2017，第 331 页。

的创新性突破。在所有制形式上，不再追求纯而又纯的公有制，而是在保持公有制主体地位的基础上容纳多种所有制，实现共同发展。在分配制度上，坚持效率与公平的统一，创造机会公平。对于资源配置，既充分发挥市场机制信息灵敏、调节灵活等优势，使市场在资源配置中起决定性作用，又更好发挥政府的宏观引导和政策服务作用，实现优势互补、协同发力。另外，中国特色社会主义基本经济制度的确立，是对资本主义经济制度的全面超越和扬弃。社会主义基本经济制度与西方资本主义制度具有本质性的差异，它创造性地打破了将公有制和市场经济完全对立起来的狭隘成见，使所谓的"华盛顿共识"（市场化+私有化）彻底在中国破产，彰显出社会主义制度较之于资本主义制度的鲜明优越性，同时又完全契合了社会主义初级阶段生产力的发展水平。总之，中国特色社会主义基本经济制度是党和人民的伟大创造。

社会主义市场经济体制是中国特色社会主义的重要理论创新和实践突破。新时代中国特色社会主义始终坚持社会主义市场经济改革方向，不断完善社会主义市场经济体制，并将其视为全面深化改革中最具牵引性、基础性的重点工作，着力推进社会主义市场经济体制的自我完善。其间最为重要的乃是对社会主义基本制度和市场经济之间关系的正确认识。这个问题涉及两个方面：一是以公有制为主体、多种所有制经济共同发展的社会主义经济制度能否与市场经济兼容；二是政府与市场对资源配置和调控机制上的权限如何协调。这两个方面都是世界性经济难题，而且是关涉各国经济社会发展的重要命题，在认识和解决这些问题的过程中，就形成了各式各样的发展模式。

以公有制为主体、多种所有制经济共同发展的社会主义基本经济制度能否与市场经济兼容？实际上，中国经济发展实践已经证明了其可行性。而问题的关键在于，公有制能否真正兼容市场经济体制？从经济思想史和经济发展史来看，在相当长的时间里，绝大多数西方经济学家认为二者有机结合绝无可能。无论是英国古典经济学，还是新古典经济学，抑或注重宏观调控的凯恩斯主义，再到新古典综合学派，都否定公有制与市场体制结合的可能。他们把市场机制作为专属于私有制的天然搭配，从而将其与公有制绝对地对立起来，这当然是一种片面的认识。同样，在马克思主义经典政治经济学那里，对市场机制也采取了绝对排斥的态度，更不用说肯定公有制与市场机制结合的可能性了。在马克思、恩格斯看来，市场机制的制度基础就是资本主义私有制，而社会主义的本质是消灭资本主义私有制，建立社会主义公有制，如此一来，也对市场机制与公有制的结合采取了直接的否定态度，"公有制下不可能也不应当，更不需要通过市场机制来盲目地、间接地实现资源配置的社会性，而是以自觉的直接的方式实现"①。

总之，我国基本经济制度的新时代发展，体现出我们党对社会主义经济建设规律的认识达到了一个新高度，为当代中国马克思主义经济哲学的深入发展奠定了实践基础。

三　中国特色社会主义的核心：始终坚持中国共产党的领导

党的领导是中国特色社会主义社会有机体的本质特征，经济建设是中国特色社会主义社会有机体的本体性要素，因此，坚持党对经济工作的领导，是当代中国马克思主义经济哲学的本体性逻辑。中国特色社会主义最本质的特征就是党的领导，一方面，政治逻辑对于经济逻辑具有本质性的重要影响，中国共产党领导经济工作具有天然的政治优势。另一方面，经济逻辑在中国共产党的政治逻辑中占据着"牛鼻子"的位置，"党是总揽全局、协调各方的，经济工作是中心工作，党的领导当然要在中心工作中得到充分体现，抓住了中心工作这个牛鼻子，其他工作就可以更好展开"②。我们认为，党领导经济工作所具有的政治优势具体体现为：党的领导决定中国特色社会主义社会有机体的人民属性、党的领导决定中国特色社会主义社会有机体的生成逻辑、党的领导决定中国特色社会主义社会有机体的前进方向、党的领导决定中国特色社会主义社会有机体的运行机制。

毫无疑问，能否将中国特色社会主义伟大事业不断推向前进，关键就在于能否坚决地维护党的核心和党中央权威，能否充分发挥党的领导这一政治优势，能否把党的领导真正地落实到党和国家事业各领域、各方面、各环节。历史无数次地证明，中国共产党是领导我们事业的核心力量。什

---

①　刘伟：《新时代中国特色社会主义政治经济学探索》，北京大学出版社，2021，第 42 页。

②　中共中央文献研究室编《习近平关于全面建成小康社会论述摘编》，中央文献出版社，2016，第 193 页。

么时候全党坚定维护党的核心和党中央权威，党的领导就会加强，党和国家的事业就会顺利兴旺；反之，党的领导就会削弱，党和国家事业就难以顺利前进，甚至遭受挫败。党的十八大以来，以习近平同志为核心的党中央旗帜鲜明地坚持和加强党的全面领导，将其作为开创事业新局面的重中之重。这就从根本上消除了党、国家、军队内部存在着的较为严重的政治隐患，成功化解了党现实面临着的政治风险。中国特色社会主义最本质的特征是中国共产党的领导，中国特色社会主义制度的最大优势是中国共产党的领导。习近平总书记强调："党政军民学，东西南北中，党是领导一切的，是最高的政治领导力量。"① 全党上下要切实增强"四个意识"、坚定"四个自信"、做到"两个维护"，自觉地将党的领导和社会主义制度优势转化为实实在在的社会治理效能。中国共产党的核心领导地位，是在领导中国人民和中华民族扭转近代以后的历史命运、成功取得今天的伟大成就中确立的。中国共产党的领导是我国国家制度和治理体系的最大优势，从社会有机体理论来看，"坚持和加强党的全面领导"就是要进行一系列增进党的生机与活力的伟大斗争。只有永葆党的生机与活力，增强党在应对各种风险时的机体韧性，才能引领中国这艘巨轮行稳致远。

第三节　时代课题与责任担当的哲学判定：中国式现代化道路与人类文明新形态

　　人类的经济活动贯穿着主体的精神意志和目标意向，并指向着一定的时代任务。经济活动之时代任务的判定亦是一个重大的经济哲学本体论问题。新时代中国特色社会主义首先要对中国经济实践划定现实的时代任务，并且清晰地划定一条实现时代任务的正确道路，这是它在本体性维度所要从事的重要工作。现在看来，这项工作已经结出了中国式现代化道路这一"丰硕的果实"。

一　挑战与机遇：中华民族伟大复兴及其现代化定向

　　任何经济活动，都有一定的时代性。经济活动之于其时代任务的距离

────────────

①　《习近平关于城市工作论述摘编》，中央文献出版社，2023，第5页。

远近，取决于其是否具有足够的现实可能性，以及时代任务是否具有现实可能性。这就意味着从事经济活动的主体必须具备足够的哲学智慧来反思自己的经济活动的现实性程度，进而反思其所欲达致之目标的现实性程度。

新时代中国特色社会主义经济建设具有鲜明的现实性品格。所谓现实性品格，是主体对实践道路的自信自觉，对实践规律的科学把握，对实践目标的精准锚定，以及坚定不移地、成竹在胸地朝着既定目标前进，最终达成目标的精神品质。中国特色社会主义进入新时代，其经济活动的目标越发清晰笃定，其现实性品质越发凸显。这一现实性品质，本质性地源于它将实现中华民族伟大复兴视为自己的时代任务。习近平总书记在庆祝中国共产党成立 100 周年大会上深刻指出："一百年来，中国共产党团结带领中国人民进行的一切奋斗、一切牺牲、一切创造，归结起来就是一个主题：实现中华民族伟大复兴。"① 实现中华民族伟大复兴是新时代中国特色社会主义的实践主题，是进行伟大斗争、建设伟大工程与推进伟大事业的统摄性主题，是我们须臾不可忘的使命与初心。早在 2012 年，习近平总书记就明确把"中国梦"定义为"实现中华民族伟大复兴，就是中华民族近代以来最伟大的梦想"②，并且清晰地提出了实现中国梦的"两个一百年"具体目标。2017 年，习近平总书记在党的十九大报告中宣示："今天，我们比历史上任何时期都更接近、更有信心和能力实现中华民族伟大复兴的目标。"③"更接近"意味着客观条件已经成熟，"更有信心和能力"表明实践主体的主观状态越发自信自觉。在主观与客观的统一中、在现实与可能的交融中，中华民族伟大复兴必将不可逆转地如期实现。

二　现代化道路的多元性：世界历史视域中的中国式现代化

首先，中国特色社会主义不是简单延续我国历史文化的母版。中华文明传承 5000 多年，中华文化蔚然大观，是人类文明星丛中从未隐匿的"明星"。习近平总书记评价道："从历史的角度看，包括儒家思想在内的中国传统思想文化中的优秀成分，对中华文明形成并延续发展几千年而从未中

① 习近平：《在庆祝中国共产党成立 100 周年大会上的讲话》，人民出版社，2021，第 3 页。
② 《习近平谈治国理政》第 1 卷，外文出版社，2014，第 36 页。
③ 《习近平谈治国理政》第 3 卷，外文出版社，2020，第 12 页。

断，对形成和维护中国团结统一的政治局面，对形成和巩固中国多民族和合一体的大家庭，对形成和丰富中华民族精神，对激励中华儿女维护民族独立、反抗外来侵略，对推动中国社会发展进步、促进中国社会利益和社会关系平衡，都发挥了十分重要的作用。"①

　　毫无疑问，中国特色社会主义伟大道路是在马克思主义的指导下走出来的，其间，最重要、最根本的是掌握贯穿其中的马克思主义世界观、方法论，也就是马克思主义立场、观点和方法。但是，这并不意味着中国历史文化已被彻底掩埋于轰轰烈烈的社会革命中，恰恰相反，正是中华优秀传统文化的滋养，使马克思主义理论在中国落地生根并找到了肥沃的土壤，能契合那些渴望救亡图存、实现民族复兴的中国人民的理论需要，进而推进马克思主义中国化实现一次又一次的历史性飞跃。马克思主义基本原理与中华优秀传统文化之间，本质上并不存在绝对的对立关系，而是在多方面具有高度的契合性。譬如，中华优秀传统文化中道法自然、天人合一的思想与马克思主义关于人与自然和谐发展的思想相契合；天下为公、大同世界的理想与马克思主义建立未来美好社会的设想相契合；民为邦本、安民富民乐民的思想与马克思主义追求广大无产阶级自由解放的目的相契合；苟日新日日新又日新、革故鼎新的思想与马克思主义与时俱进的理论品格相契合；知行合一、躬行实践的思想与马克思主义实践哲学立场相契合；清廉从政、勤勉奉公的思想与马克思主义无产阶级政权建设的思想相契合；等等。

　　也正是在这个意义上，当我们强调马克思主义基本原理与中华优秀传统文化的高度契合性时，实际上，我们也是在强调如此事实：中国特色社会主义"不是简单延续我国历史文化的母版"。生成于绵延几千年的农耕文明的中国历史文化，已被历史证明它与近代工业文明之间存在严重的"滞错"关系，在这种关系下，中华民族近代早期的那些试图在"保国""保教""保种"前提下实现旧文化之延续的努力都不可避免地失败了。旧文化必须经历一场彻底的改造，才能去芜存菁。于是，一场涤荡禁锢了中华民族几千年的旧思想的新文化运动恰逢其时、应运而生。这场运动是伟

---

① 习近平：《在纪念孔子诞辰 2565 周年国际学术研讨会暨国际儒学联合会第五届会员大会开幕会上的讲话》，人民出版社，2014，第 5 - 6 页。

大的觉醒，为马克思主义在中国的传播创造了有利条件。因此，我们绝不能把中国特色社会主义道路视为对历史文化的简单延续，这是一种不切实际、形而上的观点。

其次，中国特色社会主义不是马克思主义经典作家设想的模板。马克思、恩格斯没有机会见到社会主义的到来，他们关于社会主义的设想只能以原理的方式留续。1846 年 10 月，在同"真正的社会主义"的论战中，恩格斯阐发了共产主义者的宗旨："（1）实现同资产者利益相反的无产者的利益；（2）用消灭私有制而代之以财产公有的手段来实现这一点；（3）除了进行暴力的民主的革命以外，不承认有实现这些目的的其他手段。"① 应当说，这三个共产主义原则乃是马克思、恩格斯一生都在思考的基本问题。1880 年，恩格斯在《社会主义从空想到科学的发展》中，进一步将社会主义的基本原则概括为五个方面：一是生产资料归社会占有，消灭生产资料私有制；二是进行计划式的社会生产，消除生产的无政府状态与商品化目的；三是阶级的消亡，消除剥削阶级；四是消灭国家；五是使人成为自由而全面发展的人。② 这些基本特征构成了科学社会主义的基本原则，一直为世界社会主义运动所遵循。

中国特色社会主义现代化道路的生成和发展，是中国共产党坚强领导的必然结果，也是我们党紧紧依靠人民，尊重人民首创精神，坚持、丰富和发展马克思主义规律和特点的生动实践。当然，中国特色社会主义之所以具有"中国特色"，也在于它不是简单地、直接地套用马克思主义经典作家对社会主义设想的模板，而是把这些科学社会主义原则实事求是地运用到中国革命、建设、改革事业中来。正如习近平指出："中国特色社会主义，是科学社会主义理论逻辑和中国社会发展历史逻辑的辩证统一，是根植于中国大地、反映中国人民意愿、适应中国和时代发展进步要求的科学社会主义。"③ 习近平深刻揭示出理论逻辑与历史逻辑的统一，是中国特色社会主义生成之关键所在。历史证明，凡是"刻舟求剑"式运用理论的

---

① 《马克思恩格斯文集》第 10 卷，人民出版社，2009，第 40 页。
② 参见恩格斯《社会主义从空想到科学的发展》，人民出版社，2018。
③ 中共中央文献研究室编《十八大以来重要文献选编》（上），中央文献出版社，2014，第 118 页。

民族和国家，终会在历史的逻辑中证明自身思维的形而上学性。列宁在十月革命之后曾试图将马克思主义的设想付诸实施，但由于俄国的国情不具备实施马克思主义关于未来社会设想的基本条件，这些实践最终未能成功。列宁逝世后，斯大林领导下的苏联逐步建立的社会主义模式在许多方面仍然带有这些设想的痕迹。由于苏共领导人教条式地对待马克思主义关于未来社会的设想，因此这种模式越来越僵化，并最终成为社会主义改革的对象。还应注意的是，"中国特色"绝非对科学社会主义的修正与否定，它的本质规定性仍是科学社会主义。我们始终坚持马克思主义的立场、观点与方法，始终坚持科学社会主义的基本原则，将共产主义原则的共性与中国特色社会主义的个性有机统一起来，这是不可移易的，更是不可加以错误理解的。其实，马克思恩格斯早就指出，在社会主义的发展过程中，将会出现不同的民族或国家特点。中国特色社会主义正是以其"中国特色"和"社会主义"的有机结合，实现了马克思恩格斯的预言，创造了科学社会主义在当代发展的伟大范例，也让科学社会主义在 21 世纪焕发出新的蓬勃生机。我们今天之所以坚定不移、自信从容地走中国特色社会主义道路，就是因为"中国特色社会主义道路是实现社会主义现代化、创造人民美好生活的必由之路"①。面向未来，我们只有一以贯之地坚持和发展中国特色社会主义，才能不断开辟社会主义发展的新境界。

再次，中国特色社会主义也不是苏联等其他国家社会主义实践的再版。"中国特色"作为社会主义的定语，凸显了中国特色社会主义的普遍性与特殊性相统一的特点。中国特色社会主义所开创的中国式现代化新道路将超越经典社会主义文明教条作为自己的重要使命。如何建设社会主义文明？马克思主义经典作家并未给出明确的答案。十月革命开创了人类历史新纪元，成立了世界上第一个工农政权，建立了世界上第一个社会主义国家。应当说，苏联进行了社会主义建设的创造性探索。但是，由于对马克思主义原理的教条式理解，苏联最终还是背离了自身国情，以至于最终走向解体。

一极是对马克思、恩格斯关于社会主义设想的教条式遵循。如十月革

---

① 《习近平谈治国理政》第 3 卷，外文出版社，2020，第 13 页。

命前列宁关于社会主义经济体制的设想，以及十月革命后军事共产主义（1818 年春至 1921 年初）的建立。尽管实行军事共产主义主要由当时苏维埃俄国面临的严峻形势决定，但是也与列宁对于社会主义的认识密切相关。他认为社会主义建设必须完全取消商品生产，主张实行计划经济。[①]军事共产主义的目的是通过国家机器的强制性力量，越过商品生产和市场经济环节，"直接过渡"至国家对生产和分配进行计划调配的社会主义经济关系。军事共产主义不仅明确地否定和取消商品生产和市场经济，还主张在生产和分配中用实物取代货币。在经济所有制方面，推行国有化，除了在农业上通过实行余粮征集制控制农业产品，将其他全部经济所有制都转化为国有制；在经济活动方面，推行行政化，将全部经济活动的决策与管理权纳入国家行政管理权中；在经济关系方面，推行实物化，用实物化取代经济主体之间的商品、货币关系，包括企业与企业之间的经济关系实物化、企业与国家之间的"统收统支制"；在分配原则上，实行高度的平均主义；在劳动形式上，强制分配劳动力与实行普遍的义务劳动制；等等。战争结束后，军事上的胜利掩盖不了军事共产主义对经济造成的严重损害，其中，农民对党的不满和疏离成为亟须解决的问题，而解决之道就在于对军事共产主义经济体制进行根本性改革。于是，列宁对军事共产主义这种"直接过渡"式经济体制进行了批判式总结，并决定施行新经济政策。"新经济政策的实质是发展商品货币关系，在社会主义发展过程中运用市场机制，通过市场和贸易、工农业之间的经济交流，达到从经济上巩固工农联盟、活跃经济和迅速恢复濒于崩溃的经济的目的。"[②]可以发现，新经济政策的提出表明以列宁为代表的布尔什维克党对此前存在的问题进行了深刻的反思，"使苏维埃俄国转入在整个苏联时期最符合客观实际与富有成效的新的经济体制"[③]。但令人遗憾的是，当列宁积极研究和推进新经济政策时却突遭暗杀，还未在党内形成共识的新经济政策，其后也很快被高速工业化和农村全盘集体化取代。无论如何，新经济政策对于中国特色社会主义建设，尤其是社会主义市场经济建设仍具有重大的参考意义。

---

① 《列宁全集》第 13 卷，人民出版社，2017，第 124 页。

② 陆南泉：《苏联经济体制改革史论》，人民出版社，2007，第 15 页。

③ 陆南泉：《苏联经济体制改革史论》，人民出版社，2007，第 13 页。

它提供了很多方法论启示，恰如列宁所言："我们决不把马克思的理论看作某种一成不变的和神圣不可侵犯的东西；恰恰相反，我们深信：它只是给一种科学奠定了基础，社会党人如果不愿落后于实际生活，就应当在各方面把这门科学推向前进。"[①]

借助 1928 年粮食收购危机事件，斯大林模式逐渐成形并深刻改变了苏联的历史进程，在推行工业化和农村集体化的狂潮中，苏联的经济体制又回到由"军事共产主义"向社会主义"直接过渡"的方式上来，实行高度集中的经济体制。在工业方面，以高积累、高投入实现高速度工业化，集中一切力量片面发展重工业。以对农业的高强度掠取为代价，采用指令式计划制度，彻底推进企业国有化。在农业方面，为了配合工业的高速度发展，全面推行农业集体化。这种高度集中的经济体制，在斯大林去世之后的很长一段时间内仍有着较大的影响。显然，高度集中的经济体制是对马克思、恩格斯关于社会主义建设原则的教条式运用。其造成的后果，毛泽东在 1956 年的《论十大关系》中阐述得很清楚，苏联"片面地注重重工业，忽视农业和轻工业"，犯了原则性的错误和产生了严重的问题。[②]

另一极是苏联后期"休克式"激进改革，在 500 天"休克疗法"中，苏共瓦解，国家崩溃，东欧剧变。世界上第一个社会主义国家所创建的社会主义文明毁于一旦，夭折于西方"现代性"洪流之中。

中国式现代化道路不是一般性的社会主义道路，所以它所创制的人类文明新形态也不是一般意义上的社会主义文明，而是将马克思主义基本原理与中国现实国情结合起来所创制出来的全新的人类文明形态。中国特色社会主义绝非苏联经典社会主义教条的"再版"，而是在破除理论教条的基础上，深入回答时代课题，在中国特色社会主义的现实实践之中生成的。习近平总书记用"五个得来"来全景式、全过程地展现中国特色社会主义的生成路径，为我们展现出一部波澜壮阔的中国特色社会主义发展史，让我们感受到一代代中国共产党人带领人民通过独立探索、付出巨大代价取得的重大成就。只有时刻牢记、时刻回顾这段历史，才能深刻体会到中国特色社会主义的来之不易及其伟大历史意义。因此，中国特色社会

---

① 《列宁全集》第 4 卷，人民出版社，2013，第 161 页。
② 《毛泽东文集》第 7 卷，人民出版社，1999，第 24 页。

主义是最符合中国国情的、最贴合人民期待的、最具有现实生命力的社会主义形态。而作为其指导思想的马克思主义，也在这一伟大文明实践之中，经过中国共产党人实事求是的运用，最终成为 21 世纪马克思主义，其科学性、真理性与现实性将在新时代中国特色社会主义的不断完善中全面展现。

最后，中国特色社会主义更不是西方国家现代化发展的翻版。中国特色社会主义所开创的中国式现代化新道路以超越西方现代性的异化逻辑，创造一种复归人之本质的新型现代化道路为实践旨趣。因此，我们不能习以为常地囿于西方现代性逻辑的话语体系来观察、审视甚至指导中国实践。中国特色社会主义所要实现的现代化根本不是西方国家现代化发展的翻版。

不容否认，西方资本主义国家率先开创了人类的现代化并诠释了现代化的内涵意义。历史地看，肇始于西方的现代化将人类文明推向了高峰，是人类摆脱野蛮，从蒙昧走向文明，从神性走向俗性，从感性走向理性，从臣服走向主宰的历史性创造过程。现代化的推动力是如此强劲与迅捷，以至于人类来不及在其洪流涌动之中沉思生命的意义——那独属于哲学家的精神品质，在物欲涌动的现代化进程中似乎逐渐丧失。一个显而易见的事实是，西方现代化将人类文明推向两个极端。一个极端是，借助科学技术，智人把自己推向智神，"在提升人性超越挣扎求生的动物性之后，我们现在希望把人类升级为神，让智人化身为神人"[1]。现时代，人类社会的一切都被归结为技术问题，并提出相应的技术方案。科学技术在解决贫困、瘟疫和疾病等问题的基础上，致力于帮助人类解决 21 世纪诸如实现永生、获取幸福等重要议题，这是智人向智神的实质化跃升。另一个极端是，资本主义及其资本逻辑正随着科学技术变革人们生产生活方式的步伐，越发隐蔽、普遍、强劲地形塑着人类社会与自然的生存节奏。人与人、人与自然的矛盾不仅没有被丝毫削弱，反而被激发至无以复加的地步。以资本与技术之勾连共谋为核心程式的资本主义，正在带领人类文明走向充满风险和不确定性的未来。客观地说，由资产阶级主导的西方现代化道路前所未有地促进了生产力发展、扩大了世界交往、创造了丰富的精神财富并生成了辉煌的资本文明，对此，马克思恩格斯曾给予充分肯定：

---

① 〔以色列〕尤瓦尔·赫拉利：《未来简史：从智人到智神》，林俊宏译，中信出版集团，2017，第 18 页。

"资产阶级在它的不到一百年的阶级统治中所创造的生产力，比过去一切世代创造的全部生产力还要多，还要大。"① 资产阶级在经济上掌握了绝对的经济权力，在文化上掌握了绝对的意识形态权力，进而规制了"文明"与"野蛮"、"先进"与"落后"、"轴心"与"边缘"等经济政治方面的标准。资本逻辑所编织的文明叙事，理所当然地将"全球化"言说为"西方化"，将"西方化"言说为"现代化"，将"现代化"言说为"市场化"。它将资本文明捧上"神坛"，视之为人类文明的"标准答案"与终极形态，强制性地向全世界输出现代化理念及其模式。

事实上，诸多选择了西方现代化模式的国家和民族，不仅没有成功实现现代化，反而成为世界资本主义的附庸，其人民与国家在全球价值链中被无止境地压榨与盘剥。根本原因就在于，由资本逻辑主导的国际经济政治秩序本质上乃是依靠经济、军事、政治乃至文化霸权所建立起来的世界殖民秩序，所谓的资本文明也彻底地走向了文明的反面。而反观以马克思主义为指导的中国共产党，突破西方世界固守的理论教条和逻辑束缚，带领全国各族人民成功开辟出一条迥异于西方现代化道路的新通途，即中国式现代化新道路。这条道路是"超现代性"的，打破了对西方现代化道路和模式的依赖，在根本上实现了对传统西方资本逻辑的积极扬弃与全面超越，展现出不同于西方现代化模式的新图景。同时，它不仅实现了中华文明的涅槃重生，也创造了人类文明新形态。这种秉持"主－主"平等原则的人类文明新形态，妥善地安顿了人类文明的民族性与世界性、特殊性与普遍性、历史性与生命性，彻底破除了以"主－客"二分、"西方中心论"、"国强必霸"等为原则的西方现代文明逻辑，真正地切近着人类文明的真实境域，代表了人类文明进步的发展方向。

三　中国式现代化道路的世界历史意义：创造人类文明新形态

（一）中国式现代化道路的文明实践

伟大的文明创制于伟大的道路，同时，伟大的文明理念指引着伟大道路的文明实践。习近平总书记在"七一"讲话中全面地概括了中国式现代

---

① 《马克思恩格斯文集》第 2 卷，人民出版社，2009，第 36 页。

化新道路的文明实践，本质性地揭示出了中国式现代化新道路的文明意蕴。他指出："我们坚持和发展中国特色社会主义，推动物质文明、政治文明、精神文明、社会文明、生态文明协调发展，创造了中国式现代化新道路，创造了人类文明新形态。"① 中国共产党团结领导人民所开创的中国式现代化道路，创造性地发展了马克思主义文明观的理论定向及其原则、立场与方法，史无前例地彰显了人类文明的进步价值，丰富了人类文明的基本内涵。当然，这些都反映在中国式现代化道路的文明实践逻辑之中。

1. 中国式现代化新道路创造性承继了中华民族的文明传统

人类的任何一条现代化道路都不可能剥离其身处的文明传统，这是关乎道路之主体性的关键性问题。所谓"中国式"，意即我国现代化道路的主体性问题：谁在何时何地进行何种现代化道路的探索？当我们从中国式现代化新道路的主体性来思考其文明实践时，作为核心主体的中华民族及其优秀文明特质就被凸显出来了，上述问题就能够得到明晰的解答。习近平总书记指出："一百年来，中国共产党团结带领中国人民进行的一切奋斗、一切牺牲、一切创造，归结起来就是一个主题：实现中华民族伟大复兴。"② 尽管此论断是从中国共产党的主体叙事出发阐发其实践主题的，但是也清楚地说明了中华文明的民族主体性。因为在中国近现代历史语境中，中华民族与中国共产党显然已交融为一个不分彼此的整体，二者的精神特质统一于中华文明之中。概览人类文明的发展进程，中华文明是唯一绵延至今、从未中断湮没的文明形态。它拥有独一无二的语言文字体系、稳定发达的农耕文明，在此基础上发展出"非无神论的世俗性文明和与之相关的非体质血缘的群体认同体系"③。这种世俗性文明与群体认同机制造就了中华文明特有的超然性、包容性和静谧性等特质。在漫长的历史发展中，这些特质使得诸多异质性文明在与中华文明交流时无一例外地被吸纳进中华文明之中，形成了多元共存共生的奇特文明景观。我们并不否定其他文明的包容性，但是像中华文明这样具有如此强大的吸引力与生命力的，实属罕见。近代以来，中国不仅沦为半殖民地半封建社会，也屡次

① 《习近平谈治国理政》第4卷，外文出版社，2022，第10页。
② 《习近平谈治国理政》第4卷，外文出版社，2022，第4页。
③ 马戎：《中华文明基本特质与不同文明的平等共处》，《人民论坛》2019年第21期。

错失富民强国的历史机遇,以资本逻辑为轴心的现代性殖民逻辑给中华民族及其文明带来了深重的灾难。西方资本逻辑意欲将中华文明强制性地改造为适合于现代性逻辑的一个部分、一个环节,这实际上是一种"同一性暴政"。这种"同一性"是强加于他人的强权意志。它直接带来的是文明蒙尘、民族蒙难。这种"同一性"文明与中华文明自古以来所秉持的"和而不同""有教无类"等文明理念具有云泥之别。因此,中华民族要从西方现代性殖民逻辑中挣脱出来,绝对不能自我稀释中华民族的主体性。那些妄想以"西方之制度+西方之科技"来推动中华民族走向现代化康庄大道的做法,最终得到的只能是文明陨落、民族崩解的悲剧性结果。所以,以毛泽东同志为主要代表的中国共产党人清醒地看到,中国要实现现代化不仅要实现民族独立、人民解放与国家富强,而且在现代化道路上必须选择代表新型道路的社会主义,即只有社会主义才能拯救与发展中国。以邓小平同志为主要代表的中国共产党人进一步看到苏联式现代化道路的弊端,正是僵化的社会主义模式与日益严重的技术主义倾向导致苏联现代化道路逐渐走向失败。中国再一次站在了历史的交叉路口,不得不继续摸索适合自己的社会主义现代化道路。在"解放思想""实事求是"的总基调下,中国特色社会主义的现代化模式应运而生。邓小平首次明确提出的、并再三强调的"中国式的现代化"乃是以中华民族及其文明、中国特色社会主义制度为核心主体,将作为西方现代性逻辑核心程式的市场经济改造为推进我国经济社会发展的工具,这无疑是对中华民族及其文明的主体性的凸显。而中国经济的腾飞也证明了这条道路的正确性。党的十八大之后,以习近平同志为核心的党中央带领全国各族人民将中国特色社会主义推进新时代,实现了从站起来到富起来的伟大成就,并在此基础上迎来从富起来向强起来的伟大飞跃,成功走出了一条中国式现代化新道路并创造了人类文明新形态。中国式现代化新道路是中国人民追求美好生活的光明之路,是中华民族的伟大复兴之路,是中华文明的涅槃重生之路。此间最根本的乃是中华民族及其文明的当代激活与蝶变,这是走向复兴之路须臾不可离的根本性前提。

2. 中国式现代化新道路开拓性秉持了唯物史观的文明逻辑

社会主义激活了中华民族,与古老的中华文明交融汇通,蝶变为一种新的文明形态。中国共产党人带领全国各族人民进行了人类有史以来最具"原则高度"的伟大实践，成功走出一条有别于西方资本主义现代化模式的中国特色社会主义现代化道路。而中国式现代化道路承继着唯物史观文明论的原则、立场与方法，创生出一种超越工业文明的全新文明形态。

首先，中国式现代化道路承继了唯物史观文明论的感性活动原则。感性活动原则是对作为资本主义现代文明之核心本体的异化劳动的根本扭转，它指向着"人道主义＝自然主义"的共产主义文明的本真境域。中国式现代化新道路是感性活动原则的当代展开，具体表现为"新发展理念"对我国发展方式的革新。"绿色发展"是生产、生活方式的双重变革。就生产方式而言，坚决摒弃传统的高污染、高能耗生产方式，树立"生态环境就是生产力"的全新意识，推动经济结构调整和转型升级，迈向"碳中和"高质量发展，破解发展与生态的难题。就生活方式而言，由绿色生产带动绿色生活、绿色消费。厉行勤俭节约，反对铺张浪费，倡导光盘行动、绿色出行、垃圾分类等有效措施，有效推进人民生活方式绿色化。"创新发展"是"绿色发展"的直接要求，生产生活方式的变革直接依赖于生产力的质性提升，因而新时代中国特色社会主义尤其注重智力、精神资源的开发与利用，在狂飙猛进的科技革命浪潮中加快打造世界创新高地。"协调发展"对发展提出了更高的要求，新时代中国特色社会主义正努力消除区域之间、城乡之间、经济发展和民生改善之间、经济建设和生态文明建设之间等长期存在的不充分不平衡样态及其"木桶效应"，进一步提升我国发展的整体效应。"开放发展"对经济社会系统的内外联动做了原则性提示。在经济全球化时代，"息交绝游"的孤岛意识是系统无法消解熵增而最终归于寂灭的重要原因。经济社会系统的生命力取决于与外部环境和其他系统的交游。因而，新时代中国特色社会主义实行更高水平的开放政策，在世界经济形势的持续变动之中，加速构建国内国际双循环新发展格局，切实增强经济社会系统的活力与韧性。"共享发展"解决的是公平正义问题，是经济社会活动的价值归宿。新时代中国特色社会主义取得了脱贫攻坚战的伟大胜利，全面建成了小康社会，为世界减贫和发展事业做出了重要贡献，充分彰显了社会主义公平正义价值。

其次，中国式现代化道路承继了唯物史观文明论的人民至上立场。唯物史观认为："历史活动是群众的活动"①，人民是历史与文明的创造者。中国共产党人不忘初心、牢记使命，忠实地坚守着唯物史观这一核心价值，并将其贯穿于中国革命、建设与改革的全过程。"以人民为中心的发展思想"就是这种科学认识的新时代表达，是对党的奋斗历程和实践经验的深刻总结，是中国式现代化新道路价值论的最新诠释。习近平总书记在2020年末召开的中央经济工作会议上对做好我国经济工作提出了"五个根本"的规律性认识。其中之一就是强调"人民至上是作出正确抉择的根本前提"②，并将"更好满足人民日益增长的美好生活需要"③作为经济工作的重要要求。习近平总书记的讲话指出了"以人民为中心的发展思想"的内在逻辑，即将经济社会发展的价值取向牢牢框定在人民性的轨道上，并把满足人民日益增长的美好生活需要作为经济社会决策的根本标尺。更为重要的是，在这一逻辑中，人民性不再仅仅借助于物质财富的增长来表现自己的实存，还在政治、文化、社会、生态等维度中系统性地展开。可见，"五位一体"总体布局实际上就是中国式现代化新道路人民至上原则得以全方位、全领域、全过程展开的明证。总之，从唯物史观的"历史活动是群众的活动"到中国式现代化新道路的"以人民为中心的发展思想"，是人民立场不断坚定且现实化的过程。"人民就是江山，江山就是人民"，中国式现代化新道路把增进人民福祉、促进人的全面发展作为经济发展的出发点和落脚点，不断彰显并推进着人民性的现实化，进一步凸显了社会主义文明的基本价值取向。

3. 中国式现代化新道路为世界文明和谐共处提供了"中国方案"

第一，中国式现代化新道路出场于"世界之乱"。信息革命的深入推进使人类的生产方式与交往形式都在发生颠覆性的变革，人类经济生活与精神生活方式日益金融化、数字化、形式化，资本主义文明机体呈现出诸多马克思主义经典作家难以测度的新特征。表面看来，资本逻辑渗透进世界每个角落，深刻改变着全世界的时空逻辑，展示出越发强大、精巧的控制力。实际上，这种控制力大多存在于自由主义的叙事之中。我们看到，

---

① 《马克思恩格斯文集》第1卷，人民出版社，2009，第287页。
② 《习近平谈治国理政》第4卷，外文出版社，2022，第392页。
③ 《习近平谈治国理政》第3卷，外文出版社，2020，第90页。

在新自由主义文明叙事之幕的背后，是现实的贫富差距无限极化、阶级之间无限分化、自然环境无限恶化、人道主义无限丑化。一句话，在以资本逻辑为核心程式的社会中，呈现出如此悖论式图景：凡是资本展示生命力的地方，就是人、自然及社会机体生命力无限衰退的地方。这种资本逻辑所必然导致的文明危机，通过普遍性的世界交往不断转移传递，进一步形成系统性的世界性文明危机。在各种全球性危机面前，人们发现自己的生存境域已经被普遍地链接起来，形成了休戚与共的命运共同体。这就是中国式现代化新道路的出场，它要解决的绝非一时一域、一国一族的问题，而是关照着人类文明全局性、总体性的发展问题。简言之，它除了要实现中华民族的伟大复兴，还要回答人类前途命运的问题：世界怎么了，我们怎么办？

第二，中国式现代化新道路形成于"中国之治"。中国式现代化新道路本质上是中华民族走向现代化、开创人类文明新纪元之路，是历史特殊性与历史普遍性的结合之路。在中国式现代化新道路这一历史特殊性之中，历史普遍性可以得到最为完整的体现，原因就在于中国式现代化新道路的文明指向。我们可以从"中国之治"的具象性中明晰以下两点。其一，中国创造了人类物质文明奇迹。从封闭落后迈向开放进步，从温饱不足迈向全面小康，从积贫积弱迈向繁荣富强，在中国共产党的带领下，中国人民用自己的勤劳与智慧创造了一个又一个人类发展史上的伟大奇迹。其二，中国创造了人类精神文明范式。资本与精神的紧张关系构成资本主义社会文明的显著特征，精神现代化已成为人类文明事业的主题。中国式现代化新道路致力于构建以中华民族精神为主体，以建党精神为灵魂，以全体人民意志为宗旨，以市场精神为手段，以人类共同自由为理想的精神体系。它具象化为中国特色社会主义道路自信、理论自信、制度自信和文化自信的文明自觉，这是中国式现代化新道路的精神内核与文明特性所在。物质文明与精神文明的有机联动，深刻体现了中国式现代化新道路背后"中国之治"的文明意蕴，其成果则是物质文明建设和精神文明建设的协同并进，中华民族日益成为自信自强的文明实体，朝向真正的文明境域进发。

第三，中国式现代化新道路发展于"世界之治"。面临百年未有之大变局的"世界之乱"，中国积极为全球治理提供中国智慧与中国方案，致力于构建人类命运共同体，实现从"零和"到"和合"的国际经济治理秩序的守正创新。"零和"思维乃是竞争意识的绝对化，它根源于西方根深蒂固的主客二分思想，成为西方政治思想、经济思想的原在性观念。近年来不断涌现的全球化逆流就是"零和博弈"思维的肆意滥觞导致的，新冠疫情则进一步加剧了不同文明体之间的无序竞争与相互攻讦。基于此，习近平总书记指出："我们要摒弃冷战思维、零和博弈的旧理念，坚持互尊互谅，通过战略沟通增进政治互信。要恪守互利共赢的合作观，拒绝以邻为壑、自私自利的狭隘政策，抛弃垄断发展优势的片面做法，保障各国平等发展权利，促进共同发展繁荣。要提倡公平公正基础上的竞争，开展你追我赶、共同提高的田径赛，而不是搞相互攻击、你死我活的角斗赛。"① 中国式现代化新道路所倡建的人类命运共同体，为世界提供了以和合共生、互利共赢理念为核心的共处范式，其要义是为解决人类面临的共同问题、推动人类文明进步营造更加公平公正的环境。同时，人类命运共同体还自觉将自然生命力置于世界历史之中予以关照，提出"共同构建人与自然生命共同体"②，创制人与自然和谐共生的生态文明。可见，通过人类命运共同体这一世界文明实体的构建，中国式现代化新道路所追寻的就是世界多元文明体的美美与共。

（二）中国式现代化道路的文明指向

当我们从文明之维回溯中国式现代化新道路的理论史与实践史时，一个根本性的问题被放置于我们面前，即这种由其开拓出的人类文明新形态是一劳永逸的永恒形态吗？显然，我们不仅不能如此非历史地看待人类文明新形态，甚至还应时刻提醒自己：绝不能抛弃历史辩证法。事实上，问题的提法本身意味着问题的解答，祛除人类文明新形态的非历史性认识关键就在于要把握住中国式现代化新道路的实践原则，这是文明形态的历史创造之源，也是未来发展之基。青年马克思曾就德国的落后现实如此发问："德国能不能实现有原则高度的［à la hauteur des principes］实践，即实现一个不但能把德国提高到现代各国的正式水准，而且提高到这些国家

---

① 《习近平谈治国理政》第 4 卷，外文出版社，2022，第 463 页。
② 习近平：《论坚持人与自然和谐共生》，中央文献出版社，2022，第 274 页。

最近的将来要达到的人的高度的革命呢?"① 撇去实质内容，就此发问方式而言，这一"马克思之问"启示着由中国式现代化新道路所创生的人类文明新形态的进一步展开必须继续进行"有原则高度的实践"，即指向未来的文明路向，它至少应聚焦于以下几个向度。

1. 追求中华民族文明与世界各民族文明的永续发展

追求生存与发展，是每个文明体的最高目标。按照唯物史观，历史规律的普遍性必须体现于各民族、文明体的具体道路之中。这表明，规律与道路之间的关系绝非整齐划一的同一性关系，而是以特殊性、具体性为主的差异性生成关系。这种特殊性、差异性表现于各民族、国家、文明体的具体发展道路，直接关涉着文明的主体性。中国式现代化新道路的文明路向包括如下两方面。

一是追求中华民族伟大文明的永续发展。由中国式现代化新道路所创生的人类文明新形态，乃是中华民族在现代化进程中所开创出的中华文明新形态。人类文明新形态的创制，至为关键的是中华文明主体性的存有。中华民族伟大复兴之路亦即人类文明新形态不断丰富发展之路，就此而言，坚持中华文明的主体性，是中国式现代化新道路文明路向的关键。纵览人类文明新形态的生成史不难发现，作为主体的中华文明始终贯穿于"站起来－富起来－强起来"的文明生成逻辑之中。"站起来"意指中华人民共和国诞生存世的伟大创举与中华文明转质化形的浴火重生，"富起来"意指中国特色社会主义道路开凿熔铸的伟大创新与中华文明的丰裕富足，"强起来"意指新时代中国特色社会主义将更加系统性、全面性地接近社会主义更高阶段的广阔天地。可见，中国式现代化新道路所开创的人类文明新形态不仅是对中华民族优秀文明传统的当代承继，还将其置于社会主义文明形态之中予以创新发展，让中华文明焕发新的活力、展现出新时代的风采。因此，坚持中华民族的主体性，追求中华文明的永续传承，是中国式现代化新道路文明路向的应有之义。

二是携手各民族文明体共同发展。璀璨的人类文明星丛之形成，有赖于不同文明主体根据自身历史条件来现实地创制。中国式现代化新道路所

---

① 《马克思恩格斯文集》第 1 卷，人民出版社，2009，第 11 页。

创制的人类文明新形态的基本前提就是充分尊重各个文明体的生存发展权利，在此基础上将自身成功的经验与智慧传递给世界，与世界各文明体共享发展经验与分享文明成果。可以预见的是，人类文明新形态将不断消解资本文明所固有的悖反性形式，充分激发出各个文明体的生命力。文明主体间不再是自我与他者之间的对立关系，而是互现本质、交融和合的对象性关系。由此，人类文明之林将在新形态的引领下，从"野蛮"走向真正的"文明"。具体而言，人类命运共同体的不断完善将为人类文明新形态的持续发展奠定坚实的现实基础，从而对传统西方资本文明狭隘道路与经典社会主义教条模式实现双重超越，世界现代化进程将在此基础上走向真正的现代文明。

总之，中国式现代化新道路所创制的人类文明新形态，是中华民族立足于自身优秀文明传统、结合科学社会主义文明要义而自主创制的伟大成果，是倡导和平、发展、公平、正义、民主、自由等全人类共同价值的伟大成果。在主体性意义上，它所蕴含的基本指向是中华文明和世界各个文明体的共同发展。

2. 追求人的全面自由发展

尽管"文明"范畴稍显宽泛，但是从一般意义上来说，将文明的本质解说为不断追求人的发展则是比较精确的。在资本文明中，资本统治人，资本文明越昌盛，人类文明就越羸弱，人就越不自由，更谈不上任何发展。而人类文明新形态就是要破除资本文明对人的禁锢与束缚，实现人的自由而全面的发展。人的现代化是文明现代化的基础，更是人的自由而全面发展的具体体现与前置条件。应当说，马克思的"人的高度的革命"指的就是社会革命中人的现代化事业，其在当代的理念表达就是"以人民为中心""人民至上"。这是中国革命、建设与改革开放及至中国式现代化新道路出场这一整个文明发展脉理的中轴线、价值取向的基本线，此价值理念所指涉的就是人的现代化，而在人类文明新形态的未来语境中，这一指涉将本质性地跃升为人的自由而全面的发展。因此，实现人的自由而全面的发展是中国式现代化新道路之文明路向的出发点与着力点。

在现阶段社会主要矛盾情境中，中国式现代化新道路追求的人的自由而全面的发展，主要地表现为切实满足人民日益增长的美好生活需要、

"促进全体人民共同富裕"。这里需要注意其背后的几个深层意蕴，一是美好生活的定向本身就表明对资本逻辑中异化之人的超越。西方现代文明对于美好生活的定义被资本逻辑框定在物质财富之中，物的丰裕却带来人的贫乏。人所希冀的美好生活被定义为物的无限积累。而中国式现代化新道路所开创的人类文明新形态则重新定义了美好生活，将人从物欲之中解放出来，把丰富多彩的人类灵性归还给人。人可以在其现实场域中自由创造与想象美好生活。二是这种超越了资本逻辑的美好生活与共同富裕实践，本质上就是关于人类社会雏形的现实反映，其间人与人、人与自然之间不再是紧张的对立盘剥关系，而是将变成互为本质的感性对象性关系。促进共同富裕乃是分配正义的直接体现，是文明社会对弱势群体的现实帮助，是社会主义文明的本质所在。不仅如此，实现人的全面自由发展，还必须通过物质、政治、文化、社会、生态这一整体性文明架构予以实现。就人的现代化而言，其所追寻的乃是中华文明的理想型君子人格，而这种理想型人格将通过这一整体性文明的催生得以实现，届时人必须成为真正的现代人、文明人。三是人类文明新形态所关照的不仅仅是中国人民，更是对全人类前途命运予以深切关怀。从资本逻辑到人本逻辑的回归，就是追求人的自由而全面发展的现实过程。这一过程将通过人与人、人与自身、人与社会、人与自然之间的不断和解得到实现。

3. 全面推进五大文明现代化

中国式现代化新道路所开创的人类文明新形态，是五大文明向度同步推进的文明形态。习近平总书记在"七一"讲话中指出："我们坚持和发展中国特色社会主义，推动物质文明、政治文明、精神文明、社会文明、生态文明协调发展，创造了中国式现代化新道路，创造了人类文明新形态。"① 五大文明协调发展是中国式现代化新道路一个非常鲜明的特点，更是把我国建设成为社会主义现代化强国的主要路向。

（1）物质文明新航标

如何理解和实现共同富裕，是判定不同现代化道路文明程度的基点。中国式现代化树立物质文明新航标，一方面，"共同富裕"超越"贫富鸿

---

① 习近平：《在庆祝中国共产党成立 100 周年大会上的讲话》，人民出版社，2021，第 13-14 页。

沟"。西方资本主义国家，在"富裕"主体上，坚持资本至上，无视人民福祉；在"富裕"内涵上，信奉物质财富，鄙视精神财富；在"富裕"创造上，迷恋投机幻象，厌恶劳动创造。最终呈现出现代化程度越高、人民越贫穷的"贫富鸿沟"与"文明幻象"。党的十八大以来，以习近平同志为核心的党中央秉持共产主义远大理想，赓续中华民族质朴夙愿，铭记中国共产党使命初心，更加凸显社会主义的共同富裕本质，精准锚定中国式现代化的共同富裕目标，以"美好生活"扩展"富裕"内涵，标定现代化出发点和落脚点，带领全国人民不断解放与发展生产力，彻底摆脱绝对贫困，全面建成小康社会，奋力创造经济社会发展奇迹，持续推进"四化同步"，进一步提出了推动"全体人民共同富裕取得更为明显的实质性进展"① 的物质文明目标。另一方面，"共同繁荣"超越"损人利己"。一些西方大国为了维护经济霸权，挥舞制裁大棒，把自身发展建立在损害他国利益的基础上；为了维护经济优势，奉行单边主义、保护主义、壁垒主义，大肆推助全球化逆流。中国式现代化具有宽广的世界胸怀与和合精神。一是始终坚持合作共赢、开放发展、联动增长的方法论；二是不断推进全球互联互通，维护多边贸易体制，推动自由贸易区建设，推进贸易和投资自由化便利化的实践探索；三是精准把握全球化时代特征，积极参与世界经济治理，努力贡献中国智慧、中国方案，展现出携手世界促进经济共同繁荣的大国责任和担当。

（2）政治文明新风向

人类现代化史就是一部寻求民主价值的文明史，中国式现代化引领政治文明新风向，其一，"全过程人民民主"超越"形式民主"。一些西方国家及政党，在理念上迷恋形式的、抽象的民主观，忽视成果民主与实质民主；在实践上坚持票选制民主，任由资本意志织造民主幻象，本质上是"少数有钱人的游戏"；在效能上治理能力低下，人民意志消隐沉默，国家公意虚浮撕裂，社会秩序动荡混乱。进入新时代，在以习近平同志为核心的党中央的正确引领下，中国式现代化进程不断实现过程民主与成果民主、程序民主与实质民主、直接民主与间接民主、人民民主和国家意志相

---

① 《习近平谈治国理政》第 4 卷，外文出版社，2022，第 9 页。

统一，创制全链条、全方位、全覆盖、最广泛、最真实、最管用的"全过程人民民主"。在宏观层面上，奠定人民当家做主、党的领导、全面依法治国"三位一体"的基石；在中观过程上，追求作为人民意志表达的法律与政策的制定、执行以及监督"三大过程"的统一；在微观环节上，串联选举、协商、决策、管理、监督等环节的民主之链。全过程人民民主最大限度地激发民智、汇集民意、保障民权、凝聚民心、集中意志，推进中国现代化进程不断跃迁。其二，"共商共建"超越"强权政治"。一些西方国家凭借强大的综合国力，一直推行霸权主义和强权政治。一是长期以大欺小、以富欺贫、以势压人，无视国际法规；二是不断扶持代理、制造事端、拱火添油，唯恐天下不乱；三是强调零和竞争、对立冲突、弱肉强食，维护霸权地位。中国式现代化坚持相互尊重、公平正义、合作共赢的政治原则，助力塑造国际政治新秩序。一是坚持主权平等以示尊重，包容互鉴以求和合，积极担当以克时艰；二是秉持公心以求公平，崇尚法治以求正义，诉诸义利以求发展；三是坚持共商共建共享以至共赢，坚持平衡普惠推进联动发展，坚持开放合作以求共同进步。

（3）精神文明新遵循

精神文明是判定文明进步的关键标识，是人类现代化事业的应有之义。中国式现代化提升精神文明新遵循，第一，"精神本真"超越"价值通约"。西方资本主义现代化是"资本逻辑"取代"人本逻辑"的进程，资本与精神对立。一是坚持理性形而上学，一味地排斥作为人的重要本质的非理性，用理性规制精神；二是任由资本逻辑座架，资本取代人而翻转为主体，宰制精神与物质；三是主张价值通约主义，人类价值被通约为单纯的物性，精神灵性日益式微。中国式现代化彰显出丰盈的精神意蕴，催蕴出进步的精神价值。一是自觉赓续以伟大民族精神、建党精神、革命精神、时代精神、历史主动精神为核心的精神谱系，筑牢中国人民精神家园，激发全体人民奋进意志；二是不断构建社会主义核心价值体系，涤荡"拜物教"雾障，明晰中国人民价值遵循，复归人之本质；三是积极构塑社会主义市场精神，不断导控资本逻辑，助推社会主义事业发展；四是吸收借鉴人类优秀文化精粹，实现中华民族与世界进步文明同频共振。第二，"全人类共同价值"超越"普世价值"。增进信任，促进合作，消弭分歧，形成价值共识，是人类文明应对诸多不确定性的最优选择。然而，西方的现代化普遍崇奉具有"同一性"的"普世价值"。一是制度神圣化，大肆宣扬"历史终结论"，自诩为"人类灯塔"，不断强化资本主义制度的神圣性与永恒性；二是模式单一化，四处兜售新自由主义方案，提供包治百病的万灵药方，将"西方化＝现代化"；三是价值同一化，打着"普世价值"的光鲜旗号，不断进行意识形态渗透甚至发动颜色革命，对其他国家的发展说三道四、指手画脚甚至威胁制裁、粗暴干涉。与之相反，中国式现代化追求的不是独善其身的现代化，而是希望与世界各国人民一道，共同实现现代化。它所弘扬的是和平、发展、公平、正义、民主、自由的全人类共同价值。一是全人类共同价值与中国特色社会主义精神文明保持内在一致，是中国特色社会主义精神文明在世界历史场域中的逻辑延展；二是全人类共同价值与西方所谓的"普世价值"具有本质区别，是以价值多元性为前提的包容性价值共识，是促进不同文明体共同发展的共生性价值共识，是不同文明体追求自身精神文明进步的逻辑递进；三是全人类共同价值与"普世价值"的抽象价值悬设不同，是在尊重不同文明对价值内涵的认识、不同国家人民对价值实现路径的探索的基础上，把全人类共同价值具体地、现实地体现到增加本国人民利益的实践中去的价值共识。

（4）社会文明新指向

社会是文明的现实载体，社会文明是人类文明进步的重要表征。中国式现代化标定社会文明新指向，其一，"和谐社会"超越"矛盾社会"。资本主义制度决定了西方社会的对立本质。从形式上看，一些国家社会结构极化撕裂，贫富分化骇人听闻，阶级对立不断升级，种族矛盾日益激化，性别冲突逐渐凸显，犯罪率急剧上升；从内容上看，所谓的高福利发达国家，实际上广泛存在更严重的剥削压榨、更昂贵的医疗教育、更低下的人均寿命以及更迷眩的消费陷阱。而中国式现代化通过伟大社会革命创制全新社会文明形态。一是辩证处理好改革发展稳定的关系；二是以发展促民生，推动经济高质量发展、以创新驱动发展、注重协调发展；三是以攻坚战保民生，打赢防范化解重大风险、精准脱贫、污染防治三大攻坚战；四是以实际惠民生，推进世界上规模最大的教育体系、社会保障体系、医疗卫生体系实现高质量发展；五是以生命为根本，不惜一切代价守护人民生命安全；六是以制度促民生，不断完善社会制度，实现活力与秩序的有机统一；七是以人的全面发展为主线，不断提升国民素质，促进人的现代化。其二，"人类社会"超越"市民社会"。西方现代化通常与"市民社会"勾连，摆脱对人的依赖之后又陷入对物的依赖，祛魅了神性却又附魅于物性；理性越强大，灾难就越深重；物质越丰裕，社会却越匮乏；个体越自由，社会却越撕裂。"市民社会"充满现代性二律背反。中国式现代化不断推进完善中国特色社会主义政治制度，实现个人与社会、个人与个人之间的良性互动、互相成就；不断创新中国特色社会主义经济制度，促进效率与公平、活力与秩序、社会与自然的统筹兼顾、和谐发展；不懈追求人的自由而全面发展，促进人与人、人与自然的真正和解。中国式现代化发动的社会革命，超越"市民社会"，是"人类社会"的先声前奏与"实验田"。

（5）生态文明新维度

生态是文明生存与发展的根本前提，生态文明是人类文明形态的重大创新。中国式现代化彰显生态文明新维度，第一，"和谐共生"超越"二元对立"。现代工业文明无法安顿人与自然，在理念上，坚持人类中心主义，沉迷于工具理性，将征服自然视为人类理性确立的天然逻辑；在实践上，追求资本无限增殖，肆意攫取生态自然力，把文明发展与生态自然对立起来；在后果上，造成生态环境恶化，生存质量退化，使人与自然的生命力量无限弱化。而中国式现代化创制超越工业文明的生态文明。在理念上，坚持人与自然和谐共生，提出"两山理论"、环境就是生产力论、新发展理念、人与自然生命共同体论；在实践上，实施最严格的生态保护制度，构建系统的生态修护、保护、补偿机制体制。转变发展方式，大力推进生产、生活方式系统性变革，在高质量发展中实现人民美好生活；在实效上，生态环境根本好转，生活质量显著提高，社会生产力不断发展，生态效益有效提升。第二，"永续发展"超越"文明终结"。资本主义制度是生态危机的根源。一是自由竞争导致生产的无序性，生产长期过剩、资源大量浪费、商品快速迭代、消费主义盛行；二是资本逐利导致竞争的极端化，自然资源、人力资源被无止境盘剥，恶性竞争必然引发普遍的世界战争；三是资本主义终结历史的同时必然终结人类多样性文明。中国式现代化站在人类生存发展的高度，推进人类文明永续发展。在规模上，中国超大规模的现代化必将推进世界文明发展；在结构上，中国式现代化不断建构物质、政治、精神、社会、生态有机统一的文明形态；在质量上，中国式现代化致力于建设美丽中国、美丽世界；在可持续性上，中国式现代化必将推进中华文明与世界文明的永续发展。生态文明的提出与创制要求超越传统工业文明发展模式，这既是对人与自然、人与人之间关系的深刻反思与积极重建，更是关系到人民福祉和民族未来的千年大计。中国式现代化新道路是人与自然和谐共生的现代化道路，是正确处理经济发展与生态环境保护之间关系的现代化道路，是推进经济发展方式和生活方式绿色变革的现代化道路。它生成于中国特色社会主义生态文明建设的实践中，必将继续把生态文明内蕴于自身行进道路之中。这是中国式现代化新道路的生态文明路向。

总之，文明的内涵随着时代的变迁而不断丰富和发展。人类文明新形态的全新内涵与整体架构，是无愧于时代境况的文明形态。中国式现代化的文明路向必将在此基础上进一步巩固其内涵、夯实其结构、完善其形态。

第三章 经济认识论：当代中国马克思主义经济哲学认识论内涵

认识论是人们对于自身认识的形成、运作方式的反思，其目的是获得正确认识事物的认识工具，提升实践活动的能力。人类经济活动是复杂的，准确把握其本质与规律必须借助于哲学认识论的指导。换言之，对特定经济活动运行规律的探索，是经济学的理论任务。但是，如何把握经济活动的运行规律，是一个需要哲学介入并需要哲学给予指导的工作。尽管人类的经济活动具有与自然界不同的特殊性，它是具有目的性、选择性和自身利益最大化的人类的经济活动，但从本质上来说，对经济活动运行规律的认识也必须遵循人类认识世界的一般规律。可以说，把哲学认识论作为认识经济活动运行规律的一般前提，可以更深刻、更准确地把握特定经济活动的运行规律。因此，探讨经济认识论对于把握经济活动规律、构建经济学理论体系是关键的环节。

第一节 经济发展新动力的哲学判定：社会主要矛盾与经济发展驱动力的新变化

矛盾分析法是唯物辩证法的基本方法，也是马克思主义经济哲学认识论的精髓所在。承认并自觉运用矛盾分析法，是马克思主义经济学和西方资产阶级经济学的本质区别。借助于矛盾分析法的认识方法，当代中国马克思主义经济哲学得以正确判定当下社会主要矛盾的时代变化，辨析经济发展之驱动力的现实转换，进而引领中国经济"巨轮"行稳致远。

一　社会基本矛盾与主要矛盾的动态统一：新时代社会主要矛盾发生新变化

对社会主要矛盾的分析判定，涉及重大的认识论问题。西方资本主义经济学在认识方法上无视客观矛盾的存在，更为关注事物、现象之间的因果联系，通常采取实证主义的认识方法，而拒斥矛盾分析法。造成这一现象的原因在于，他们深受理性形而上学的哲学认识论影响，脱离了现实经济活动的感性对象生成性关系，这直接导致了他们对经济活动的认识或者停留于经济现象层面，或者幻化为精神理性的自我演绎，根本无法认识到人类经济活动的深层本质，更无法准确把握人类社会发展规律。马克思主义经济哲学十分重视矛盾分析法，将其视为把握经济社会发展的认识论武器，更加值得注意的是，马克思主义经济哲学的矛盾分析法不是纯粹的认识工具，绝不仅仅停留于认识、思维层面，还具有鲜明的现实实践性。这种认识论的实践性质来源于马克思所发动的哲学革命，这为马克思主义经济哲学的认识论提供了现实的本体论基础，即从现实的实践考量人类的认识活动，并以实践作为检验人类认识正确与否的终极标准。这是完全不同于西方经济学的认识论方式，它具有鲜活的现实性和完全的真确性。

纵观中国共产党领导经济建设的百年历史，党始终将科学判定社会主要矛盾视为指导其经济实践在认识论意义上的逻辑起点和基本前提，这是对马克思主义经济哲学尤其是作为其认识方法的唯物辩证法的自觉吸收和创造性发挥。党领导经济建设的百年探索证明了如此事实，什么时候我们远离了唯物辩证法的认识论原则，对社会主要矛盾做出错误的判断，我们就会立即陷入理智上的迷乱和实践上的困境；什么时候我们牢牢遵循唯物辩证法的认识论原则，对社会主要矛盾进行科学的判断，我们的思路就会豁然开朗，我们的事业就会顺利推进并蓬勃发展。

新民主主义革命时期，面对积贫积弱、四分五裂、乱象丛生的旧中国，正是由于中国共产党全面精准地分析社会经济形态和阶级关系结构，将社会的主要矛盾科学判定为帝国主义和中华民族的矛盾、封建主义和人民大众的矛盾，进而制定出科学的、符合国情和实际的新民主主义经济纲领，才为夺取新民主主义革命的胜利奠定了坚实基础。初生的中国共产党首要的是依据当时的社会主要矛盾来进行自己的经济实践。建党初期，党领导工农运动，为劳苦人民争取经济政治权益。1927 年大革命失败后，党的工作重心开始向农村转移，土地革命的深入开展，使农村革命根据地的面貌发生了重大变化，新民主主义经济发展道路在此基础上得以初步展开。抗日战争时期，战时新民主主义经济模式逐渐成熟①，抗日根据地的生产得到显著发展，为夺取抗日战争的胜利进一步奠定了经济物质基础。新民主主义经济纲领废除了那些阻碍生产力发展的封建、官僚买办资本主义的生产关系，建立起全新的新民主主义生产关系。在取得社会革命胜利的同时，还极大地促进了当时社会生产力的发展。尽管新民主主义时期的经济实践还具有过渡性，但就其所取得的革命成效来看，无疑实现了一场伟大经济革命。这场革命将中国人民彻底地从半殖民地半封建的生产关系中解放出来，独立自主地走上了解放与发展生产力之路。

社会主义革命和建设时期，根据经济社会发展的实际，党中央把社会主要矛盾判定为资本主义道路和社会主义道路、工人阶级和资产阶级之间的矛盾。在社会主义改造中建立起社会主义根本制度体系，为社会主义奠定坚实的制度基础成为一项紧迫的任务。中国共产党带领全国各族人民确立起生产资料公有制的社会主义基本经济制度，并对社会主义经济建设做了有益探索。新中国成立后，中国需要在实现民族独立的基础上进一步将落后的农业国建设成为先进的工业国。通过实行社会主义"一化三改"，中国很快就建立起以社会主义公有制为核心的国民经济体系，夯实了社会主义道路的物质基础。同时，经济实践的人民性逐渐意识到经济性的积极意义。以毛泽东同志为主要代表的中国共产党人还以苏联的经验教训为鉴戒，对社会主义所有制、社会主义商品生产与价值规律以及经济体制改革进行了独具中国特色的探索。例如毛泽东提出了以公有制为主体、个体私营经济为补充的社会主义所有制构想；强调社会主义阶段要利用商品生产来发展社会主义生产，进而利用价值规律这所"伟大的学校"② 来建设社会主义。

---

① 赵凌云主编《中国共产党经济工作史（1921—2011 年）》，中国财政经济出版社，2011，第 112 页。
② 《毛泽东文集》第 8 卷，人民出版社，1999，第 34 页。

　　改革开放和社会主义现代化建设新时期，党中央正确认识到，在生产力水平较低、经济规模尚小、经济结构简单与发展目标集中的时代，高度集中的计划经济体制发挥了巨大的作用。然而，随着生产力不断提升、人民需求不断丰富，这种经济体制必须要进行相应调整才能适应生产力发展，而不是反过来成为生产力发展的阻力。基于此，我们党明确我国社会的主要矛盾已转变为人民日益增长的物质文化需要同落后的社会生产之间的矛盾。现代化进程从来都不是从起点到目标的单线发展，而是在遭遇坎坷与挑战的矛盾之中向前蠕动。现代化也不是闭门造车、封闭空想就能实现的，而是要在全球化浪潮中寻找契机。社会主义初级阶段理论与改革开放路线把中国的现代化事业拉回现实国情、世情之基，实事求是地根据当下的时空条件来制定发展目标、选择发展模式。可见，只有立足于现实，才有对社会主要矛盾的正确判定，才能对经济体制、政治体制进行深刻而具体的改革，才能通过改革开放走出一条中国特色社会主义道路，才能顺利开启"中国式的现代化"。

　　进入新时代，习近平同志在党的十九大报告中指出："中国特色社会主义进入新时代，我国社会主要矛盾已经转化为人民日益增长的美好生活需要和不平衡不充分的发展之间的矛盾。"[①] 这是自觉坚持当代中国马克思主义经济哲学而获致的创新性认识成果，体现出党和人民对马克思主义经济哲学认识论一以贯之的坚持以及与时俱进的创新。在中国特色社会主义新时代，我国社会主要矛盾的转化是有其现实依据的，这种依据就是生产力和生产关系之间客观存在着的矛盾运动。一方面，进入新时代以来，我国生产力得到了极大的解放和发展，经济、政治、文化、生态、社会建设齐头并进、全面展开，取得了综合性、系统性、变革性的伟大成就。也正是基于此，党中央明确提出我国社会主要矛盾已经发生了变化。另一方面，我国社会主要矛盾的转化，暴露出我国经济建设中日益凸显的弊端与短板，即"不平衡不充分"，这是矛盾的主要方面，是由长期以来在经济高速增长下的非均衡、粗放式发展方式引起的矛盾运动结果。不平衡的问题，主要表现为城乡、区域之间在人均收入、公共（产品）服务、精神生活

---

① 习近平：《决胜全面建成小康社会 夺取新时代中国特色社会主义伟大胜利——在中国共产党第十九次全国代表大会上的报告》，人民出版社，2017，第 11 页。

等方面仍然存在着较大的差距。不充分的问题，主要表现为中国经济发展的质量和效益仍没有被充分提高，导致社会主义生产在质量层面滞后于人民日益增长的消费层次。不平衡与不充分具有联动效应，一方解决不好就会加剧另外一方，因此必须对二者进行系统性、整体性调整，缓解直至彻底改善。

二　社会发展动力机制的新时代转型：创新驱动成为经济发展主动力

对社会主要矛盾转化的准确识别，本质性关联着对经济发展动力机制的认识，这是马克思主义经济哲学认识论之整体性视角的体现。新时代我国社会主要矛盾的转化，同时决定了新时代经济发展主要动力也需要实现转换。因为我国社会主要矛盾的转化意味着经济建设开启了系统性调整，其中最具有现实张力的乃是经济动力机制的再认识、再确认，创新驱动发展集中体现出我国经济建设在经济动力机制层面上的认识突破和实践转变。党的十八大后，作为发展战略的创新驱动的重要性被提升到前所未有的高度，十八届五中全会将其列为新发展理念之首，视为引领我国经济社会发展的"第一动力""第一引擎"。

马克思和恩格斯的经济哲学思想很早就意识到创新驱动对于经济发展和社会制度变革的关键性作用。马克思、恩格斯正是对企业的技术创新和社会的制度变革进行关联性认识和批判，才能对社会的发展趋势和前景具有清晰的认识。在他们那里，创新驱动发展的内核是指"技术创新"，"技术创新"首先发轫于工厂生产部门，实现了生产机器在"工艺学"意义上的技术改善和进步，这种技术进步从企业内部的技术改进，通过连锁式反应，最终演变为以大工业为表现形式的社会一般生产方式的革命。一般生产方式的革命不是单纯的生产方式革命，而是生产力、生产关系、分配关系的系统性变革。总之，马克思主义经济哲学很早就认识到创新驱动发展所具有的决定性作用，它本质性地将技术创新和制度创新加以链接，然后对社会发展的历史趋变进行合理解释和有效推进。

西方经济理论界，当属熊彼特的创新理论最为耀眼。熊彼特将创新视为资本主义经济发展的根本性原因，他创立的"创新理论"为资本主义生成、发展和衰灭的历史过程提供完整的理论解释。在他那里，所谓创新，是指生产或供应的函数变化，将生产要素和生产条件加以创新性组合，进而形成一种"新组合"形式，然后将其应用至社会生产，建立起一种全新的生产函数。在资本主义社会中，所谓的"经济发展"，就是不断追寻实现这种"新组合"。这种"新组合"主要表现为新产品的应用、新型生产方法的选择、新市场的开辟、新生产资料来源的开拓、新的工业组织方式的采用。后人将其归纳为产品、技术、市场、资源配置、组织形式这五大创新形式。正是由于创新的存在，资本主义的经济增长和发展才有了动力。创新活动一旦停止，资本主义也就随之衰落。因此，创新活动的非均衡性和非连续性，直接性地造成了资本主义经济增长的周期性波动，进而形成时间长短不一的经济周期。熊彼特的创新理论对当代中国创新驱动战略具有参考价值。

改革开放前，为了避免落入苏联经济社会发展模式的窠臼，我国强调坚持独立自主、自力更生的发展道路。我国经济社会的创新动力主要源自时代精神的感召，精神层面具体体现为革命激情和苦干壮志，生产层面具体体现为模式、方法的创新。如"一化三改"时期，城市工业化建设浪潮下工人生产创新积极性极大提升，大量小发明、小创造、小革新的排浪式竞赛不断出现。在农村，通过农业合作社对农村生产方式进行改造，农业现代化浪潮一浪高过一浪。在1956-1966年十年社会主义建设时期，面临着美国的经济封锁和苏联的背信弃义，我们党带领人民不断攻坚克难、奋发图强，立志要建立起独立的、完整的工业体系和国民经济体系，完成"四个现代化"总任务。在城市，无数工人、科技人员和干部发扬铁人精神，艰苦奋斗，创造条件，开展技术革新运动，集体协作攻关科学技术难题。如周恩来发出"向现代科学进军"的动员令；毛泽东号召全党学习科学知识，把知识分子视为工人阶级的重要组成部分，成立科学规划委员会。在党和人民的号召下，一大批海外优秀科学家（钱学森、李四光、钱三强、华罗庚、邓稼先、茅以升等）纷纷毅然回国，投身于祖国科学事业。在举国同心的科技创新大潮中，我们在1964年成功爆炸了第一颗原子弹，在1967年成功研制出氢弹，此外，万吨水压机、中程导弹、人工合成胰岛素、超音速歼击机的成功研制，都为我国科技创新、国防建设与国民经济社会发展做出了巨大贡献。在农村，党带领人民进行了一系列斗争，发挥聪明才智，克服自然条件限制，努力推进农业发展。在这一伟大历史进程中，形成了战天斗地的大寨精神、创造人间奇迹的红旗渠精神、"甘当螺丝钉"的雷锋精神、"生也沙丘，死也沙丘"的焦裕禄精神等伟大精神，从而推进我国农业初步走向现代化。

经历社会主义一系列曲折发展之后，我们党在 1978－1992 年面临的首要任务就是，如何真正地回答"什么是社会主义，怎样建设社会主义"这一时代课题，而这就必然涉及指导思想与经济体制层面的创新。在指导思想创新层面，我们党积极开展解放思想运动，批判了"两个凡是"的错误方针，重新恢复了实事求是的优良传统，把工作重心从"阶级斗争为纲"转为"以经济建设为中心"，开启了中国的现代性发育之路，将中国经济社会发展的动力从单纯的"荣誉驱动"转变为"荣誉"与"欲望"并行的两驱动力系统。同时，我们党提出"科学技术是第一生产力"的重要论断，强调实现四个现代化，关键是科学技术现代化，将经济发展奠基于科技创新之上，进一步肯定知识分子的劳动人民性质，发出"向科学技术现代化进军"的号召，提出"到本世纪末赶上或超过世界水平"的发展目标。在经济体制创新层面，重走"农村包围城市"的道路。经济体制创新率先在农村实现突破，如安徽省实行"分地到组，以产计工"的责任制改革，四川省实行"以产定工、超额奖励"的改革，广东省实行"五定一奖"的经营管理制度改革，等等。这些经济体制层面的创新，向平均主义"大锅饭"发起了改革冲锋，赋予广大农民群众更大的自主权，有效提高了农民的生产积极性。在此基础上，农村的商品经济也得以迅速建立起来，农村改革的成功直接推动了乡镇企业的勃兴，这一时期苏南的集体经济模式和温州的私人经济模式，集中体现出农村对经济模式的创新性探索。同时，农村经济体制的改革直接推动了城市的经济体制改革，国企管理制度由原来高度集中的计划管理模式转为承包经营责任制，将企业、职工效益与其实现的经济利益联系起来，还积极尝试推行租赁经营责任制和股份制等经营形式，这些都极大地搞活了国有企业。同时，还突破"姓资姓社"的无谓争端，大力支持经济特区的设立和"三资企业"的引入，实现了社会主义市场经济体制的改革创新。

1992－2012 年，国家创新战略正式提出以后，创新实践在祖国大地全面铺展。党的十五大强调，要从战略高度上推进科技进步和创新发展，并把发展教育、培养人才放在战略优先位置。胡锦涛在党的十七大报告中明确指出："提高自主创新能力，建设创新型国家。这是国家发展战略的核心，是提高综合国力的关键。"① 随着创新型国家战略的推进，我国科技进步和劳动者素质的提升对推动经济社会发展起到了越来越重要的作用。国家从创新道路、创新体系、创新队伍三个层面加快了国家创新体系建设，形成了一大批重大自主创新成果，如载人航天工程、探月工程、超级计算机等。不仅如此，创新观念与社会主义市场经济体制改革深度链接、互相作用、相互促进。社会主义市场经济体制在所有制结构、企业制度、融资体系上实现了重大的理论和实践创新。在城市改革创新上，推动国企改革走进深水区，按照"产权清晰、权责明确、政企分开、管理科学"的原则推进国企建立起现代企业制度，对其进行公司制和股份制改革，将企业培育成自主经营、自负盈亏的法人实体和独立的竞争主体。同时，大力支持民营企业发展，释放民营企业的创新活力。为了实现农村经济的可持续发展，我们对经济发展模式也进行了一系列探索和创新。如农业产业化经营有效降低了单个农户进入市场的风险，加快了农业规模化经营步伐。另外，小城镇建设与乡镇企业的统筹推进，有效优化了产业空间布局，增强了集聚效应，带动了经济发展，也进一步为城市化奠定了基础。

党的十八大尤其是十九大以来，对创新驱动发展的认识越来越深入、越来越系统，把创新思维全面融入治国理政的各领域、各方面、各环节，不断开拓新时代治国理政的新境界，已然成为全党全国的基础性认识。而在经济建设层面，将创新驱动视为推进新时代经济发展的主动力则有着更为深远的影响。从创新驱动的内涵来看，一方面，创新驱动并非对要素、投资、出口驱动的彻底否定，而是主张运用创新驱动来"统摄"要素、投资、出口驱动，其实质是通过知识、技术、企业组织制度和商业模式等层面的创新，对资本（包括人力资本）、自然资源等进行改造、重组、提升。另一方面，创新驱动的内涵不仅仅局限于科技创新，还本质性地关联着理论创新、制度创新、文化创新，是一个全面的、系统的创新体系。

① 胡锦涛：《高举中国特色社会主义伟大旗帜 为夺取全面建设小康社会新胜利而奋斗——在中国共产党第十七次全国代表大会上的报告》，人民出版社，2007，第22页。

新时代创新驱动战略将创新作为引领发展的第一动力。从国际上来看，这是作为世界经济大国的中国，面临着经济全球化与第三次科技革命的时代大潮必须做出的选择。在世界分工体系发生深刻转变的时刻，中国必须找准自身在全球分工体系中的位置，从积极融入走向参与引领，全面参与国际经济金融规则及标准的调整和制定，推动全球化进入合作、包容、普惠的新阶段。从国内改革来看，把创新作为引领我国经济发展的第一动力，具有历史必然性和现实可能性。毋庸置疑，我国经济社会发展能够取得举世瞩目的重大成就，可以归因于长期以来秉持的创新观念，全面深化改革的过程本质上就是一个不断创新的进程。换言之，中国目前所取得的成绩由创新而来，中国目前所面临的问题也必须由创新来解决。

新时代创新驱动战略将创新发展方式作为引领发展的主要内容。时常反思发展方式、不断调整发展方式以顺应时代发展，是一个经济体难能可贵的创新思维表现。历史上诸多盛极一时的社会有机体之所以一蹶不振、甚至是湮没无闻，就在于在发展方式上所采取的形而上态度，从而忽视了发展方式内在的矛盾运动本质，不仅错失了宝贵的发展机会，还削减了自身发展的机能。1978 年改革开放的提出，就是中国共产党人对自身发展方式经过辩证否定后的创新举措。改革开放彻底打破了长期以来的自给自足、高度计划的发展模式，开创了我国经济发展的全新局面，消费、投资、出口成为拉动我国经济发展的"三驾马车"。进入新时代以来，随着国际国内形势的变化，我们再一次审慎地反思一直以来的增长方式，把创新发展作为经济增长方式的核心内容，决定从追求"量"的增长转向更加注重"质"的提升。在集约式发展的基础上，强调要从"数量型"向"质量型"转变。同时，更多地强调消费对经济发展的拉动作用，逐渐解决一直存在的发展路径依赖问题。

新时代创新驱动战略将科技创新作为引领发展的核心内容。进入新时代以来，谁掌握了更为先进的科学技术，谁就能在世界经济舞台上拥有更强大的竞争力和更强力的主导权。科技创新已然成为世界各国经济发展的"大杀器"。如果说，供给侧结构性改革是我国经济社会发展的关键战略，那么科技创新就是关乎供给侧结构性改革成败的决定性因素。供给侧结构性改革充分体现了经济发展对于创新的直接依赖，也彰显出创新驱动战略对于我国经济社会发展的重要意义。

　　总之，创新驱动发展战略具有深厚的马克思主义经济哲学底蕴，是我们党领导人民在推进社会主义经济建设的历史进程中不断探索出来的宝贵经验。在全面建设社会主义现代化国家的新征程上，仍然要牢牢坚持创新思维，科学研判、把握推进经济发展的动力机制。

第二节　经济发展新理念的哲学审视：新发展阶段与新发展理念

一　发展的连续性与阶段性的统一：经济发展进入新阶段

　　社会主义初级阶段客观上是一个相当长的历史时期，在这个长程的初级阶段中，其发展趋势不是全然线性的、平滑的上升态势，而是要经历一系列具有质变性质的小的阶段，在这些小的阶段中，通常是和主要矛盾的转变同时发生转变的。换言之，主要矛盾的运动与转化形成了"阶段性质变"，这就使得在长程阶段中的发展依然会呈现出一定的"跃迁性"。党的十三大提出的社会主义初级阶段理论，实事求是地拟订了中国特色社会主义一段时期的发展路线图。它强力地牵引着我国经济社会进入发展的快车道，是中国共产党人对社会主义历史进程的伟大探索。党的十九届五中全会适时提出了"新发展阶段"战略判断，可以肯定的是，它并未否认我国将长期处于社会主义初级阶段这一现实框定，社会主义初级阶段仍是我国科学制定经济社会大政方针的基础性认识与根本性规定。"新发展阶段"乃是如期实现第一个一百年目标之后，从我国经济社会发展的客观情势出发提出的重大战略判断。其基础条件是全面小康社会的建成，直接目标是全面建成社会主义现代化强国。基础条件与发展目标的跃迁，使得"新发展阶段"也具有了一定的历史转折意蕴。正如习近平总书记所言，"新发展阶段是我们党带领人民迎来从站起来、富起来到强起来历史性跨越的新阶段"[1]。这表明，社会主义初级阶段并非从始至终都表现为量的积累直至最后的质变，而是在这一过程中，还可以通过对发展特征的再认识和创造

---

　　[1]　《习近平谈治国理政》第 4 卷，外文出版社，2022，第 162 页。

性实践，实现"阶段性质变"或毛泽东所说的"部分质变"。这种"阶段性质变"或"部分质变"体现出连续性与阶段性的统一，呈现出一定程度的历史转折意蕴。

二　新发展阶段需要新发展理念：从"经济增长观"到"经济发展观"的历史转型

新发展阶段需要实现从"经济增长观"到"经济发展观"的历史转型。长期以来，"经济增长观"是人类从事经济活动所持有的自明性经济观，促进 GDP 增长成为经济活动的唯一目的。然而，1972 年，罗马俱乐部在《增长的极限》一书中指出，在生态约束和自然资源稀缺的现实条件下，所谓 GDP 增长不仅不可能是线性的，而且极可能触发不可控制的进程。著名生物学家蕾切尔·卡森在《寂静的春天》一书中描述了经济增长的核心部门——化工行业如何对环境和人类造成破坏性的影响。应当说，这两本书具有促使人类开启对"唯 GDP"的"经济增长观"的反思的重要作用。中国特色社会主义非常重视推进"经济增长观"向"经济发展观"的历史转型，这一转型在习近平经济思想中尤为明显。早在 2004 年，习近平就强调："要看 GDP，但不能唯 GDP。GDP 快速增长是政绩，生态保护和建设也是政绩。"[1] 在 2014 年，习近平再次叮嘱："把经济发展仅仅理解为数量增减、简单重复，是形而上学的发展观。"[2] 习近平对经济增长观的形而上学性进行了深刻的哲学查审，他认为人类的经济活动不应该沦为纯粹的数量增减、简单重复的异化活动，而应该复归其实现人的全面发展的工具本质。如果经济增长必须以自然生态的破坏与贫富差距的扩大为代价的话，我们就绝不能说这种增长是具有进步意义的增长。基于此，习近平提出了"绿水青山就是金山银山"[3]"保护环境就是保护生产力"[4]"实现人

---

[1]　习近平：《之江新语》，浙江人民出版社，2007，第 30 页。
[2]　中共中央文献研究室编《十八大以来重要文献选编》（中），中央文献出版社，2016，第 245 页。
[3]　中共中央文献研究室编《习近平关于社会主义生态文明建设论述摘编》，中央文献出版社，2017，第 12 页。
[4]　中共中央文献研究室编《习近平关于社会主义生态文明建设论述摘编》，中央文献出版社，2017，第 12 页。

民对美好生活的向往"① 等富有哲理的论断。从本质上来说，这些都体现出习近平经济思想实现了从"经济增长观"到"经济发展观"的历史转型。"经济发展观"的重大贡献就在于，它为人类经济活动提供了自我反思的哲学通道，为如何实现人类社会的繁荣进步与自然生态的良好永续提供了中国方案与中国智慧。

三　经济发展新理念的时代创新："五大发展理念"统领新发展阶段

中国特色社会主义进入新时代，面临着全新的国内外形势、主客观条件，具有深刻的历史进步意蕴。进入新时代以来，我国生产力得到了极大的解放和发展，经济、政治、文化、生态、社会建设齐头并进、全面展开，取得了综合性、系统性、变革性的伟大成就。但是，新时代社会主要矛盾转化的命题展现出我国经济建设仍存在明显的短板和弊端——"发展不平衡不充分"。作为社会主要矛盾的主要方面，不平衡不充分的发展已然成为我国经济建设的最大掣肘。发展的不平衡不充分使我们不得不停下高速狂奔的脚步，仔细检审其给中国社会有机体带来的利与弊，认真衡量经济体制改革的必要性与紧迫性，综合把握经济发展新阶段下的机遇与挑战，全面缕析推进新征程新伟业所需的发展理念。

党的十八大以来，中国共产党人辩证地把握着新时代的"变"与"不变"。新时代我国社会主要矛盾的转化，并不意味着我国已经走出了社会主义初级阶段。党的十九大强调，不变的是我国仍然处于并将长期处于社会主义初级阶段，这是对我国基本国情的审慎认识和准确析辨。我们绝不能因为社会主要矛盾的转化，就在认识上虚浮、在行动上松懈。我们既要认识和把握社会主要矛盾转化所昭示出的历史进步意义，又要牢固树立艰苦奋斗、自力更生的价值观。发展中的问题，终归要靠不断的发展来解决。发展是党执政兴国的第一要务，是解决我国一切问题的基础和关键。然而，准确认识和把握发展的重要性，并不意味着就能够理所当然地促进

---

① 习近平：《决胜全面建成小康社会 夺取新时代中国特色社会主义伟大胜利——在中国共产党第十九次全国代表大会上的报告》，人民出版社，2017，第 11 页。

发展，还需要根据现实情势来不断地调适发展方式，这也是我们党所秉持的一以贯之的实事求是风格和品质。进入新时代以来，我国经济社会发展面临着新趋势、新机遇、新矛盾、新挑战，这就决定了我们必须适时调适发展理念。我们党深刻总结国内外发展的经验教训，认真研判国内外的发展形势，高度重视对经济社会发展规律的认识，结合经济社会发展面临着的突出矛盾和现实问题，及时提出了具有战略性、纲领性、引领性的新发展理念，为新时代的经济社会发展明确了思路、提供了方向、指出了着力点，也为制定新时代发展的目标任务和政策举措提供了理念上的科学指引。

"五大发展理念"为新时代中国特色社会主义的经济实践提供了具有原则高度的规制与引领，是马克思感性活动原则的当代开启。马克思的感性活动原则是其经济哲学思想的核心概念，是共产主义社会的基础原则，它直接地、本质地区别于资本主义社会的异化劳动。感性活动原则旨在对人与人、人与自然的二元对立进行根本性校正，最终实现以"自然主义＝人道主义"为宗旨的矛盾的真正和解。"五大发展理念"就其本质内涵而言，是马克思主义经济哲学的感性活动原则的当代展现，在此，我们仅做简单的阐明。

"绿色发展"理念不仅仅体现为对生态的保护，它更是对我国生产、生活方式变革的当代期盼，所观照的是发展的持续性问题，是人与自然和谐共生的问题。借助工业文明的巨大生产力，人类创造了超越历史上所有文明形态之和的物质财富，但是同时人与自然也陷入了最尖锐的冲突与对立之中。人们尽情享受着工业文明带来的现代化物质成果的同时，也不得不时刻承受着大自然的疯狂报复。这种二律背反似乎成为人类无法摆脱的命运。"绿色发展"理念的出场，乃是社会主义克服、超越由工业文明及其资本逻辑所引发的内生性生态危机的必然选择。作为社会主义发展中国家，在融入以西方资本主义国家为主导的世界市场时，能否超越发达工业国家曾经走过的"先污染、后治理；先破坏、后建设"的道路，就成为执政党执政能力高低的关键考量。以"绿水青山就是金山银山"为核心内蕴的绿色发展理念，是社会主义经济社会发展的题中应有之义。因此，与其被动地"事后补救"，倒不如将生态文明的精神内涵强化为当下经济社会发展的思想基准。从根本上来看，这也是社会主义本质的内在要求。所以，新时代我国经济社会发展大局亟须正视当前面临的生态问题及其背后潜藏着的资本逻辑，更加积极主动地推进生态文明建设。就生产方式而言，一方面，坚决摒弃传统的高污染、高能耗的生产方式，树立"保护生态环境就是保护生产力，改善生态环境就是发展生产力"的全新意识，积极稳妥推进碳达峰、碳中和，破解发展与生态的难题，牢牢把握高质量发展这个首要任务；另一方面，积极转变经济发展方式，加快推动经济结构性转型升级，着力培育经济增长新动力，打破资本逻辑中的生态危机魔咒，从而实现从单向度"以经济建设为中心"向多向度的绿色发展转向，从资本逻辑走向生态逻辑。就生活方式而言，由生产方式的绿色化带动绿色生活、绿色消费。厉行勤俭节约，反对铺张浪费，倡导光盘行动、绿色出行、垃圾分类等有效措施，着力推进人民生活绿色化，以实现持续发展、更高水平的发展。应当说，"绿色发展"理念是我国跨越"中等收入陷阱"，实现社会主义现代化强国的必然选择，更是破解我国经济社会发展难题的必然进路。

"创新发展"理念是"绿色发展"理念的直接要求，生产生活方式的变革直接依赖于生产力的质性提升，新时代中国经济社会的发展尤其注重智力、精神资源的开发与利用，因而要在当代狂飙猛进的科技革命浪潮中把中国打造为世界创新高地。新时代科技革命和产业革命的方向，本质上就是绿色发展的方向。因此，创新发展是决定我们实现可持续发展的法宝。不仅如此，人类历史已经深刻证明，科学技术是第一生产力，是整个经济社会发展系统的根本动力。新时代要成功转换发展动力，根本就在于要持续不断地推进科技创新，同时，新时代所倡导的创新驱动，不仅需要在科技创新上发力，还要注重把创新发展理念灌注至经济社会发展的每一个领域、每一个环节，让创新精神成为社会集体意识的核心，进而形成一种集科技创新、理论创新、制度创新、文化创新等于一体的"集成式"创新模式。这种"集成式"创新模式完全不同于西方式的"唯科技式"创新。当然，我们并未彻底否认西方尤其是以美国为首的资本主义国家在创新方面所占据着的绝对主导性优势，在很多领域中，尤其是科技金融等方面，他们的创新精神和创新成果值得我们学习和借鉴。但是，他们的创新目的本质上由资本主义制度及其强力的资本逻辑决定。科技创新的强力性与资本性，使其成为实现资本增殖的得力助手，成为剥削无产阶级的主力帮凶。反过来看，我们绝不能妄自菲薄，应坚定推进和深入实施创新驱动发展战略。实际上，就唯物史观而言，我们所倡导的所谓"集成式"创新模式，乃是最契合唯物史观原则及其立场的，是对生产力与生产关系之间的辩证制衡关系的正确认识和实践遵循。我们在大力促进科学技术革新之时，从未忘记在体制机制方面进行配套性的调整。生产关系层面的改革，深刻彰显出我们对唯物史观的精准体认和自觉遵循。不仅如此，我们对理论创新、制度创新、文化创新等不同维度的倡导，则更加生动地体现出我们对上层建筑、社会意识层面的自觉更新和深入推进。总之，我们的"集成式"创新理念，是本质上完全不同于西方"唯科技式"的创新，是唯物史观原理的新时代遵循。

"协调发展"是五大发展理念中最具哲学意蕴的理念。"协调发展"理念不是从天而降的"顿悟"，也不是马克思主义经典作家关于发展的"明示"，而是在长期的社会主义建设和改革开放伟大实践中，经过不断总结、不断凝练、不断升华才获致的伟大发展理念。它鲜明体现出我们党对发展的全局性和战略性认识，也深刻彰显出对唯物辩证法的自觉遵循，是认识和把握中国经济社会发展的关键钥匙。从唯物辩证法来看，协调发展蕴含着对立统一两点论的辩证思想。它就是要在布局、关系、空间、要素、环节、进程等发展维度上，实现发展的协调性，进而解决当前所面临着的发展不平衡、不充分的问题。它极力反对的，就是发展观上的极端观点、孤立观点、片面观点、单一观点。历史证明，这些错误的、形而上的发展观，正是将人类经济社会发展导向不确定性之境遇的"罪魁祸首"。在与错误的、形而上的发展观做斗争时，中国共产党人尤其重视协调发展的观点。毛泽东非常重视运用协调、平衡的思维来解决"问题""矛盾"[1]，在思考如何保持经济社会的平衡发展时，就提出了"统筹兼顾"的方针，来妥善地协调公私关系和劳资关系，使各经济成分"分工合作，各得其所，以促进整个社会经济的恢复和发展"[2]。毛泽东的《论十大关系》《关于正确处理人民内部矛盾的问题》等经典著作中更加鲜明地体现出对协调发展

---

[1]　《毛泽东文集》第7卷，人民出版社，1999，第175页。

[2]　《毛泽东文集》第6卷，人民出版社，1999，第71页。

理念的高度重视和自觉运用。邓小平在领导改革开放和现代化建设的历史
进程中，始终将实现协调发展作为基本要求。他在谈及实施经济特区试点
以及经济体制改革等问题时，就明确地提出这是为将来实现"持续、稳
定、协调发展打下基础"①。在"南方谈话"中，邓小平既强调"抓住时
机，发展自己"的紧迫性，又特别地澄清，"不是鼓励不切实际的高速度，
还是要扎扎实实，讲求效益，稳步协调地发展"②。针对经济社会和人口、
资源、环境之间逐渐凸显出来的现实矛盾，江泽民强调要"实现经济社会
和人口、资源、环境协调发展"，进而"开创生产发展、生活富裕、生态
良好的文明发展道路"③。胡锦涛也很注重协调发展对于经济社会发展的极
端重要性，提出要"切实把经济社会发展转入以人为本、全面协调可持续
发展的轨道"④，同时，要坚持统筹兼顾的方法，正确处理好涉及经济社会
发展各个方面的重大关系，"推动经济建设、政治建设、文化建设、社会
建设以及生态文明建设协调发展"⑤。中国共产党人对协调发展理念的运用
和拓新，充分体现出对唯物辩证法的自觉遵循。进入新时代以来，我国经
济社会发展呈现出更为鲜明的系统性、整体性、协同性特征。在现实层
面，社会主要矛盾时刻提醒着我们，我国区域之间、城乡之间、不同群体
之间仍存在较大的差距，成为掣肘我国经济社会发展的主要原因。"木桶
效应"正在显现，全面实现社会主义现代化还有相当长的路要走，这些都
对进一步增强发展的协调性提出了更高的要求。因此，以习近平同志为核
心的党中央提出了相互依存、相互贯通、共同发挥作用的"五大发展理
念"，并尤为强调协调发展理念作为核心方法论的作用。协调发展充分体
现出了五大发展理念中的整体性、协调性思维，为五大发展理念契合纷繁
复杂、矛盾丛生的现实经济社会提供了重要的哲学思维保障。它内在地要
求社会有机体内部一切环节、要素、组织共同发展、均衡发展，对经济
社会发展薄弱环节加以精准聚焦与集中攻坚，进一步增强发展的整体性
协调性。

---

① 《邓小平文选》第 3 卷，人民出版社，1993，第 130 页。
② 《邓小平文选》第 3 卷，人民出版社，1993，第 375 页。
③ 《江泽民文选》第 3 卷，人民出版社，2006，第 462 页。
④ 《胡锦涛文选》第 2 卷，人民出版社，2016，第 365 页。
⑤ 《中央经济工作会议在北京举行》，《人民日报》2011 年 12 月 15 日。

　　"开放发展"对经济社会系统的内外联动做了原则性提示。从自组织科学来看，开放是系统从环境吸收负熵流而走向有序的必要条件。自组织理论开启于普里戈金的耗散结构理论，而后经过哈肯的协同理论、艾根的超循环理论、托姆的突变理论日臻成熟。自组织理论的核心工作，就是从不同侧面来揭示在远离平衡条件下，开放系统自发进入有组织状态的可能性。20世纪80年代发展起来的混沌动力学和分形维数进一步发现，系统在远离平衡条件下，还有可能进入一个特殊"有序"的混沌态。这表明，同样作为复杂性系统的人类经济社会系统，要想避免陷入物理学意义上的"热寂"，恢复人类经济社会所具有的发展性，就必须保持自己与环境的开放状态，而不是悲观于"热寂"或者自信于"自发"，即要么彻底放弃任何主观上的努力，坐等经济社会系统归于寂灭，要么放弃主体对经济社会系统的任何调适干预，天真地以为经济社会系统会自发地实现发展。在经济全球化时代，"息交绝游"的孤岛意识是导致系统无法消解熵增而最终归于寂灭的重要原因。经济社会系统的生命力取决于与外部环境和其他系统的交游，因而新时代我国一直推进高水平对外开放，在世界经济形势的持续变动之中加速构建国内国际双循环新发展格局，切实增强经济社会系统的活力与韧性。那些试图"搞技术封锁、科技鸿沟、发展脱钩"[①]的逆全球化行为，终将把自己孤立于世界经济社会系统之外，进而走向无序。

　　"共享发展"解决的是公平正义问题，是经济社会发展的价值归宿，是"五大发展理念"的核心要义。要实现共享发展，首先就要实现发展。没有发展，共享就是无源之水、无本之木。可见，发展是共享的现实前提。因此，必须首要地推进创新发展，不断做大做好"蛋糕"。共享本质上体现出协调的意蕴，致力于让不同区域、领域共同分享发展成果，这就要求不同区域、领域实现平衡协调的发展。而作为最大的公共产品，良好的生态环境是发展成果的重要组成部分，因此发展成果的共享，理所当然地是对良好生态环境的共享，这也是绿色发展的必然要求。缺失生态共享，共享就失去了至关重要的一个维度。开放发展是当今人类经济社会系统实现繁荣富强的必经之路，是实现共享的必要条件。总之，要实现共享

---

①　《习近平谈治国理政》第4卷，外文出版社，2022，第425页。

发展，必须推进创新、绿色、协调、开放发展。而推进创新、绿色、协调、开放发展的价值旨归只能是实现全体人民、各国人民共享发展成果。

第三节　经济发展新格局的哲学高度："五位一体"协同发展的总布局

一　唯物史观发展理论的中国化定位：发展是解决一切问题的基础和关键

党的十八大以来，以习近平同志为核心的党中央把发展提升至更加突出的位置，体现出鲜明的问题导向、前瞻思维与历史视野，对唯物史观立场进行了持之以恒的创造性秉承。

（一）发展是唯物史观的基本立场和内在要求

唯物史观的基本理论立场就是始终站在无产阶级和人民大众的立场，去揭示人类社会形态演变的内在动因，把握人类社会运行发展规律。唯物史观认为，资本主义的快速发展，是构筑在人的极度不发展的基础之上的。可以说，资本主义社会的发展本质上体现出一种骇人的非人性。它永远无法摆脱如此"咒圈"：越是想通过资本主义社会的发展来推进人的发展，就越是把人推向不发展的极端。马克思恩格斯并未全然否认资本主义所实现的发展，尤其是作为人之本质力量的工业文明的积极性质。他们在《共产党宣言》中，已经清晰地表明了他们对于资本主义尤其是工业文明的积极意义的认可，而不是像"粗陋的共产主义"那样，将"私有财产的积极扬弃"荒谬地理解为对私有财产的均分，抑或野蛮地付之一炬。这里所体现出来的，是马克思恩格斯对人类发展本质的科学判定，即发展的唯物史观立场。它把无产阶级（现实的人）及其劳动活动视为社会历史之所以不断生成、演进与发展的本体性、决定性的原因。如此，就将社会历史的进步性意蕴与现实个人的自由解放本质性地关联了起来，把社会的发展和人的发展从二元对立的关系，转换为一种同向而行且对象性生成的关系。资本主义制度之所以陷入难以自拔的异化发展之中，就在于社会化的生产组织方式与生产资料普遍私有化，始终处于无法克服、绝对对立的矛盾关系之中。劳动之所以陷入异化，人之所以无缘发展，就在于在资本主义制度中，劳动的组织方式、分工方式呈现出自发性，作为它们现实表现形式的大工业成为一种外在于人的力量，主导着人、奴役着人。因此，在资本主义制度保持永远恒定，在私有财产不被批判的情势下，作为人之本质力量的大工业、科学技术越是发展，压制人的力量就越强大，压制人的程度就越严重，人的发展就越艰难。但是，也正是大工业、科学技术的发展，才使得一种新的劳动组织方式，即新的生产关系从旧的生产关系之中孕育出来。因此，实现人的发展，绝不能耽于空想，而是要在生产力的提升中去寻找生产关系乃至整个社会有机体变革的希望和突破的可能。唯物史观把发展视为社会机体朝向人的本质复归的必经的一种历史辩证过程。在这个过程中，发展必须将自身建立在现实的生产方式变革的基础之上，由此才能获得真正的现实性力量，进而推进社会机体朝向人的本质复归，实现人与社会的互动生成与同向发展。唯物史观认为，生产力的不断发展，终会打破束缚其发展的生产关系，重建新的、能够进一步推进自身发展的生产关系，直至生产力的发展将人类推进至共产主义社会，使人彻底摆脱自发分工。生产力将不再唯资本逻辑马首是瞻，而是从作为资本增殖的"得力助手"，变成在全人类共同利益的导引中，有计划地、有序地实现人的自由全面发展的本质力量，届时，生产力的发展与人的自由全面发展将是一回事。

（二）发展是中国共产党人解决难题的"不二法门"

中国共产党人百余年的经济实践，鲜明地体现了对发展的唯物史观立场的坚定遵守。发展始终是中国革命、建设和改革进程中从未中断的重要任务。

新民主主义革命时期，中国共产党人就根据当时的社会性质与矛盾、革命对象与动力等革命情势，把"发展生产、保障供给"确立为各个革命根据地的主要经济建设原则。为了最大化地推进经济发展，在随后确立起来的新民主主义经济纲领中，中国共产党人科学地分析了各阶级在经济层面上的性质。在土地制度上，把被地主、富农大量占有的土地重新加以分配，使广大贫农、雇农、中农及其他劳动者终于获得了至关重要的生产资料，彻底地破除了绵延几千年的、极其落后的、阻碍生产力发展的、剥削的封建生产关系，极大地解放和发展了广大农村地区的生产力，夯实了解放战争的物质保障；由外国垄断资本与本国封建地主经济勾连而成的官僚资本，是阻碍中国生产力发展最为直接的反动生产关系，我们党果断地对其采取没收政策。这种没收政策具有双重性质，既体现了反帝反封的新民主主义性质，又体现了对大资产阶级、官僚资本进行改造的社会主义性质；最后，我们党正确地把民族资本主义视为当时具有一定进步意义的生产关系加以保护和发展。新民主主义革命成功地破除了半殖民地半封建的生产关系，为建立社会主义生产关系后生产力的勃发提供了最基本的准备。

新中国成立后的前三年，我们党积极推进发展，稳定物价、统一财经、完成土改、进一步将官僚资本改造用于国营经济。经过短短三年时间，把工农业生产恢复至历史最高水平。及至 1956 年，我们党在过渡时期发展总路线的科学指导下，计划分阶段完成社会主义工业化，逐步完成对农业、手工业和资本主义工商业的社会主义改造，顺利地开启第一个五年计划，最终确立起社会主义制度，有力地推动了国民经济的发展。这一年召开的党的八大正确地判定了我国社会主要矛盾，提出工人阶级与资产阶级的矛盾，已经转变为人民对于经济文化迅速发展的需要同当前经济文化不能满足人民需要之间的矛盾。因此，我们党清醒地把当时的主要任务设定为"集中力量发展社会生产力，实现国家工业化，逐步满足人民日益增长的物质和文化需要"[①]。提出今后要坚持在综合平衡中，实现稳步前进的经济建设方针。在 1956-1966 年十年建设时期，我们党始终将促进社会主义经济发展视为党的根本任务和主要工作，毛泽东倡导将工作重心转向技术革命和社会主义建设，强调发展不能超越阶段，把社会主义革命的目的准确地界定为解放生产力。[②] 周恩来精准地指出科学技术对于现代化建设的关键性作用，提出"四个现代化"的初步设想。

改革开放和社会主义现代化建设时期，重新恢复了实事求是原则的中国共产党人，再次明确发展对于社会主义建设的关键作用。发出发展才是

---

① 中共中央文献研究室编《改革开放三十年重要文献选编》（下），中央文献出版社，2008，第 1723 页。

② 《毛泽东文集》第 7 卷，人民出版社，1999，第 1 页。

硬道理的呼声，把国家工作重心转到经济建设上来，探索出一条具有中国特色的社会主义市场经济伟大设想，大胆地倡导市场机制，积极利用市场经济制度来配置资源、组织生产，极大地提高了生产效率。在此基础上，中国共产党人自信地宣告，我们所要实现的现代化乃是"中国式的现代化"①，我们不仅实现了发展，而且创造出一种崭新的发展道路。

自 1978 年改革开放以来，我国生产力快速提高，发展效率极速提升，社会财富高速增长，但是效率的提升并非意味着机体的均衡、健康成长，对效率过度的偏好必然带来机体结构的极化倾斜。我们党开始自觉反思发展模式的弊端，提出我们不仅要发展，还要科学发展，进而提出了科学发展观。科学发展观乃是我们党从哲学的高度对发展问题做出进一步思考而形成的科学的发展哲学，具有双重意义：一是对现代工业文明普遍存在的问题进行反思，二是对我国社会主义市场经济文明特殊存在的问题进行反思。科学发展观的提出，有效地纠偏了人们对于发展的不成熟的、片面的认识，使人们对社会主义发展和资本主义发展有了更加明晰的认识，即纠偏了"串联式"发展，而为"并联式"发展提供了思想层面的提示，为新时代新的发展理念出场提供了思想、理论以及实践层面的准备。

二 唯物史观发展理论的中国化创新：从"经济"发展到"经济 - 社会"均衡发展

发展的维度是一元，还是多元？这从来都不是一个理论问题，本质上是一个实践问题。只有当人类社会历史地展开而不是"遗世独立""永恒静止"时，我们才能对其加以现实地想象。在《1844 年经济学哲学手稿》中，马克思对真正的人类社会进行了哲学追问，而这一哲学追问又因其实践哲学立场，具有鲜明的现实性。在马克思的论证中，我们可以窥见他对经济社会发展维度的原则性提示。马克思对私有财产的本质进行深入剖析，得出私有财产在本质上就是异化劳动的结论，私有财产、异化劳动本质性地表现为人与自然、人与人之间的异化关系。真正的共产主义必须积极扬弃私有财产、消除劳动的异化状态，即消除人和自然、人和人之间的

---

① 《邓小平文选》第 2 卷，人民出版社，1994，第 194 页。

异化关系。马克思指出，导致这些异化的根源都是共同的，所以真正的共产主义必须同时解决这两个矛盾。于是，马克思把共产主义解释为"自然主义＝人道主义"，即人与自然、人与人之间矛盾的和解。这是马克思在批判其他错误共产主义思潮时提出来的对共产主义的理解。从更多地表现为经济学思考的"私有财产的积极扬弃"，到从哲学高度确证共产主义为"自然主义＝人道主义"的原则性超越，马克思将共产主义的界定本质性地转换为一种更具现实意义的经济哲学式思考。换言之，经济学－哲学的双重维度共同渗透于马克思的共产主义理论之中。也正是在这种对共产主义做经济哲学论证的过程中，马克思考量了人与人、人与自然之间的对象性关系，以及在这种对象性关系中，自然主义是什么样的自然主义，人道主义是什么样的人道主义，我们应该如何理解"自然主义＝人道主义"等一系列问题。实质上，这里就涉及对什么是真正意义上的人类社会的追问。经过论证，马克思得出重要结论，即只有真正实现了"自然主义＝人道主义"，才算是达致真正意义上的人类社会。马克思所理解的共产主义就是真正意义上的人类社会。所以他强调，共产主义作为真正意义上的人类社会，不是一个简单的共同体，不是共同活动、共同享受，而是在人道主义、自然主义的意义上来共同活动、共同享受，这才是一种真正的社会状态。在这里，马克思对于人类社会的"人道主义＝自然主义"的论证，为我们认识发展的维度提供了原则性的启示。即人类所追寻的发展，绝非建立在私有财产之上的物质财富的单向度增长，贫富差距的极端式增长，社会道德的断崖式沦丧，人与社会之间的无情谋杀，人与自然之间的报复式开战，而是以"人道主义＝自然主义"为原则的物质财富与精神财富充分涌流、"每个人的自由发展是一切人的自由发展的条件"①、人与自然和谐共生。

　　历史地看，人类的现代化追寻将人类社会推向前所未有的境界。作为伟大的历史创造性活动，现代化是人类得以摆脱野蛮，从农业文明进入工业文明的根本动能，是人类从蒙昧走向文明，从神性走向俗性，从感性走向理性，从臣服走向主宰的决定性过程。根据以色列著名历史哲学家赫拉

---

① 《马克思恩格斯文集》第 2 卷，人民出版社，2009，第 53 页。

利的说法，以科学技术为核心程式的现代化，使人从智人变成智神。[①] 尤其是信息革命的到来，使那些存在于神话故事中的"上天入地""全知全能"的神通与超能，似乎正切切实实地在我们身边涌现，人类社会进入前所未有的"高光"时刻。然而，批判地来看，作为人类社会的真正文明形态，仍有待出场于全新的现代化道路之中。现如今，资本主义的发展势头依然强劲，在科学技术的"辅佐"下，其核心逻辑——资本逻辑仍支配着世界。由马克思所揭示出的资本的内在否定性不断凸显，人与人、人与自然之间的矛盾在科学技术的突飞猛进中被激发至无以复加的地步。尽管西方学者对现代性形而上学进行了严肃的批判，但是在马克思恩格斯看来，囿于理论哲学的局限性，从思维出发来把握人类社会的发展演进，会导致对社会真正本质的理解不可避免地成为一种外部反思或主观意见，进而极易演变为一种理智形而上的文明叙事与幻象，从而远离了人类社会历史的真实质态，甚至在现实层面带来文明之间的冲突与世界动荡。对于马克思恩格斯来说，关乎社会发展的科学认知，必须深入人类的物质生产方式之中去探求，而这无疑是一个艰难的理论澄明与践证过程。应当说，从野蛮到现代文明，再到对现代文明深层二律背反的克服及其超越，进入真正的文明社会形态，人类追寻文明社会的进程显然是一种辩证上升的实践过程。

新时代中国特色社会主义的现代化探索过程，本质上是对西方现代性发展道路的深刻反思和自觉超越。在这一过程中，发展的维度不断朝向人的全面发展而渐次展开。党的十一届三中全会后，党的工作重心逐渐向经济工作转移，短短几年就实现了经济腾飞。与此同时，道德滑坡、贪污腐败以及各种犯罪现象增加。邓小平敏锐地发现了这个可能导致改革开放"跑偏"的问题，多次强调要一手抓物质文明，一手抓精神文明，坚持两手抓、两手都要硬，这显然是对精神文明建设的重要性和紧迫性有了更深入的认识。因此，这一时期的社会有机体的事业布局是"两个文明"一起抓。以江泽民同志为主要代表的中国共产党人在"两手抓"的基础上，进一步提出中国特色社会主义的经济、政治、文化"三大纲领"的布局，将"政治文明"纳入其中。党的十六大以来，社会问题进入党中央的视野，

---

① 〔以色列〕尤瓦尔·赫拉利：《未来简史：从智人到智神》，林俊宏译，中信出版集团，2017，第 59 页。

因此，原来的"三位一体"又发展为"四位一体"，即经济建设、政治建设、文化建设、社会建设四者的有机统一。然而，随着经济的迅猛发展，生态问题的逐渐凸显致使其无法单纯地在社会建设的范畴中得到解决。因此，党和国家决定将其从社会建设范畴中脱离出来，并提升至与经济、政治、文化、社会同等高度、同等重要的位置，即生态文明建设。于是，党的十八大将生态文明建设纳入中国特色社会主义事业总体布局，正式形成了经济建设、政治建设、文化建设、社会建设和生态文明建设"五位一体"的总体布局。可见，从"两手抓、两手都要硬"，到"三位一体""四位一体"，再到"五位一体"，中国特色社会主义事业总体布局的变迁史生动地反映出中国特色社会有机体自我完善、自我调整和自我进步的特性，体现出从"经济"到"经济－社会"总体推进的哲学反思。

三　经济新发展格局的时代定位："五位一体"协同发展总体推进

党的十八大以来，党和国家将"五位一体"协同发展作为发展的总体布局，这是经过从"经济"到"经济－社会"总体推进的哲学反思后，对新时代中国特色社会主义发展格局的经济哲学定位，鲜明地体现出当代中国马克思主义经济哲学对总体性辩证法的自觉运用。在总体性辩证法中，新时代中国特色社会主义具有比一般社会有机体更为丰富的社会要素、社会关系和社会结构，是一个总体性范式。具体表现为作为机体存在与发展根本的经济建设、作为机体存在与发展保证的政治建设、作为机体存在与发展灵魂的文化建设、作为机体存在与发展条件的社会建设、作为机体存在与发展基础的生态文明建设。

经济建设是新时代中国特色社会主义社会有机体存在与发展的根本。世界统一于物质，劳动创生社会。唯物史观强调劳动之于人类经济社会发展的本体意义。经济建设就是围绕物质资料生产而展开的经济活动，所以它在"五位一体"总体布局中也必然占据着根本地位，为政治、文化、社会、生态建设提供具有本体性的物质供给。不仅如此，物质资料的生产组织形式还直接决定着生产关系的性状，经济基础直接决定着上层建筑的性状。这为我们提供启示：新时代中国特色社会主义秉持劳动本体论，依靠人民伟力来进行经济活动方式的不断创新，解放与发展生产力。依靠人民劳动是当代中国马克思主义经济哲学的本质特征。在马克思主义经济哲学那里，劳动就是"现实的人的活动"，是存在于特定社会、时代的人类物质生产方式，是统一主体与客体、链接历史与未来、转化现实与可能的中介环节，具有本体性地位。人类在现实中劳动，又在劳动中创造现实。新时代中国特色社会主义从人民劳动中来，又在不断发展与变革的人民劳动中"不可逆转"地、现实地实现人民对美好生活的向往。

政治建设是新时代中国特色社会主义社会有机体存在与发展的保证。人类的经济活动本身就具有鲜明的政治属性，马克思主义经济哲学旗帜鲜明地承认无产阶级政党对经济活动的领导核心作用。政治文明是人类文明新形态的根本保证。高举马克思主义伟大旗帜的中国共产党承续与推进社会主义政治文明，是人类文明新形态的开创者与领导者，是人类先进政治文明的典范。作为中国工人阶级、中国人民和中华民族的先锋队，中国共产党始终不忘初心、牢记使命，坚持实行人民代表大会制度与政治协商制度，坚定推进全过程人民民主建设与法治建设，不断进行党的自我革新的伟大斗争，切实保障人民当家做主的权利。中国经济社会发展奇迹的取得，根本就在于以中国共产党为核心的人类先进政治文明的引领，并不断完善和推进政治文明走向更高层次。

文化建设是新时代中国特色社会主义社会有机体存在与发展的灵魂。精神文明是人类文明新形态的内在灵魂。西方现代文明的当代病症在于资本与精神的极端对立。因此，中国式现代化新道路不仅要夯实物质之基，更要补足精神之"钙"，使人类文明新形态具有充盈的、灵动的、丰满的文明灵性。人类文明新形态所推进的精神文明具有以下内涵：一是要把人从拜物教与拜神教的精神"鸦片"中解放出来，通过物质文明的大力推进，为人的自由全面发展提供现实的基础，实现精神成人；二是要保持民族精神独立性。精神独立在于文化自信，文化自信在于在人类文明新形态的实践中发展好作为精神基因的中华优秀传统文化、作为精神基石的革命文化与社会主义先进文化，使之融凝为中国式现代化新道路走向人类社会文明之境的强大精神力量。这是中国式现代化新道路的精神文明路向。

社会建设是新时代中国特色社会主义社会有机体存在与发展的条件。中国共产党领导全国各族人民进行的这场伟大的社会革命，生成的是全新的社会文明，主要表现为经济高质量发展、创新驱动发展、协调性发展、人民生活水平和质量提高、国民素质显著提升、生态环境良好、制度成熟定型等方面。从本质上来说，这场深刻的社会革命，不是亦步亦趋的全盘西化，也不是固守传统的冥顽不化，更不是脱离现实的乌托邦化。它直接承接着马克思恩格斯关于"人类社会"的理论预设，并挖掘出更为丰富的内涵，是作为超越"市民社会"的"人类社会"的前奏与"实验田"。这是中国式现代化新道路的社会文明路向。

生态文明建设是新时代中国特色社会主义社会有机体存在与发展的基础。生态文明建设集中体现了社会主义社会有机体永续发展的生命逻辑，是中国式现代化道路的重要内涵。它本质性地区别于西方的现代化道路，开辟了人类社会发展道路的新形态。工业革命以后，资本主义社会有机体的生态危机越发严重。马克思生态哲学思想就是对资本主义社会有机体的现实诊断，在马克思那里，资本主义社会有机体的资本逻辑是造成自然与社会生态双重危机的根本原因。原本存在的人与自然之间的物质变换关系，在工业革命之后，彻底地发生了断裂。因此，新时代生态文明建设中一个非常重要的方面，就是构建起良性的机体新陈代谢模式。而这就需要重启马克思的自然生态哲学和社会生态哲学[1]，前者侧重于人与自然和谐共生，后者则对人与人、人与社会之间的和谐共生进行总体性观照。于是，新时代生态文明建设的总体布局就是实现生产方式、生活方式的结构性变革。

通过"五位一体"的总体性辩证法，新时代中国特色社会主义社会有机体才具有旺盛的机体生命力。有学者指出："'五位一体'的布局是历史唯物主义的创造性、综合性、系统性的运用和发展，它要求我们应该全面地掌握历史唯物主义的原理，而且必须创造性地加以运用，以使我们对历史唯物主义的理解更综合、更系统、更深刻。"[2] 我们认为，所谓创造性地运用历史唯物主义原理，最为贴切的做法就是重视马克思社会有机体理论。因为在社会有机体理论看来，社会是"一切关系在其中同时存在而又

---

[1]　卜祥记、王子璇：《马克思经济哲学思想研究的理论逻辑与问题域》，《广西社会科学》2021 年第 1 期。

[2]　刘元玉：《"五位一体"总布局的历史由来和理论依据》，人民网，http://politics.people.com.cn/n/2013/0902/c1001-22773924.html，最后访问日期：2023 年 5 月 10 日。

互相依存的社会机体"，这就突破了历史唯物主义在社会形态、社会经济基础方面所应用的矛盾分析范式，而转向更加贴合当前世界交往形式的总体性范式。譬如，在社会有机体理论的总体性范式下，经济建设不仅是上层建筑的基础，也与社会建设、文化建设、生态文明建设息息相关。换言之，在总体性范式下，这些维度"同时存在而又相互依存"。

第四节 经济发展新制度的哲学思考：中国特色社会主义基本经济制度的创新

一 基于中国国情的生产力与生产关系的辩证关系：社会主义所有制制度的创新

所有制问题是经济哲学的核心议题。一个国家的制度尤其是所有制度，直接且本质性地反映着人们如何对经济活动进行政治组织、价值引领、成果分配等重大问题，关涉着公平正义、组织运行、文化文明等重要议题。如何实现所有制创新，对于世界各国来说，都是关键的难点问题。中国特色社会主义在理论与实践的双重开拓中不断推进着所有制理论的发展，为经济社会发展奇迹提供着坚实的所有制制度保障。制度得以创新且引领现实发展的原因，还在于中国特色社会主义对唯物史观，即马克思主义经济哲学智慧的继承与发展。纵览中国特色社会主义所有制制度史，可以清晰地发现这样的规律，即所有制制度的制定是以中国国情的生产力与生产关系的辩证关系为基础的。其间，既坚持社会主义根本原则，又牢牢地把握住中国生产力发展水平和生产关系的现实样态。正因为如此，中国特色社会主义所有制才能不断地实现创新性发展。

新民主主义革命时期，沦为半殖民地半封建社会的旧中国生产力非常落后，自然经济仍占据主要地位。生产关系方面，社会阶层构成十分复杂。毛泽东在《中国社会各阶级的分析》《中国农民中各阶级的分析及其对于革命的态度》等文中就指出，当时中国的社会阶层存在着地主阶级、买办阶级、中产阶级、小资产阶级、半无产阶级、无产阶级等，并据此分析了他们各自对生产资料的占有情况。毛泽东的阶层与所有制分析，为年轻的中国共产党确立革命策略、领导革命运动提供了科学的引领。因而，中国共产党立足当时国情，把工农联盟作为革命的根本力量，在土地革命中喊出"打土豪，分田地"的口号，在抗日战争中实行"地主减租减息，农民交租交息"的政策，在解放战争中全面推行"耕者有其田"的政策。这些政策，都是立足于生产力与生产关系的现实辩证运动而确立起来的。

新中国成立后，党在巩固人民政权的同时，积极探索着如何将马克思主义所有制理论与新生的社会主义国家相结合的艰巨课题。建国初期，生产力依然低下，生产关系依然复杂。尽管新民主主义革命取得胜利，但也遗留了很多问题，经济结构不尽合理。据此，党提出"不要四面出击"，逐步解决所有制问题。同时，提出"分工合作，各得其所"的方针政策，"团结与斗争"的策略方式，来处理国营经济与非公有制经济、民族资本主义的关系。经济成分的多元共存是这一时期的主要特点。社会主义改造时期，社会主义公有制在中国大地上第一次建立起来，这是史无前例的伟大创举，是所有制的伟大变革，在中国近现代史乃至世界社会主义史上都具有重大意义。

改革开放后，社会主义所有制制度得到创新性发展。从党的十一届三中全会到党的十五大，所有制制度实现了从单一公有制到"公有制经济为主导个体经济为补充"再到"公有制经济为主体其他非公有制经济为补充"又到"以公有制经济为主体，多种所有制经济共同发展"的历史性转换和飞跃。不同经济成分的价值和地位再次得到承认和尊重。在党的十五大上，正式把"公有制为主体、多种所有制经济共同发展"确立为社会主义初级阶段的一项基本经济制度。①

进入新时代之后，中国特色社会主义所有制制度更加成熟定型。在所有制实现形式方面，从转变国有企业的经营机制到建立现代企业制度，再到完善国有资产管理体制和发展混合所有制经济，不断丰富了多种所有制的实现形式。②

总之，基于中国国情的生产力与生产关系的辩证关系来制定相应的所有制制度，是我国社会主义所有制制度不断创新发展的重要经验，其间体

---

① 《江泽民文选》第2卷，人民出版社，2006，第117页。
② 刘琼：《中国共产党关于所有制的理论演进历程、作用与启示》，《观察与思考》2021年第12期。

现出来的，正是基于马克思主义经济哲学对现实生产力与生产关系的深刻思考。

二 生产与分配、效率与公平的辩证统一：社会主义经济分配制度的创新

（一）分配制度创新的理论渊源：分配与生产的辩证关系

分配问题是马克思主义经济哲学研究中的重要视点，从一开始马克思就没有将分配关系与生产关系割裂开来，而是在对二者的辩证考察中，逐渐得出自己的分配理论的。

1843 年，马克思从《莱茵报》退回到书房，进入政治经济学的研究中，此时，他对分配的理解还暗藏于对私有财产关系的研究之中。在《1844 年经济学哲学手稿》中，马克思认为，劳动与资本的对立是资本主义社会的根本特征，"私有财产的关系潜在地包含着作为劳动的私有财产的关系和作为资本的私有财产的关系，以及这两种表现的相互关系"[①]。马克思通过对作为国民经济学理论前提的私有财产的澄清，解除了国民经济学赋予在私有财产上永恒不变的"非历史性"，通过现象学还原的方法揭示出私有财产的本质来历，将异化劳动视为私有财产的直接原因，这就彻底翻转了国民经济学对私有财产与异化劳动的关系的错误认识。这种纠正性认识就在于：不是私有财产导致异化劳动，而是异化劳动导致私有财产。在这里，尽管马克思没有直接讨论分配问题，但是前述的这一伟大翻转，为他后续从生产关系角度研究分配问题奠定了基本的理论路向。

在完成了对旧唯物主义和唯心主义世界观的批判，树立了科学的实践观后，马克思恩格斯在《德意志意识形态》中草创出唯物史观，为进一步创立科学的分配理论提供了世界观和方法论基础。在《德意志意识形态》中，马克思在分析分工与所有制之间的关系时，也揭示出二者与分配之间的关系。马克思指出，分工与物质生产力发展具有本质性的联系，正是由于生产力的发展才使分工成为真正意义上的分工。"分工起初只是性行为方面的分工，后来是由于天赋（例如体力）、需要、偶然性等等才自发地

[①] 《马克思恩格斯文集》第 1 卷，人民出版社，2009，第 172 页。

或'自然地'形成的分工。分工只是从物质劳动和精神劳动分离的时候起才真正成为分工。"① 也就是说，只有当生产效率提高、人们需要增强时，分工才得以进一步发展。这种"自发分工"的发展首先表现为商业劳动和工业劳动的区分，这一分工直接性地导致城乡的分离及其利益的对立。同时，在不同生产部门中，也会形成不同的分工。不同的分工造成差异性的生产力水平，进而决定着分配上的差异。自发分工导致私有制，而私有制的产生与分配的不平等具有直接的相关性，马克思指出："与这种分工同时出现的还有分配，而且是劳动及其产品的不平等的分配（无论在数量上或质量上）；因而产生了所有制。"② 不难看出，马克思运用唯物史观，厘清了分工、生产力、分配、私有制的内在逻辑联系，即自发分工的不断发展，导致不同历史时期的所有制（私有制）形式随之变化，而私有制的不同形式则决定着相应的分配方式。马克思最后得出结论：私有制和剥削制度导致分配的不平等。应当说，马克思对资本主义本质来历的质询，在本质上也是对分配关系不平等之谜的探解。在此之后的进一步研究中，马克思的思考日渐接近历史的真相，譬如，他在《哲学的贫困》中对劳动价值论的初步阐发，在《雇佣劳动和资本》中对剩余价值理论的初步揭示，以及在《共产党宣言》中对无产阶级与资产阶级阶级关系的直接揭示，都为科学的分配理论的形成奠定了基础。

在19世纪50年代至60年代末的"资本论"研究中，马克思更加系统深入地研究了生产和分配、生产关系和分配关系。在《政治经济学批判（1857—1858年手稿）》中，马克思明确地提出了个人消费品的分配理论，阐发了生产与分配之间的关系，揭示出资本和雇佣劳动之间在分配层面上的不公正事实。在《政治经济学批判（1857—1858年手稿）》"导言"中，马克思对生产和分配的关系做了更加清晰的阐述，他指出："分配本身是生产的产物，不仅就对象说是如此，而且就形式说也是如此。就对象说，能分配的只是生产的成果，就形式说，参与生产的一定方式决定分配的特殊形式，决定参与分配的形式。"③ "在所有的情况下，生产方式……

① 《马克思恩格斯文集》第1卷，人民出版社，2009，第534页。
② 《马克思恩格斯文集》第1卷，人民出版社，2009，第536页。
③ 《马克思恩格斯文集》第8卷，人民出版社，2009，第19页。

总是决定新出现的分配。因此，虽然这种分配对于新的生产时期表现为前提，但它本身又是生产的产物，不仅是一般历史生产的产物，而且是一定历史生产的产物。"① 那么，分配和生产究竟是怎样的关系呢？马克思进一步指出，分配并不是独立于、外在于生产的东西，它实际上是"生产本身内部的问题"，那些被理解为生产之前提的"分配"，也只能在生产内部的意义上才能算得上是前提。总之，在马克思那里，分配形式只是生产形式的表现，政治经济学研究的出发点或"本题"只能是作为决定性因素的物质资料的生产，而非分配。在《资本论》中，马克思在分析资本和雇佣劳动之间关系的基础上，对生产关系与分配关系的关系做了深刻研究，进一步认识到分配关系与生产关系在本质上是同一的，分配关系乃是生产关系的背面。在对资产阶级庸俗经济学"三位一体公式""斯密教条"进行批判的基础上，马克思揭示了资本主义社会的各种收入均来源于雇佣劳动者创造的剩余价值，阐述了资本主义生产关系决定资本主义分配关系的原理，分析了资本主义生产关系和分配关系的历史暂时性，论证了它终将被更高级的社会生产关系和分配关系所取代的客观趋势。马克思关于资本主义生产关系和分配关系历史暂时性的论述，为他之后从人类社会发展的高级形态探索分配方式开辟了理论道路。

19 世纪 70 年代至 80 年代初，德国工人运动逐渐分化成拉萨尔派和爱森纳赫派这两个相互对立的派别。前者主张通过普选权和国家来建立生产合作社，进而走和平过渡的"国家社会主义"道路，这种主张本质上转向了资产阶级那一方。后者则坚持无产阶级革命和无产阶级专政的原则，反对普鲁士的统治。经过漫长的谈判，二者于 1875 年拟定了合并的纲领草案。但是在这份纲领中，爱森纳赫派，尤其是该派领导人李卜克内西，并没有听从马克思和恩格斯的建议，其直接后果是最终放弃科学社会主义的原则。为了捍卫科学社会主义根本原则、批判拉萨尔主义的错误观点，马克思迅速著写出《哥达纲领批判》。在《哥达纲领批判》中，马克思尖锐地批判了拉萨尔派脱离生产方式和所有制而空谈"平等的权利劳动""公平的分配"，并把"分配看成并解释成一种不依赖于生产方式的东西"② 的

---

① 《马克思恩格斯文集》第 8 卷，人民出版社，2009，第 21 页。
② 《马克思恩格斯选集》第 3 卷，人民出版社，1995，第 306 页。

荒谬行为。在此基础上，马克思认为："这样的共产主义社会……是刚刚从资本主义社会中产生出来的，因此它在各方面，在经济、道德和精神方面都还带着它脱胎出来的那个旧社会的痕迹。"① 在这"第一阶段"② 中，不得不承认人的劳动能力的差别、权利的不平等、劳动是谋生的手段，因而需要实行按劳分配的分配方式；而要实现"平等的权利劳动""公平的分配"，只能等共产主义社会进入高级阶段，"在迫使个人奴隶般地服从分工的情形已经消失，从而脑力劳动和体力劳动的对立也随之消失之后；在劳动已经不仅仅是谋生的手段，而且本身成了生活的第一需要之后；在随着个人的全面发展，他们的生产力也增长起来，而集体财富的一切源泉都充分涌流之后，——只有在那个时候，才能完全超出资产阶级权利的狭隘眼界，社会才能在自己的旗帜上写上：各尽所能，按需分配"③。马克思关于未来社会两个阶段实行不同分配方式的分析，一方面反映了生产关系与分配关系在本质上具有同一性，同时也说明只有通过在共产主义社会第一阶段实行按劳分配方式，促进社会财富的极大丰富和社会生产力的快速发展，才有可能促使共产主义社会由第一阶段发展到高级阶段，分配方式也才有可能从按劳分配转变为按需分配。可见，马克思从对资本主义社会分配关系的研究上升到对未来社会分配问题的研究，同时，站在人类社会发展的高度对未来社会的分配方式做出了科学的预测。由此，他的分配理论也得到了进一步发展和升华。

总之，马克思主义分配理论坚决拒斥将分配与生产割裂开来的错误观点，而是立足于辩证唯物主义和历史唯物主义世界观与方法论，把物质资料生产方式视为分配的根本性决定因素，强调讨论分配问题必须立足于一定历史时期的物质资料生产方式及其所有制形式，如果脱离了这一实际，所谓分配问题只能是抽象的空谈。这种生产与分配的辩证关系，为我国社会主义分配制度的创新提供了重要的理论依据。

（二）分配制度创新的现实依据：效率与公平的有机统一

哲学是时代精神的精华，需要直面当下经济社会发展的现实问题。随

---

① 《马克思恩格斯选集》第 3 卷，人民出版社，1995，第 304 页。
② 《马克思恩格斯选集》第 3 卷，人民出版社，1995，第 305 页。
③ 《马克思恩格斯文集》第 3 卷，人民出版社，2009，第 435 - 436 页。

着中国特色社会主义进入新时代，我国面临的更加突出的问题是发展不平衡不充分，从一定意义上说就是公平正义问题。这也是从马克思主义的创始人到当代马克思主义者都高度重视的问题。在社会主要矛盾发生转化的背景下，新时代中国特色社会主义经济改革和发展的主题就是追寻效率与公平的有机统一。

　　然而，如何正确认识和处理公平与效率的关系，是世界各国共同面对的一大难题。从本质上来讲，我国分配制度创新的最大现实依据，就是不断追求效率与公平的有机统一。值得注意的是，我们在这里讨论的公平既包括形式意义上的公平，也包括实质意义上的公平。长期以来，一些人感叹"公平与效率难以同时兼顾"，认为公平与效率是无法克服的矛盾。事实上，如果我们仅仅停留于抽象的理论探讨，确实很难实现二者的有机统一。解决二者之间存在的矛盾，必须通过一系列的实践探索，在实践中来解决这个难题，即"市场经济改革需要找到一条经济效率与社会平等共同发展的道路，超越资本主义的不平等发展模式和传统社会主义的平均主义模式，把分配正义与经济增长目标结合起来"[①]。

　　效率与公平的有机统一，一直都是我们党和国家在推进分配制度创新过程中须臾不离的价值追求和现实根据。中国特色社会主义社会有机体正在经历站起来－富起来－强起来的发展过程。站起来是有机体的正式诞生，富起来是有机体的不断发育，强起来是有机体的系统提升。从站起来到强起来的过程，也是从追求绝对公平逐渐转向效率优先，再到效率与公平并重的过程。如果说效率是动力系统的话，那么公平则是平衡系统。二者都是社会有机体的核心系统，共同决定着有机体长久健康地发育。

（三）按劳分配为主体与多种分配方式并存的理论创新

　　在遵循马克思主义分配理论和追寻效率与公平有机统一的过程中，我国进行了一系列艰难探索，最终形成了与我国社会主义初级阶段的生产方式、经济所有制结构、经济运行机制相统一的"按劳分配为主体，多种分配方式并存的"分配制度。

　　在新中国成立初期，为了与国营、合作社、个体、私人资本主义和国

---

① 汪行福：《分配正义与社会保障》，上海财经大学出版社，2003，第33页。

家资本主义等多种经济成分相适应，我国采取的是多样化的个人收入分配方式。党政军的直接供给制与以实物为基础的工资制是当时两种主要的分配方式。同时，在国民经济逐步恢复的过程中，中国农村与城市的两极分化趋势日显，党中央适时提出使农民群众共同富裕起来的各项政策，为社会主义分配制度的确立奠定了良好基础。

通过社会主义改造，社会主义公有制在中华大地上正式确立。在"斯大林模式"分配制度的影响下，我们也相应地在城市公有制经济和政府事业部门采取"工资制"，在农村及集体经济中采取"工分制"，原则上体现着按劳动数量和质量的差别，通过货币工资的方式实现个人消费品的分配。但是，按劳分配的社会主义性质仍然存在较大争议。

于是，澄明按劳分配原则的历史合理性，成为改革开放首先需要解决的经济理论课题。1978 年 5 月 5 日，《人民日报》刊发《贯彻执行按劳分配的社会主义原则》一文，充分阐释与论证了按劳分配原则对我国劳动生产率的提高、生产力的发展的重大现实意义，有力地澄清了人们关于按劳分配的质疑。实际上，在实践层面，我国改革开放就是从分配关系着手的。在农村经济体制改革中，家庭联产承包责任制在保证集体所有制的基础上，打破了原来的平均主义分配方式，体现出多劳多得的按劳分配原则，有效地提升了农村地区的劳动生产积极性，提高了劳动生产效率。城市经济体制改革也主要从分配方式着手，如将企业内部的工资、奖金与劳动挂钩，将企业工资总额与企业生产效益挂钩。这种利益实现方式，有效提升了员工和企业创造价值的积极性。20 世纪 80 年代中期，国家又陆续实行"利改税""拨改贷"政策，及至 90 年代初，国家又推行了企业承包制，这些都体现出我们党和国家对按劳分配制度的自觉遵循和积极探索。改革开放后，随着对社会主义本质越来越清晰的认识，我国对分配制度的探索也不断深入，并且在这一过程中逐渐实现了效率与公平的有机统一。

在改革开放初期，为了扭转长期以来平均主义分配政策造成的生产积极性降低、竞争效率急剧下降的局面，社会各界都在积极思考如何在按劳分配的原则下，处理好收入分配过程中公平与效率的关系。经过激烈的讨论，最终确立了"效率优先、兼顾公平"的收入分配指导原则。在国家层面，党的十三大提出要在以按劳分配为主体的前提下实行多种分配方式。以按劳分配为主体与以公有制经济为主体相适应，体现了社会主义公有制的经济关系和社会主义劳动性质的客观要求；多种分配方式并存与多种所有制经济共同发展相适应，在坚持共同富裕发展方向的基础上，允许一部分人先富起来。这就意味着，党和国家决定把促进效率作为实现公平的前置性条件，"在促进效率提高的前提下体现社会公平"①。党的十四大正式提出要把建立社会主义市场经济体制作为经济体制改革的目标，之后，我国分配制度随着社会主义市场经济体制的改革进程的推进而不断发展。所以，在十四届三中全会上，党中央提出了与以公有制为主体、多种所有制经济共同发展的基本经济制度相统一的分配制度，即以按劳分配为主体、多种分配方式并存。这一分配制度所秉持的原则是"效率优先、兼顾公平"，集中体现出这一时期党和国家对于如何处理好"效率"与"公平"关系的理性思考。在此基础上，党的十五大进一步提出坚持按劳分配和按生产要素分配相结合的分配原则，强调仍要坚持"效率优先、兼顾公平"的原则。党的十六大继续完善以按劳分配为主体、多种分配方式并存的分配制度，强调坚持按劳分配与按要素贡献参与分配相结合的原则，但对原来的"效率优先，兼顾公平"这一界定做出了更加具体的解释，即初次分配注重效率，发挥市场作用，鼓励一部分先富起来，再分配注重公平，发挥好政府对收入差距的调节功能。这表明，党和国家意识到在不同分配领域中公平与效率具有同样重要的地位，而不再简单地强调二者之"先后"。党的十七大更加突出了对公平的重视，强调无论是初次分配还是再分配，都要处理好效率与公平的关系，再分配更加注重公平。

　　进入新时代来，公平与效率的统一，进一步成为中国式现代化不断推进实现共同富裕目标的重要命题。在党的十八大报告中，党中央进一步重申无论是初次分配，还是再分配，都要兼顾效率和公平，而且再分配要更加注重公平。同时强调要着力解决收入分配差距较大的问题，共享发展成果和稳步实现共同富裕。在党的十九大报告中，党中央根据中国具体国情，进一步丰富发展了"以按劳分配为主体，多种分配方式并存"的社会

① 中共中央文献研究室编《十三大以来重要文献选编》（上），人民出版社，1991，第32页。

主义分配制度，提出要完善按要素（产权）分配的机制，促进收入分配更合理、更有序；提倡勤劳守法致富，扩大中等收入人群，增加低收入者收入，调节过高收入，取缔非法收入，把收入分配纳入法治轨道；通过拓宽财产性收入渠道增加居民收入。党的十九届四中全会又把"以按劳分配为主体，多种分配方式并存"上升为基本经济制度的高度，这就将分配理论向前推进了一大步。

总之，经过不断的探索，新时代中国特色社会主义实现了经济分配制度的重大创新，形成了较为成熟的分配制度体系：一是按劳分配和按要素贡献分配相结合的初次分配制度；二是国民收入再分配制度；三是第三次分配制度。分配制度体系的日益成熟、共同富裕的扎实推进，不断彰显社会主义制度的独特优越性。中国特色社会主义的基本分配制度之所以实现了重大理论创新，原因就在于对马克思主义分配理论的继承，以及对中国具体国情的精准把握。这一系列分配制度的创新显然离不开对唯物史观原理的科学运用，从本质上来说，进入新时代以来，中国特色社会主义分配制度的创新也充分体现出经济哲学的重大创新。

三　经济手段与经济制度的辩证关系：社会主义市场经济体制的创新

无论是所有制创新，还是分配制度创新，都必须依存于作为经济运行的实际载体，即社会主义市场经济体制。作为社会主义基本经济制度赖以运行的核心程序，社会主义市场经济体制集中体现了中国特色社会主义的创新性与独创性，彰显出哲学智慧对人类经济活动创新的巨大推动力，其关键在于对经济手段与经济制度之辩证关系的精准把握。邓小平精辟指出："计划和市场都是经济手段。"[①] 这一论断以其深邃的哲学智慧破除了萦绕在人们心头对于"计划"与"市场"之关系的二元对立思想，将二者置于"手段－目的"的辩证关系中加以综合考量，从而澄清迷思，纠偏行动，开辟出社会主义市场经济的广阔天地，为实现社会主义生产目的架构起高效的社会生产组织方式。进入新时代以来，以习近平同志为核心的党

---

① 《邓小平文选》第3卷，人民出版社，1993，第393页。

中央对经济手段的认识进一步深化，在此基础上加快完善社会主义市场经济体制，推进经济体制创新。在生产环节，习近平强调要激发各类市场主体活力、解放和发展社会生产力，尤其是要重视资本对生产力的推动作用："要历史地、发展地、辩证地认识和把握我国社会存在的各类资本及其作用。在社会主义市场经济体制下，资本是带动各类生产要素集聚配置的重要纽带，是促进社会生产力发展的重要力量，要发挥资本促进社会生产力发展的积极作用。"① 在流通领域，习近平强调要根据构建新发展格局的要求，从全局和战略高度加快建设全国统一大市场，持续推动国内市场高效畅通和规模拓展，加快营造稳定公平透明可预期的营商环境，进一步降低市场交易成本，促进科技创新和产业升级，培育参与国际竞争合作新优势。在宏观调控上，习近平强调要构建"有为政府""有效市场"，不断厘清政府宏观调控的原则、边界，持续激发市场运行活力与效率。总之，社会主义市场经济体制在新时代得到了进一步完善，这离不开习近平经济思想对经济手段与经济制度的辩证关系的自觉把握。

① 《习近平谈治国理政》第 4 卷，外文出版社，2022，第 219 页。

第四章　经济方法论：当代中国马克思主义经济哲学方法论路径

　　方法论对经济发展方式和经济学具有重要的建构性作用。尤其是对经济学或经济理论而言，方法论更是起着直接的决定性作用，如马克思主义经济学与西方主流经济学作为两种不同的研究范式，其本质区别就体现在方法论的层面上。经济哲学的方法论研究分为两方面，一是对经济学研究方法的分析，属于经济学的方法论课题。依据马克思主义哲学、马克思主义哲学认识论和马克思主义哲学方法论，分析和反思经济学研究的科学方法，也是典型的经济哲学课题。因此，就方法论而言，它包括经济方法论和经济学方法论两个方面：前者侧重于认识经济运动规律和做好经济工作的基本方法，后者侧重于经济学研究必须遵循的基本方法。马克思主义哲学的方法论为经济方法论和经济学方法论提供了普遍性的指导原则。当代中国马克思主义经济方法论具体包括经济思维方法、经济工作方法与经济工作策略，是一个日趋成熟的经济方法论体系。

第一节　当代中国马克思主义的经济思维方法

　　新时代赋予了我们党和人民更加伟大的历史使命，同时，新时代也意味着我们的改革涉入"深水区"，进入"攻坚期"，新问题、新挑战层出不穷，机遇与挑战并存。面对如此纷繁复杂的形势，将我们的伟大事业推向纵深，"必须坚持正确的方法论"①。习近平总书记高度重视辩证思维与科学思维能力。一方面强调必须"不断增强辩证思维能力，提高驾驭复杂局面、处理复杂问题的本领"，强调党和国家的事业"越是向纵深发展，就越要不断增强辩证思维能力"②。另一方面强调"干部要勤于学、敏于思，认真学习马克思主义理论特别是中国特色社会主义理论体系，掌握贯穿其中的立场、观点、方法，提高战略思维、创新思维、辩证思维、底线思维能力，正确判断形势，始终保持政治上的清醒和坚定。"③辩证思维能力是科学思维方法的重要保证，只有大力提高科学思维能力，科学把握经济社会发展规律，主动适应倏忽变化的发展环境与条件，才能有效破解各种难题，才能做到条分缕析、统揽全局，进一步推进我国经济社会持续健康地发展。

一　辩证思维与历史思维

（一）辩证思维

辩证思维是马克思主义经济哲学的核心思维方式，是唯物辩证法在思维方法上的集中体现。马克思在分析资本主义经济社会时，自始至终坚持矛盾分析法，展现出对辩证法精华及其思维特性的深刻理解。如他之所以对穆勒的形而上学方法论提出批评，就是因为穆勒否定了经济现象中客观存在着的矛盾，"在经济关系……包含着对立的地方……他就强调对立的统一因素，而否定对立"④。而在马克思看来，这种被穆勒否定的"对立面的统一"，恰好是唯物辩证法最为根本的规律。如此，承认矛盾分析法，就成为马克思经济学方法区别于资产阶级经济学方法的显著标志了。我们看到，马克思从商品这一涵蕴着资本主义社会一切矛盾胚芽的"细胞"出发，先揭示出商品内部使用价值与交换价值的矛盾，然后将这个矛盾归于具体劳动和抽象劳动的矛盾。接着，马克思指出货币的出现使商品之间的对立转化为货币与商品的对立，而当劳动力也成为商品后，货币就转化为

①　《习近平谈治国理政》第 1 卷，外文出版社，2014，第 67 页。

②　习近平：《辩证唯物主义是中国共产党人的世界观和方法论》，《求是》2019 年第 1 期。

③　中共中央文献研究室编《十八大以来重要文献选编》（上），中央文献出版社，2014，第 342 页。

④　《马克思恩格斯全集》第 26 卷第 3 册，人民出版社，1974，第 91 页。

资本，如此，原来商品和货币的矛盾就转化为资本与雇佣工人之间的矛盾。然后，马克思又从不变资本和可变资本的矛盾中揭示出劳动力价值与其所创造出的劳动价值之间存在差异，即能够产生大于劳动力价值的价值，也就是剩余价值，这就揭示出资本家剥削无产阶级的现实。由此，马克思揭示出资本主义社会的基本矛盾，即生产的社会性与生产资料占有的私人性之间的矛盾，它必然导致无产阶级的社会主义革命。另外，马克思还非常注重唯物辩证法中的质量互变规律。资产阶级的经济学家只注重对资本主义经济关系做量的分析，而忽视其质的规定。他们只看到量变而否认量的积累达到一定程度必然要导致质的变化，因而得出了资本主义经济关系将永恒不变的形而上学的结论。马克思则相反，他不仅重视量的分析，更重视对事物质的分析，将量的分析与质的分析有机地统一起来。

历史地来看，中国共产党人对辩证法的运用是经济建设取得巨大成就的关键。以毛泽东同志为主要代表的中国共产党人对唯物辩证法进行了创造式运用，提出矛盾的普遍性、矛盾的特殊性、主要的矛盾和矛盾的主要方面等观点①。在实际经济工作中，他既强调两点论，又强调重点论，主张将二者有机统一起来；既强调"统筹兼顾、适当安排"②，又强调抓工作重点；既强调"十个指头都动作"③，又强调分清轻重缓急、善于互相配合的经济工作原则。以邓小平同志为主要代表的中国共产党人关于党的基本路线的界定体现出鲜明的辩证思维。

进入新时代以来，以习近平同志为核心的党中央十分重视经济社会发展中的矛盾，不断提高驾驭复杂局面、处理复杂问题的本领。这个过程体现出对辩证思维的进一步运用和发展。"新时代"伟大论断的提出，社会主要矛盾的转化，"五位一体"总体布局的提出，"四个全面"战略布局的推进，"十四个坚持"的协同并举，"绿水青山就是金山银山"的辩证判断，"社会主义基本制度与市场经济"的有机结合，"有为政府与有效市场"的有效配合，"五大发展理念"的有机统一，"两个市场、两种资源"

---

① 《毛泽东选集》第 1 卷，人民出版社，1991，第 299 页。

② 《毛泽东文集》第 7 卷，人民出版社，1999，第 228 页。

③ 《毛泽东选集》第 4 卷，人民出版社，1991，第 1442 页。

的新发展格局，"活力与秩序相统一"的社会格局，都鲜明地体现出我们党对辩证思维的运用达到了一个更高的水平。从社会有机体方法论来看，新时代共产党人对辩证思维的运用已经达致作为马克思主义经济哲学核心方法论，即社会有机体方法论的高度了，并且将其与现实经济社会发展紧密地结合在一起。马克思主义经济哲学的社会有机体方法论为我们透析人类社会发展提供了"显微镜""解剖刀"，让我们能够清晰地看到历史唯物主义宏大原理如何"润物细无声"地与微观领域相互影响。在其理论透镜下，新时代中国特色社会主义的社会机体的发展不再单纯表现为宏观层面的矛盾式递进，还更加微观地表现为各要素激荡叠加、各层次交游互动、各机体和谐共生、各形态推陈出新的生成式有机图景。所以，在社会有机体方法论的高度上来运用辩证思维，是新时代经济建设提出来的时代要求，也是我们党正在进行的科学思维能力的伟大跃迁。

（二）历史思维

坚持历史思维，是做好经济工作的关键。从历史哲学来看，历史思维也是新时代认识与把握经济社会发展的关键前提。同时，探究当代中国马克思主义经济哲学也要求我们上升至历史哲学界面。在马克思那里，经济哲学与历史哲学是一体两面的。恩格斯也曾提示道："政治经济学本质上是一门历史的科学。"① 经济哲学离不开历史性承诺，缺乏历史思维的经济学根本无法关照人类鲜活灵动的经济活动。对历史的趋避会直接导致对世界的机械化理解，而作为现代性标志话语的科学主义与实证主义更为这种理解提供着强力的辩护。我们认为，这里至少存在着两大风险。一是人类灵性的遮蔽风险。脱离了历史的世界，人极易被理解为物欲充塞往来的物性化平面体，成为不具备任何历史矢量的物。人与人的关系被物与物的关系所换算，人类灵性面临着被遮蔽的风险。二是脱离现实的风险。人类经济活动过程被经济学家截取为样本、片段，经过"处理""提纯"后代入预设的逻辑公式中去予以推算，然后据此来预言未来的经济走向。经济学家们在拒绝历史原则高度的同时，又企图原则性地预示未来，这种内在的悖论注定了现实中的"无能"。

---

① 《马克思恩格斯文集》第 9 卷，人民出版社，2009，第 153 页。

　　反观新时代中国特色社会主义可以发现，它本身就是一个历史性生成的范畴，其经济哲学基础直接承继了历史唯物主义的原在性原理，并且创新性地锚定了中国经济社会现实发展的坐标系与时间轴，具备着自觉把握历史转折的远见卓识。历史唯物主义所理解的历史，绝非线性时间长河中事件的排列堆积，亦非绝对精神自我确证过程中的唯灵式运动，而是在由现实的人的活动中所生成出的内在矛盾的催化下，所呈现出来的螺旋上升的运动图式。在此视域下，新时代中国特色社会主义本质上乃是由中国人民伟大实践所创生的卓越成就，反映着中华民族把握历史进程、追求历史进步的高度自觉，是对中国特色社会主义经济发展历史坐标的勘定。"遵循历史发展的客观规律，顺应当今时代发展潮流"①，在实际工作中，习近平强调："树立大历史观，从历史长河、时代大潮、全球风云中分析演变机理、探究历史规律，提出因应的战略策略，增强工作的系统性、预见性、创造性。"②譬如，在回答我们为什么要坚持矢志不渝地发展经济时，习近平从近代中国所遭受的深重苦难来给出答案；在阐释伟大斗争的特点时，强调我们进行的伟大斗争是具有新的历史特征的伟大斗争；在判断中国经济所处方位时，强调"要从历史、现实、未来的走势中"③ 来加以判断，强调要在"新的历史起点上"④ 开创我国经济社会的新局面，强调社会再生产中的生产－流通－分配－消费体系整体流通不畅已成为我国经济社会发展无法绕开的"历史关口"⑤，必须高度重视并有效解决；运用历史思维来说明经济大国与经济强国的区别，"经济大国不等于经济强国。一个国家长期落后归根结底是由于技术落后，而不取决于经济规模大小"⑥；在推进城乡一体化建设时，强调应该"从我国的自然禀赋、历史文化传统、

---

①　中共中央文献研究室编《习近平关于社会主义经济建设论述摘编》，中央文献出版社，2017，第 305 页。

②　《习近平谈治国理政》第 4 卷，外文出版社，2022，第 511 页。

③　中共中央文献研究室编《习近平关于社会主义经济建设论述摘编》，中央文献出版社，2017，第 13 页。

④　中共中央文献研究室编《习近平关于社会主义经济建设论述摘编》，中央文献出版社，2017，第 82 页。

⑤　中共中央文献研究室编《习近平关于社会主义经济建设论述摘编》，中央文献出版社，2017，第 90 页。

⑥　中共中央文献研究室编《习近平关于社会主义经济建设论述摘编》，中央文献出版社，2017，第 126 页。

制度体制出发"①，等等。习近平非常强调我们党和国家的历史使命，将其置于中国近代以来 180 多年奋斗史、中华民族 5000 多年发展史、世界社会主义 500 多年探索史中来界定我们事业的历史坐标、方位与使命。这些无不体现出我们党在进行经济实践时对历史思维的自觉运用。

二　系统思维与战略思维

当我们审视中国特色社会主义进入新时代这一客观历史性事实时，就会发现，现今的社会交往关系越发普遍、紧密，交往形式日益复杂、多样，人类经济社会日益呈现出系统性、整体性性状，而不是以纯粹的矛盾形式出现（值得注意的是坚持系统性、整体性绝不是取消矛盾性，追求同一性，而是在坚持矛盾立场的基础上，对经济社会进行整体的、系统的把握）。如何把握经济社会现实的这些变化？我们党适时地突出了系统思维能力的重要性，为新时代经济发展实践提供了极具前瞻性、总揽性，且可以更加精准地把握住人类经济社会发展总体趋势与方向的科学思维方法。习近平总书记多次强调："要增强系统思维，统筹各地改革发展、各项区际政策、各领域建设、各种资源要素。"② 正是对系统思维的自觉坚守，我国经济建设才能够取得显著成就。

战略思维能力集中地体现出我们党的经济实践对唯物辩证法与唯物史观方法论的创新式运用。作为一种全局性思维，其本质上生成于人类经济实践之中，是人类经济实践在思想层面的内化。换言之，战略思维的形成，不是思辨的玄想，而是牢牢地扎根于我国经济社会现实土壤；不是我们的思维决定了现实的战略性、系统性，而是现实的经济活动所日益凸显出来的系统性、整体性要求我们在经济思维上必须使用战略性思维。马克思早就澄清："人们的想象、思维、精神交往在这里还是人们物质行动的直接产物。"③ 恩格斯也告诫我们："历史从哪里开始，思想进程也应当从哪里开始，而思想进程的进一步发展不过是历史过程在抽象的、理论上前

---

①　中共中央文献研究室编《习近平关于社会主义经济建设论述摘编》，中央文献出版社，2017，第 188 页。

②　中共中央文献研究室编《习近平关于社会主义经济建设论述摘编》，中央文献出版社，2017，第 265 页。

③　《马克思恩格斯文集》第 1 卷，人民出版社，2009，第 524 页。

后一贯的形式上的反映。"① 同时，战略文化一直是我国传统文化中的重要文化基因，集中体现为古人对"时"与"势"、天时－地利－人和的辩证把握。孟子曾云，"虽有智慧，不如乘势；虽有镃基，不如待时""天时不如地利，地利不如人和"，这些经典论述均体现出一定的战略思想。中国共产党人在领导经济建设中，坚持并发展了战略思维。以毛泽东同志为主要代表的中国共产党人的战略思维体现在对中国革命的性质与任务的判定，对中国革命的领导力量、依靠力量的明确，对中国革命"左"倾路线、右倾路线的精准识别，对中国革命武装方式、革命重心的谋定，在解放区掀起土地改革、发动人民群众、稳定经营后方，抗美援朝的战略考量、社会主义基本制度的建立、完整工业体系的建立、三线建设的深入推进，无不体现出中国共产党人高超的战略思维能力。以邓小平同志为主要代表的中国共产党人在推进改革开放的过程中，也充分运用了战略思维。在实事求是的原则下，我们党深刻研判国际国内形势，站在历史－现在－未来的历史坐标中，系统性地提出主要矛盾转变、我国处在社会主义初级阶段、时代主题转变为和平与发展等重大判断，进而做出实施改革开放这一具有世界历史意义的重大战略决策。此后，以江泽民同志、胡锦涛同志为主要代表的中国共产党人，把改革开放推向纵深，创造性地完成市场经济与社会主义的有机对接，主动融入经济全球化大潮。在苏东剧变、世界格局大变革的冲击下，我们党展现出强大的战略定力，坚持走自己的路，顺利地把中国特色社会主义推向 21 世纪。"要树立战略思维和全球视野"②，党的十八大以后，以习近平同志为核心的党中央加强了对战略思维的运用，根据社会主要矛盾的新变化、"中国梦"理想间距的无限接近、百年变局的加速演变、全球疫情形势下的动荡变革，审时度势地提出一系列重大战略判断，如时代主题未变、经济全球化趋势未变、战略窗口期未过、"时"与"势"仍存，并据此提出了一系列战略因应，如统筹推进"五位一体"总体布局、协调推进"四个全面"战略布局、加快形成"双循环"相互促进的新发展格局，使中国经济"航船"有足够实力与底气行稳致远。

---

① 《马克思恩格斯文集》第 2 卷，人民出版社，2009，第 603 页。
② 中共中央文献研究室编《习近平关于社会主义经济建设论述摘编》，中央文献出版社，2017，第 294 页。

三　创新思维与法治思维

（一）创新思维

所谓创新思维能力，"就是破除迷信、超越陈规，善于因时制宜、知难而进、开拓创新的能力"①。创新思维能力是人类独有的高级思维能力，是人类经济社会不断向前发展最为本质性的思维动力。失去了创新思维能力，人类经济社会的发展根本无从谈起。历史地看来，中华民族的创新传统源远流长，如周易把运动变化视为宇宙万物背后之道的本质特征，强调创新与发展是事物变化的规律，又如"周虽旧邦，其命维新"的革新精神，"天行健，君子以自强不息"的自强精神，"苟日新，日日新，又日新"的求新精神。古人还将创新思维融进政治实践中，革故鼎新，推进经济社会走向繁荣昌盛，这些无不体现出持存于古人智慧中深刻的创新意识与创新思维。

在西方经济学的发展进程中，关于创新思维的讨论主要集中在认识方法上，即经济学认识、把握现实经济社会的方法。在认识方法上，他们深受哲学认识方法的影响。就认识来源与认识方法而言，经济认识论表现为以唯理论和经验论为哲学基础的两大对立形态。西方唯理主义与经验主义的哲学之争，直接影响了西方经济认识论在人的认知能力和认知方法两方面的具体理论走向。本质上而言，唯理论和经验论都属于西方理性主义哲学。在唯理主义的影响下，经济学家们无限拔高人的理性认知能力，在经济认识方法上采取理性演绎的方法，裁剪经济现实；在经验主义的影响下，从个体经验出发却得出普遍性的规律，容易陷入相对主义的窠臼。在经济学的发展过程中，又不断地对唯理论与经验论进行折中调和，并在此基础上形成了理性演绎与经验归纳并重的经济认识论形态。但是从整体来看，经济学在追求自身自然科学化的过程中，仍然沉醉于理性主义精神而无法自拔。随着科学哲学的不断深化发展，经济学也在不断地吸收科学认识论的最新发展成果，例如系统论、信息论、自组织理论、博弈论等科学理论成果，进而对自身进行"理性重建"，通过对非理性、复杂性、系统

---

①　中共中央宣传部：《习近平新时代中国特色社会主义思想学习纲要》，学习出版社、人民出版社，2019，第245页。

性、演化性等特性一定程度的吸纳，西方经济学正在突破理性主义所带来的形而上学性。但是从西方的现实经济运行来看，要想彻底地回归现实经济土壤之中，还有一条遥远且曲折的路要走。总之，西方经济学为了获得自然科学那种创新性，努力地模仿自然科学的科学范式来构建自己，在提升自己科学性时，还致力于把自己打造成"经济学帝国主义"。然而西方经济学家们忘记了自己的研究对象是具有情感、意志、目的、价值的非理性世界，不是如牛顿宇宙观所描述的世界往复循环的钟摆世界。他们根据几个虚拟的假设前提，粗暴地把鲜活的人类社会演绎为精准无差、全面均衡的机械世界，这种荒谬的做法，无论其理论如何创新、假设多么合理、模式多么精巧、推理如何严谨，都无法把握现实经济社会的本质规律，而只能在现象层面进行看似科学严谨、实则毫无用处的"创新"工作。

马克思恩格斯没有就创新思维能力进行专门论述，但是从本质上来说，其创新思维能力就是在实践中生成和发展起来的，人类的一切创新思维只能在实践中得以实现，人的实践也只能在创新的思维中现实地向前推进。马克思所发动的实践哲学革命，超越了传统唯物主义与唯心主义的认识论之争，在劳动本体论层面上解决了困扰无数哲学家的"思维与存在"的哲学难题。在感性活动（劳动、实践）中，存在于认识论中的主客体二元对立的悖反性被消除了，留存下来的是基于人类劳动实践活动的关系性存在。诚如前面分析的那样，现实经济活动归根结底是现实个人的对象性活动，就经济哲学意义而言，现实个人的对象性活动就是生产性劳动，它具有本体论地位。认识与把握人类经济活动的本质就是要认识和把握人类的生产性劳动。而人类如何把握这种具有本体性地位的生产性劳动呢？问题的提出就意味着问题的解答，要在人类的劳动实践中去认识和把握生产性劳动，从而把握人类经济活动的规律，进而把握人类经济社会发展的规律。这就理所当然地要求一种完全不同于西方认识论哲学的全新认识论的出场，这种全新的认识论将对人的理性认识能力从个人的经验感觉或者思辨玄想中拉回至鲜活的现实感性世界之中。在马克思的经济哲学那里，这种以劳动本体论为基础的经济认识论，是将认识作为实践（现实个人的对象性活动）的一个环节的总体性实践认识论，或者从更彻底地意义上而言，就是实践论。

习近平总书记强调："以创新的理念和创新的思维，扎扎实实做好各项工作。"① 新时代治国理政所展现出来的创新思维，是马克思主义哲学经济认识论的当代形式。以现实个人的对象性活动的劳动本体论为基础，展开对经济活动和经济学的哲学审视，并在此基础上进行了大量的思维创新活动，将马克思主义经济认识论的全部理论精髓在伟大的新时代中国特色社会主义经济实践中向前现实性地推进了一大步，表现出鲜明的创新思维。主要表现在对新时代经济活动前提的澄清（从"经济人"到全面发展的人的创造性批判）、对新时代经济活动的历史意蕴的揭示（发展方位的创新性勘定）、对新时代现代化道路的识别（发展道路的创新性生成）、对新时代经济发展规律的全新认识（发展理念的创新性确认）、对世界性经济难题的认识与突破（社会主义市场经济体制的创新）、对资本特性和行为规律的深刻认识等。这些认识层面的突破都是在实践之中才得以完成的，新时代中国特色社会主义的经济认识方法将马克思主义认识方法论一般原理与具体的经济实践相结合，是新时代中国特色社会主义得以认识和把握经济规律的关键。

（二）法治思维

做好经济工作需要法治思维吗？世界各国经济发展史给出了绝对肯定性的答案。经济与法治的问题，伴发于资本主义生产关系的出现。资本主义生产关系的萌发，对法治有天然的渴求。对于早期的资产阶级的政治经济学来说，其理论的全部使命就是证明资本主义生产方式的正义性和公平性。这种理论上的论证，大多集中于对自然法的讨论，通过这种讨论，资本主义政治经济学维护了资本主义生产关系的合法性。资本主义市场机制之建立的前提，乃是以"权利本位""等价交换""法人制度""契约主义"等重要的现代法权关系与法治特征来取代封建主义的王权特许和身份束缚，本质上是对资本主义生产方式之合理性、进步性、正义性与优越性进行论证。因此，市场经济诞生之初就伴随着鲜明的法治特征，用一种现代性的法治思维，取代封建生产关系中的"人治"思维，这是人类历史上

---

① 中共中央文献研究室编《习近平关于社会主义经济建设论述摘编》，中央文献出版社，2017，第 268 – 269 页。

具有伟大意义的进步。于是，崇尚法治成为"现代市场经济的一个重要特征"①。法治思维，成为建设现代化市场经济体系必不可少的科学思维。法律所独有的规范、保障、调节、引导、预测等功能，可以"为市场交易行为和整个经济发展提供一种稳定、明确、普遍的准则和模式，提供一种平等、自由、公开、公正的空间和条件"②。

　　纵览中国共产党百余年经济建设史，社会主义市场经济与法治建设相向而行。应当说，正是由于我们重视法治建设，重视法治思维，社会主义市场经济才得以不断发展和完善，进而成为我国基本经济制度。在社会主义市场经济体制建立之前，我国的经济运行主要依靠高度集中的指令式计划经济模式。在这种模式下，市场经济难以发展起来。改革开放后，经济体制改革一直是我国经济建设中的核心命题，它主要解决的是社会主义与市场经济如何结合这一世界性难题。党和人民逐渐意识到二者结合的关键就在于把法律视为最高的"国王"，赋予其"治"之主体性，让法治来规范国家（政府）和整个社会（最重要的是市场）。邓小平也一再强调法制（治）对经济建设的重要性："搞四个现代化一定要有两手……即一手抓建设，一手抓法制……这个专政可以保证我们的社会主义现代化建设顺利进行"③。应当说，改革开放取得了举世瞩目的成就，很大程度上应归功于党和人民日益成熟的法治思维，以及在经济建设中将其现实地转化为社会主义市场经济体制改革中的重要推动力量。这一点，在新时代的经济体制改革中体现得更加明显。

　　新时代以来，以习近平同志为核心的党中央旗帜鲜明地强调要将法治思维运用到国家治理体系的各环节、各领域。尤其是在经济建设方面，习近平更加强调我们所要建设的社会主义市场经济本质上是法治经济，必须提高党领导经济工作法治化水平，"坚持法治思维、增强法治观念，依法调控和治理经济"④。在"四个全面"中，将全面依法治国作为推进新时代中国特色社会主义事业行稳致远的重要保证，将其视为全面深化改革的

---

①　文正邦：《论现代市场经济是法治经济》，《法学研究》1994 年第 1 期。

②　文正邦：《论现代市场经济是法治经济》，《法学研究》1994 年第 1 期。

③　《邓小平文选》第 3 卷，人民出版社，1993，第 154 页。

④　中共中央文献研究室编《习近平关于社会主义经济建设论述摘编》，中央文献出版社，2017，第 322 页。

"盾构机"，在法治的帮助下，很多难啃的"硬骨头"才能解决，很多难攻的"攻坚战"才能获胜。习近平指出："需要强调的是，我们正在坚决反对腐败，坚持'老虎'、'苍蝇'一起打，这本质上有利于维护市场秩序、发展法治经济，从而有利于社会生产力大解放大发展。"① 同时，法治也是贯彻新发展理念的保障性力量，"贯彻落实新发展理念，必须发挥改革的推动作用、法治的保障作用"②，习近平一再强调，要"用法治规范市场行为"③，为企业主体完善"法治化、便利化、国际化的营商环境"④。总之，法治思维是完善社会主义市场经济须臾不能离的科学思维方法。随着我国经济体制改革推向纵深，法治思维必须进一步浸润每个市场主体的思想深处，成为从事经济活动时的最高信仰和理性遵循。

四 底线思维与短板思维

底线思维是科学思维之基、战略思维之本，是防控风险型思维、效益最大化思维、改革型思维，同时也是化解矛盾型思维和道德思维。

从中国传统文化来看，"天人合一"的哲学理念是底线思维的哲学基础。在"天人合一"的哲学境遇中，人道源自天道，人性通于物性，天道自然，运行有度，在生存限度之上，人道之存在具有自然的合理性。人道符合天道，是生存发展之底线，违背天道，天人分立，求死之道矣。在此基础上，崇尚道德、倡导和谐、忧患意识就是传统底线思维内在的文化特征。

底线思维具有坚定的唯物史观立场。首先，唯物史观要求我们要从客观的经济现实出发观察问题、解决问题，按照客观经济现实的本来面目认识问题、把握问题，而不是像西方经济学家那样，用理性建构起来的经济理论来裁剪鲜活的现实。其次，唯物史观要求我们充分发挥人的能动性，

---

① 中共中央文献研究室编《习近平关于社会主义经济建设论述摘编》，中央文献出版社，2017，第11页。
② 中共中央文献研究室编《习近平关于社会主义经济建设论述摘编》，中央文献出版社，2017，第45页。
③ 中共中央文献研究室编《习近平关于社会主义经济建设论述摘编》，中央文献出版社，2017，第70页。
④ 中共中央文献研究室编《习近平关于社会主义经济建设论述摘编》，中央文献出版社，2017，第306页。

在实践中获得关于经济现实的真确性认识，形成科学的经济思维、方法和政策，进而促进现实经济良好运行。同时，底线思维体现了鲜明的唯物辩证法哲学意蕴。首先，唯物辩证法强调要从事物的普遍联系中来全局性地把握底线思维的运用环境，为确立底线提供客观的宏 - 微观视角，避免根据主观臆测随意设置底线的错误做法。其次，底线思维要发挥实际作用，必须正确把握对立统一规律。运用底线思维既要注意从矛盾的同一性中去把握事物本质发生变化的边界和底线，而不是随意地设立不符合现实的、低水平的"底线"，还要注意把矛盾的斗争性止于底线，不能任由矛盾的斗争性冲破底线，把来之不易的事业毁于一旦。最后，掌握质量互变的辩证关系，在底线思维实践中学会重视准备工作，抓住质量转化的关键时机。

　　中国共产党历来重视把底线思维运用到实际工作中去。在艰苦卓绝的斗争中，毛泽东自觉树立起底线思维，客观地分析革命形势特点。在《论反对日本帝国主义的策略》中，他提出"要打倒敌人必须准备作持久战"①，中国革命的四个主要特征是"经过了一次大革命的政治经济不平衡的半殖民地的大国，强大的敌人，弱小的红军，土地革命"②，第二个特征和第三个特征决定了我们的革命将是持久的，必须做好准备，"亡国的危险不容许我们有一分钟的懈怠"③。在抗战即将胜利前召开的七大上，毛泽东继续运用底线思维告诫全党全军同志："我们现在还没有胜利，力量还小，前面还有困难。……我们必须谨慎谦虚，不要骄傲急躁，要戒骄戒躁。"④ 会上，毛泽东详列十七条困难，提出"要把估计放在最困难的基础上，可能性有两种，我们要在最坏的可能性上建立我们的政策……如果我们不准备不设想到这样的困难，那困难一来就不能对付，而有了这种准备就好办事"⑤。新中国成立前夕的七届二中全会上，毛泽东继续运用底线思维，提出"夺取全国胜利，这只是万里长征走完了第一步"⑥ 和"两个务

---

　　① 《毛泽东选集》第 1 卷，人民出版社，1991，第 153 页。
　　② 《毛泽东选集》第 1 卷，人民出版社，1991，第 191 页。
　　③ 《毛泽东选集》第 1 卷，人民出版社，1991，第 153 页。
　　④ 《毛泽东文集》第 3 卷，人民出版社，1996，第 295 页。
　　⑤ 《毛泽东文集》第 3 卷，人民出版社，1996，第 388 页。
　　⑥ 《毛泽东选集》第 4 卷，人民出版社，1991，第 1438 页。

必"的著名论断。在社会主义改造中，面临着帝国主义的威胁，毛泽东再次强调底线思维，他指出："从最坏的可能性着想，总不吃亏。不论任何工作，我们都要从最坏的可能性来想，来部署。"① 在农业社会主义改造中，毛泽东一以贯之地强调要充分预估工作中的困难，并主动地进行充分准备，改善党的领导方法。这些都直接地体现出以毛泽东同志为核心的党的第一代中央领导集体运用底线思维的自觉性和高超性，提供了运用底线思维成功解决革命中的重大问题的典型例证。

邓小平在界定改革开放基本原则时所体现出来的底线思维至今仍值得我们谨记。首先，针对党和人民对于要不要开放的犹豫与迷茫，邓小平旗帜鲜明地大声疾呼："中国一定要坚持改革开放，这是解决中国问题的希望"② "是决定中国命运的一招"③ "不坚持社会主义，不改革开放，不发展经济，不改善人民生活，只能是死路一条"④。改革开放的关键任务是发展生产力，发展生产力是社会主义的底线，因此邓小平一再强调，"贫穷不是社会主义"⑤ "社会主义的任务很多，但根本一条就是发展生产力"⑥。其次，邓小平把坚持四项基本原则视为改革开放的底线，"社会主义道路，人民民主专政即无产阶级专政，党的领导，马列主义、毛泽东思想，对于这四项基本原则，必须坚持，绝不允许任何人加以动摇，并且要用适当的法律形式加以确定"⑦。最后，邓小平强调要充分预估改革开放进程中将会出现的困难和阻碍，告诫同志们要做好充分准备："在实现四个现代化的进程中，必然会出现许多我们不熟悉的、预想不到的新情况和新问题。尤其是生产关系和上层建筑的改革，不会是一帆风顺的，它涉及的面很广，涉及一大批人的切身利益，一定会出现各种各样的复杂情况和问题，一定会遇到重重障碍……这些问题很快就要出现，对此我们必须有足够的思想准备。"⑧ "改革没有万无一失的方案，问题是要搞得比较稳妥一些，选择

① 《毛泽东文集》第 6 卷，人民出版社，1999，第 404 页。
② 《邓小平文选》第 3 卷，人民出版社，1993，第 284 页。
③ 《邓小平文选》第 3 卷，人民出版社，1993，第 368 页。
④ 《邓小平文选》第 3 卷，人民出版社，1993，第 370 页。
⑤ 《邓小平文选》第 3 卷，人民出版社，1993，第 225 页。
⑥ 《邓小平文选》第 3 卷，人民出版社，1993，第 137 页。
⑦ 《邓小平文选》第 2 卷，人民出版社，1994，第 358 页。
⑧ 《邓小平文选》第 2 卷，人民出版社，1994，第 152 页。

的方式和时机要恰当。不犯错误不可能，要争取犯得小一点……我们要把工作的基点放在出现较大的风险上，准备好对策。这样，即使出现了大的风险，天也不会塌下来"①，"我们搞社会主义才几十年，还处在初级阶段。巩固和发展社会主义制度，还需要一个很长的历史阶段，需要我们几代人、十几代人，甚至几十代人坚持不懈地努力奋斗，决不能掉以轻心"②。

　　党的十八大以来，我国改革进入"深水区"和"攻坚期"，新问题、新挑战层出不穷，机遇与挑战并存。在如此纷繁复杂的形势面前，要把我们的伟大事业推向纵深，就必须更加重视底线思维。习近平指出："底线思维能力，就是客观地设定最低目标，立足最低点，争取最大期望值的一种积极的思维能力。"③ 强调"要善于运用'底线思维'的方法，凡事从坏处准备，努力争取最好的结果，这样才能有备无患、遇事不慌，牢牢把握主动权"④。习近平再三告诫"要坚持问题导向、底线思维，防患于未然、防患于萌发之时，制定政策的前提是针对问题、开准药方，充分估计最坏的可能性，同时通过工作确保不出现最坏的情景，坚决守住金融风险、社会民生、生态环境等底线。坚持实事求是、冷静客观是真正的自信，对最坏的情景一旦心中有数，就能迎难而上、化危为机，天塌不下来"⑤。在农业经济工作中，习近平也尤其强调要牢牢守住保障国家粮食安全和不发生规模性返贫两条底线。这表明，提高底线思维能力是客观复杂情势向我们提出的思维层次上的要求。客观情势与世界各国经济社会发展的经验教训，日益显示出防范系统性风险的急迫性。所以在经济工作中，我们必须自觉运用底线思维、增强忧患意识、树立总体安全观，在此基础上迎难而上、增强经济工作积极性、针对性与实效性。

---

① 《邓小平文选》第 3 卷，人民出版社，1993，第 267 页。
② 《邓小平文选》第 3 卷，人民出版社，1993，第 379 – 380 页。
③ 中共中央宣传部：《习近平总书记系列重要讲话读本》，学习出版社、人民出版社，2014，第 180 页。
④ 中共中央宣传部：《习近平总书记系列重要讲话读本》，学习出版社、人民出版社，2014，第 180 – 181 页。
⑤ 中共中央文献研究室编《习近平关于社会主义经济建设论述摘编》，中央文献出版社，2017，第 113 页。

第二节 当代中国马克思主义的经济工作方法

一 坚持实事求是、保持战略定力

坚持实事求是，是我们党和人民进行经济实践时首要的工作方法。实事求是是马克思主义活的灵魂，是马克思主义在中国大地上结出的宝贵精神硕果，是思维原则、是工作方法、领导方法。历史已经证明，只有坚持实事求是，我们的事业才不会左右摇摆、陷入困顿甚至趋于毁败。认识和做好经济工作，更应坚持实事求是的经济工作方法，将其置于工作方法中的根本性位置，用来统摄其他工作方法。

马克思主义哲学认为，认识的真确性只能来源于实践。只有在实践中我们才能获得对事物的真确性认识，脱离实践的认识要么陷入纯粹的思辨玄想，要么陷入狭隘的经验主义。马克思正是立足于实践哲学立场，才草创出作为解剖资本主义社会有机体之根本方法的唯物史观。实践之于认识的重要性可见一斑。长期以来，由于对马克思哲学革命的实践哲学立场理解得不够透彻，再加上苏联哲学教科书的影响，国内哲学界较多地将人的认识逐渐视为一个外在于实践的反映性活动，这样的阐释明显脱离了马克思的原意。马克思的哲学革命的一个重要意义就在于对传统唯心主义、唯物主义仅仅囿于认识论互相争讼攻讦的传统进行彻底革命。马克思主义哲学认为，这种认识论层面的无谓纷争并不是哲学的本真意蕴，哲学的本真意蕴不是解释世界，而是改变世界。人类思维的真理性根本不能在思维中确认，只能在实践中确认。马克思主张把认识论层面的哲学纷争，转移到现实的实践革命中来。这就是马克思哲学革命对于认识论的超越性所在。当然，马克思并未否定认识论对于人类思维研究的重要性，而是主张要根本性地将认识论的讨论置于现实的实践之上，这样，认识论问题才不是空泛的、天马行空的。因此，认识活动不能外在于实践活动，它在本质上是实践活动的一个环节，我们必须将认识视为实践（现实个人的对象性活动）的一个环节。因此，所谓认识论，在本质上乃是一种总体性的实践认识论，或者从更彻底地意义上来讲，就是实践论。而实践认识论的当代体现，显然就是实事求是。

　　坚持实事求是，就是坚持一切从实际出发来研究和解决问题。"全面了解情况，深入研究问题，把准事物的本质和规律，找到破解难题的办法和路径"①，习近平总书记牢牢把握实事求是这一马克思主义活的灵魂，不驰于空想，不骛于虚声，坚持调查研究，既把"实事"弄清楚，又把"求是"搞透彻。党的十八大以来，从贯彻新发展理念到构建新发展格局，从社会主要矛盾变化到进入新发展阶段，从全面建成小康社会到全面建设社会主义现代化国家……这一系列重大论断、重要思想的提出，无不来自对"实事"清醒而全面的认识，对"求是"坚定而执着的追求。实事求是，是习近平新时代中国特色社会主义思想贯穿始终的基本思想方法和工作方法，凸显了这一思想是实践的理论、实干的理论和行动的理论。

　　形势越是"变"，战略越要"定"。新时代是百年未有之大变局与中华民族复兴战略大局交纪震荡的历史转折时代，再加上世纪疫情的影响，新时代不确定性、不稳定性、复杂性都在增加。世界向何处去，人类向何处去成为焦灼人心的时代之问。如何驭变谋新、破局突围、引领时代，是我们党和人民必须解答而且必须答好的时代课题。而回答好这一时代课题，就需要我们保持战略定力。

　　"保持坚定自信和战略定力，朝着正确方向稳步前行"②，保持战略定力首先要求做好自己的事。中国在大变局中走近世界舞台中心，成为全球经济社会稳定发展的重要力量。今日之中国更加自信从容，越发雄姿英发，在危机中育新机，于变局中开新篇。客观的条件变迁和主体的精神自觉提出了要更加系统、更为深层、更高质量、更全方位地推进改革开放的时代要求，此时展开对当代中国马克思主义经济哲学的研究，触摸、感受、领悟其思想的穿透性、引领性、在场性，有助于我们更加坚定地、从容地、自信地驾驭纷繁复杂的局势、决胜第二个百年奋斗目标、实现中华民族伟大复兴之中国梦。

　　今日之中国，通过不懈的艰苦奋斗，成为主导世界百年未有之大变局的重要力量。变局之变，由中国主导；变局不乱，由中国维护。总之，

---

　　①　《习近平谈治国理政》第 3 卷，外文出版社，2020，第 500 页。
　　②　中共中央文献研究室编《习近平关于社会主义经济建设论述摘编》，中央文献出版社，2017，第 13 页。

中国在大变局中走近世界舞台中心，成为全球经济社会稳定发展的重要力量。

二　坚持问题导向、重视调查研究

突出问题导向，是新时代我们党领导人民开展经济建设时运用的重要工作方法。坚持问题导向是对唯物史观和唯物辩证法的自觉遵循与创造性运用。是否承认经济现象中的矛盾是马克思主义政治经济学与西方资产阶级经济学的本质区别。马克思主义政治经济学坚决地承认经济现象中普遍存在着的矛盾，并将经济活动的动力归因于经济现象内在矛盾的运动转化，这是符合现实经济实情的科学方法。唯有如此，才能准确地认识和把握经济运行的客观规律，政治经济学才能保持自身理论的真确性与现实指导性。西方资产阶级经济学出于维护资本主义的阶级目的，否认经济现象中矛盾的客观存在性，这导致他们选择性地绕开了作为本质原因的矛盾的追寻，全然地转向了浮于表面的数量化研究，最终沦为"黑板经济学"，这是西方资产阶级经济学的致命性症候所在。

就经济工作方法而言，坚持问题导向，就是要承认问题背后实质上是事物的矛盾表现，从而正视问题、重视问题、解决问题，在一次又一次的攻坚克难中推进经济社会向前发展。人类认识世界、改造世界的过程，就是一个发现问题、解决问题的过程。习近平总书记强调："每个时代总有属于它自己的问题，只要科学地认识、准确地把握、正确地解决这些问题，就能够把我们的社会不断推向前进。"[①] 在习近平新时代中国特色社会主义思想的科学指导下，我们党推动全面深化改革涉险滩、破坚冰，持之以恒纠"四风"、刮骨疗毒反腐败，啃下贫中之贫"硬骨头"，打赢蓝天碧水净土保卫战，聚焦我国经济实践中面临的重大现实问题和阻碍，把问题作为研究制定政策的起点，把工作的着力点放在最突出的矛盾上，把化解矛盾、破解难题作为打开局面的突破口，充分彰显出强烈的问题意识和鲜明的问题导向。坚持问题导向，深刻展现出习近平新时代中国特色社会主义思想唯物辩证法的鲜亮底色。

---

① 习近平：《之江新语》，浙江人民出版社，2007，第235页。

所谓调查研究，意指对客观现实情况进行调查了解与分析研究，进而搞清楚事情（物）的真相与全貌，弄明白问题的本质与规律，在此基础上，提出解决问题的思路与对策。调查研究方法是马克思、恩格斯进行政治经济学批判的重要方法。马克思在运用科学抽象法进行"资本论"研究时，始终强调科学抽象的基础是现实，必须从现实中去揭示其本质。而要做到这一点，一个必要的前置条件就是要尽可能完整、准确地占有现象材料。在《资本论》第 1 卷第 2 版跋中，马克思对此谈道："研究必须充分地占有材料，分析它的各种发展形式，探寻这些形式的内在联系。"① 占有材料，也就是扩大感性认识。占有材料的程度，在某种意义上说也就决定了认识的深度和广度，这表明马克思的科学抽象法始终强调经验归纳和逻辑演绎的辩证统一。正是在重视收集材料的同时，运用科学的方法和程序对其进行吸收和占有，马克思才为抽象的理性认识奠定了必要的感性认识基础。当然，也只有在这个感性认识的基础上，马克思才能卓有成效地进行科学的抽象。恩格斯早在曼彻斯特时期就深入英国最底层的工人阶级的日常工作生活中去，写出著名的《英国工人阶级状况》。正是由于严谨的实地调查，恩格斯才能先于马克思深入"顽强的经济现实"中，得出了工人阶级的普遍贫困之根源在于资本主义私有制的结论。这一发现给当时尚处于"物质利益困惑"之中的马克思带来了新的思路、新的知识支援。可见，调查研究对经济学研究与实际的经济工作何等重要。

调查研究方法是我们党的"传家宝"和"基本功"，体现着唯物史观关于人民群众是历史创造者的基本原理。重视调查研究方法，就是要深入群众基层中去，从群众中来，到群众中去。做不到这一点，脱离群众谈（想）问题、做决策，必然会犯重大错误，走更多的弯路。所以毛泽东反复叮嘱："没有调查，没有发言权。"② 他撰写的《湖南农民运动考察报告》《寻乌调查》《调查工作》等都表明了他对调查研究方法的高度重视和自觉运用。注重调查研究是坚持实事求是的根本保证，没有深入实际的调查，就无法"求是"，只能"求错"；同样，注重调查研究是我们党推进马克思主义中国化的基本前提，没有实事求是地进行调查研究，就无法将

① 《马克思恩格斯文集》第 5 卷，人民出版社，2009，第 21 页。
② 《毛泽东选集》第 1 卷，人民出版社，1991，第 109 页。

马克思主义基本原理与中国实际有机结合起来，马克思主义基本原理只能成为教条式的本本主义，无法与中国实际发生内在的联系，也不会形成一个又一个推进中国向前发展的科学行动指南。

习近平在论及经济工作方法时，也高度重视调查研究方法。他说道："调查研究就像'十月怀胎'，决策就像'一朝分娩'。调查研究的过程就是科学决策的过程，千万省略不得、马虎不得。"① "十月怀胎"是一个漫长的、细致的过程，必须将调查工作落实落细，是绝不能跳过的必经阶段。尤其是在全面深化改革的进程中，"必须进行全面深入的调查研究""调查研究要经常化"，习近平特别强调，调查必须全面，扩大感性材料的覆盖面；调查还应是全程性、经常性的调查，不能蜻蜓点水、浅尝辄止、查完即止；调查还应是具有深度的调查，不能浮于现象、走马观花、流于形式。"做好工作方案，一是情况要摸清，搞清楚现状是什么，深入调查研究，搞好基础数据测算，善于解剖麻雀，把实际情况摸准摸透，胸中有数，有的放矢。"②

三　坚持抓铁有痕、推动全面协调

习近平指出："要抓铁有痕、踏石留印，发扬钉钉子精神。"③ 中国经济社会的进一步发展需要直面诸多难啃的"硬骨头"，仍旧要打很多攻坚战。啃下"硬骨头"，打赢攻坚战，必须坚持知行合一的原则，也就是习近平始终强调的"实干兴邦""抓铁有痕、踏石留印"。这里既显示出习近平对干事创业的奋斗精神的高扬，也体现出深刻的工作方法内蕴。面对着像"铁""石"一样的困难问题和关隘，不能仅凭一腔孤勇热血，还要"紧抓""实抓""常抓"。总之，习近平强调的抓铁有痕必须要有"真抓的实劲、敢抓的狠劲、善抓的巧劲、常抓的韧劲"，是一个具有总体性、实践性的工作方法论。

---

① 习近平：《干在实处 走在前列——推进浙江新发展的思考与实践》，中共中央党校出版社，2006，第535页。

② 中共中央文献研究室编《习近平关于社会主义经济建设论述摘编》，中央文献出版社，2017，第103页。

③ 中共中央文献研究室编《习近平关于社会主义经济建设论述摘编》，中央文献出版社，2017，第113页。

四　坚持稳中求进、做到六稳六保

早在 2011 年的中央经济工作会议上，"稳中求进"就正式成为我们经济工作的总基调和重要方法。在之后历年的经济工作会议上，"稳中求进"都被反复强调，及至 2016 年，我们党将其上升为治国理政的重要原则，明确其作为经济工作方法的重要地位。在《2022 年国务院政府工作报告》中，又提出"稳中求进，推动高质量发展"的经济工作方法指示。毫无疑问，稳中求进的经济工作方法具有深厚的马克思主义哲学意蕴。马克思在《关于费尔巴哈的提纲》中指出："全部社会生活在本质上是实践的。"①从马克思主义认识论的角度来看，稳中求进体现出实践认识论的本真意蕴，即从实践与认识的辩证运动、螺旋递进的关系中去确证人类认识和把握经济社会发展规律时的真确性。进入新时代后，我国经济建设整体上承续着一直以来的"稳"态，这是由当前生产力与生产关系保持着良好的动态平衡、同步改善之关系所本质决定的，在此基础上，社会主要矛盾呈现出较为平稳的状态。同时，随着生产力与生产关系之间矛盾关系的不断调适，二者相互适应的契合度越来越高，我国经济社会发展也必然会继续取得新的突破。这就是"稳"中蕴含着"进"的趋势，而在"进"中又维系着较强的稳定性。这就是"稳"与"进"的辩证关系，认识并把握这种辩证关系，对我们当前的经济工作是非常重要的。因此，稳中求进在一定程度上必然体现出运动与静止、质量互变的辩证性质。这些都表明，稳中求进的经济工作方法具有深厚的马克思主义哲学底蕴，符合经济社会发展的内在规律，因而是科学的经济工作方法。

五　坚持系统观念、加强统筹协调

进入新时代以来，我们党日益重视经济建设的系统性、整体性，把系统观念和系统方法视为重要的经济工作方法。需要强调的是，绝不能把我们党所强调的系统方法与新兴的系统论科学完全等同。尽管我们在实际工作中进行系统性思考时，与系统论的某些理论存在高度重合的情况，但是

---

① 《马克思恩格斯文集》第 1 卷，人民出版社，2009，第 501 页。

从本质上来说，二者所研究的对象是有区别的。在经济社会领域，系统因为直接性地与人的情感、意志等非理性因素相关，具有更为复杂的运行机理，如果纯粹地用系统论来指导经济社会发展，存在着较大的理论风险。我们认为，我们党目前采用的系统方法的哲学基础只能是马克思主义哲学中的社会有机体理论。

　　社会有机体理论是马克思经济哲学思想中的一条非常明显的线索，也是一个重要的方法论原则。在《哲学的贫困》中，马克思首次明确地提出"社会有机体"概念。他指出，社会是"一切关系在其中同时存在而又互相依存的社会机体"①。这表明，马克思将社会有机体概念视为"总括社会一切关系有机运动的范畴"②。"社会有机体"比"社会经济形态"更加具体而广泛，较之"社会形态"将社会结构宏观地划分为生产力－生产关系－上层建筑的结构，将生产关系作为自身的"骨骼"，"社会有机体"则以"交往"为轴心，"从人与社会、主体与客体关系的角度揭示社会各种关系的自组织过程"，在渗透程度方面，它"深入到人的行为、生活方式、情感方式、文明与文化等方面，这是一个更广泛的社会关系的发散过程"③。在交往范围方面，它比以国家为单位的"社会形态"更加具有"世界性""全球性"。它努力地使世界上各个"社会形态"有机体走开放发展之路，参与到普遍的世界交往之中，打造世界性的"社会有机体"。因此，马克思十分重视生产力的发展，因为"只有随着生产力的这种普遍发展，人们的普遍交往才能建立起来"④，而世界性、全球性的社会有机体的形成，又反过来保护、促进生产力的发展，"只有当交往成为世界交往并且以大工业为基础的时候，只有当一切民族都卷入竞争斗争的时候，保持已创造出来的生产力才有了保障"⑤。在《资本论》（第1卷）的序言中，马克思明确表达了对社会有机体理论的钟爱："现在的社会不是坚实的结晶体，而

---

①　《马克思恩格斯文集》第1卷，人民出版社，2009，第604页。
②　萧前、杨耕：《唯物主义的现代形态：实践唯物主义研究》，中国人民大学出版社，2012，第269页。
③　萧前、杨耕：《唯物主义的现代形态：实践唯物主义研究》，中国人民大学出版社，2012，第269－270页。
④　《马克思恩格斯文集》第1卷，人民出版社，2009，第538页。
⑤　《马克思恩格斯文集》第1卷，人民出版社，2009，第560页。

是一个能够变化并且经常处于变化过程中的有机体。"① 借助于社会有机体理论，马克思得以把唯物史观的宏大原理运用到经济社会的微观运转中去，实现了研究方法上宏观与微观的统一。社会有机体理论为我们透析人类社会发展提供了"显微镜""解剖刀"，让我们能够清晰地看到历史唯物主义宏大原理如何"润物细无声"地与微观领域相互影响并运动。

　　中国特色社会主义进入新时代意味着它已经开始作为一个成熟的且具旺盛生命力的社会有机体展示着自身独有的规律了。就理论有机体的活动场域而言，当代中国马克思主义经济哲学的理论活动场域必然涉及新时代中国特色社会主义发展场域、资本主义发展场域、世界社会主义发展场域，这三个场域绝非各自独立、互不涉及，而是多维叠加、有机勾连的共时性场域。因此，我们认为，当代中国马克思主义经济哲学的研究对象至少包括三个社会有机体：中国特色社会主义社会有机体、资本主义社会有机体、人类命运共同有机体。这表明，社会有机体方法的自觉运用具有现实的必要性。社会有机体方法是唯物史观透析人类文明发展规律的重要方法，我们党对系统观念的重视，意味着对社会有机体方法的自觉应用。党的十八大以后，系统观念成为治国理政的重要方法原则。譬如"五位一体"总体布局就直接体现了一种立足于总体性辩证法的系统方法运用，从"三位一体""四位一体"到"五位一体"，就是系统方法不断深入现实的进程。又如"四个全面"战略布局，其每个"全面"都是具有整体性、协调性的"全面"，它们构成了一个有机战略系统。再如"新发展理念"，它关涉着发展的动力、发展的平衡、发展与自然的关系、发展内外联动、发展的公平正义，这是针对我国经济社会发展面临的系统性现实问题所做出的系统性规定，也是系统方法的经典运用。最后还可以从新发展格局中看出中国特色社会主义社会有机体对系统内外环境的科学把握。党的十九大以来，系统方法被上升为一种原则化的系统观念。在《中共中央关于制定国民经济和社会发展第十四个五年规划和二〇三五年远景目标的建议》中，党中央将系统观念上升为"十四五"时期我国经济社会发展必须遵循的原则之一，要求"加强前瞻性思考、全局性谋划、战略性布局、整体性

---

① 《马克思恩格斯文集》第 5 卷，人民出版社，2009，第 10 – 13 页。

推进，统筹国内国际两个大局，办好发展安全两件大事，坚持全国一盘棋"，并对发展提出了明确要求："实现发展质量、结构、规模、速度、效益、安全相统一"①。此外，习近平总书记还进一步在《关于〈中共中央关于制定国民经济和社会发展第十四个五年规划和二〇三五年远景目标的建议〉的说明》中，将系统观念视为"具有基础性的思想和工作方法"，并重点提示道："我国发展环境面临深刻复杂变化，发展不平衡不充分问题仍然突出，经济社会发展中矛盾错综复杂，必须从系统观念出发加以谋划和解决"②。可见，系统方法已经成为保证中国特色社会主义社会有机体生命力的基础性方法，是中国式现代化新道路开启创制新文明形态的重要方法。

第三节　当代中国马克思主义的经济工作策略

一　处理好"一个改变"和"两个没有变"的关系

党的十九大报告指出："必须认识到，我国社会主要矛盾的变化，没有改变我们对我国社会主义所处历史阶段的判断，我国仍处于并将长期处于社会主义初级阶段的基本国情没有变，我国是世界最大发展中国家的国际地位没有变。"③ "一个改变"和"两个没有变"的提法，是对"新时代"论断的注解，体现了党和国家对底线思维的自觉运用，是对时代变局之下我国经济社会发展情势的辩证把握。可见，不能把新时代冒进地幻想为超历史的时代判定。党中央明确提出"两个没有变"，就是要为新时代论断提供一个历史基准，把握时代之"新"必须从时代之"史"出发。那些无视时代之"史"，妄想超越时代之"史"的想法，只能造成思想上的虚浮与实践上的挫败。

那么，如何处理好"一个改变"和"两个没有变"的关系呢？处理好

---

① 中共中央党史和文献研究院编《十九大以来重要文献选编》（中），中央文献出版社，2021，第791页。

② 中共中央党史和文献研究院编《十九大以来重要文献选编》（中），中央文献出版社，2021，第785页。

③ 《习近平谈治国理政》第3卷，外文出版社，2020，第10页。

二者的关系，是开展新时代经济工作的重要前提。我们认为，处理好二者的关系必须依循唯物辩证法，尤其是历史辩证法。习近平在2017年七·二六重要讲话中强调："认识和把握我国社会发展的阶段性特征，要坚持辩证唯物主义和历史唯物主义的方法论，从历史和现实、理论和实践、国内和国际等的结合上进行思考，从我国社会发展的历史方位上来思考，从党和国家事业发展大局出发进行思考，得出正确结论。"① 我国主要矛盾的变化本质上属于社会主义发展进程中的阶段性特征。我们所要经历的社会主义初级阶段，客观上是一个相当长的历史时期，在这个长程的初级阶段中，其发展趋势不是全然线性的、平滑的上升态势，而是要经历一系列具有质变性质的小的阶段，在这些小的阶段中，通常是和主要矛盾的转变同时发生转变的，主要矛盾的运动与转化，就形成了"阶段性质变"，这就使得在长程阶段中的发展依然会显示出一定的"跃迁性"。党的十三大所提出的社会主义初级阶段理论，实事求是地拟订了中国特色社会主义一段时期的发展路线图，它强力牵引着我国经济社会进入发展的快车道，是中国共产党人对社会主义历史进程的伟大探索。党的十九届五中全会适时提出了"新发展阶段"战略判断，可以肯定的是，它并未否认我国将长期处于社会主义初级阶段这一现实框定，社会主义初级阶段仍是我国科学制定经济社会大政方针的基础性认识与根本性规定。"新发展阶段"乃是如期实现第一个百年奋斗目标之后，从当前国内国际经济社会发展的客观情势出发所提出的重大战略判断。其基础条件是全面建成小康社会，直接目标是全面建成社会主义现代化强国。基础条件与发展目标的跃迁，使得"新发展阶段"也具有了一定的历史转折意蕴。

但是在本质上，这些阶段性的质变所反映出来的仍然是这一长程发展中的量变过程，只有许许多多的阶段性质变积累到一定的程度才能导致整体或整个过程的质变，到那时中国特色社会主义就走出了初级阶段，向更高阶段迈进。但是，目前我国仍处于并将长期处于社会主义初级阶段的基本国情没有变，我国是世界上最大的发展中国家的国际地位没有变，这就决定了我们还要以经济建设为中心，把发展作为执政兴国的第

① 《习近平谈治国理政》第2卷，外文出版社，2017，第61页。

一要务，坚持新发展理念，继续解放思想，解放和发展生产力，激发和增强社会活力。在全面建成小康社会的基础上，还要分两步走，在20世纪中叶建成社会主义现代化强国，以中国式现代化推进中华民族伟大复兴。同时，我们还要为世界上那些既希望加快发展又希望保持自身独立性的国家和民族实现现代化提供全新选择，为解决人类问题贡献中国智慧和中国方案，为构建人类命运共同体、促进人类共同发展做出自己的贡献。

二　统筹推进"五位一体"总体布局，协调推进"四个全面"战略总布局

历史地看来，经济问题从来都不是一个单维式问题，就经济论经济，忽略经济建设与其他人类活动的本质关联，在很大程度上会导致经济实践的挫败。在科学理性主义的影响下，西方经济学一个很大的弊病就在于，要么把人类活动极化为经济活动，要么把经济活动从其他活动中剥离出来，进行孤立的、静止的、断面的分析和研究。

如亚当·斯密参照牛顿力学，把人类社会视为"一架巨大的机器"，人类的经济活动也需要"第一推动力"来启动，就像有一只"看不见的手"在维持经济的运行，就像物理世界清晰的因果律一样，充分自由的竞争亦可以自然而然地使社会经济体系趋于平衡。自由市场经济如同一部机器，在"看不见的手"的自发调节下必定达到自动平衡与稳定。我们可以从其名著《国富论》的诸多章节中发现斯密的这种自然主义信条，在"论商品的自然价格与市场价格"章中，斯密将竞争比喻成时钟中的受重力影响的钟摆摆动，在自由竞争中，受"自然的"或"成本决定的"价格的重心作用影响，价格不断趋于实际。斯密相信，完全自由的市场经济体系可以在自我运转的发动机带动下实现稳定发展，以至"永远照样进行下去，也不是没有希望的事情"。这种永恒的、机械的、无障碍的经济运行理念，对后世的经济学家无疑也产生了重要影响。如李嘉图、萨伊、瓦尔拉斯、马歇尔、阿罗都一定程度上承继了斯密的科学理性主义传统。如李嘉图将资本主义生产方式视为永恒和谐、契合人性的唯一的制度形态，经济运行的轨迹是"无条件的历史趋势"，市场经济的这种历史趋势恰如机械运动

一样，始终保持在既定的轨道之上，任何偏离都是暂时的、偶然的，终会归于均衡。萨伊提出的"供给会自行创造需求"命题，也是对资本主义市场经济的稳定均衡信条的强力论证。作为边际效用学派的创始人之一，杰文斯更是直接宣布要创立"效用与利己心的力学"，模仿物理学中的速度与加速度概念，提出了自己的边际概念，并以此为基础，来论证经济系统天然具有的稳定均衡性。瓦尔拉斯也指出："经济学跟天文学和力学一样，既是经验科学，也是理性科学。"① 杰文斯主张经济学也应该努力把自身建设成类似于机械学和力学那样的科学。新古典经济学代表人物马歇尔也曾提出要重视经济学与力学的相关性研究。总之，西方经济学深受以牛顿经典力学为代表的机械世界观的影响，以至于他们对均衡具有强烈的偏好，试图通过各种各样的理论构建，来论证经济系统的稳定均衡性。"这样，依托完全理性、完全信息、单一的因果关系、对称和可重复性、经济函数连续可微、报酬递减率、最大和最小原则、偏好稳定、数学形式主义，等等假设和分析工具，主流经济学避免或清除了现实经济世界里的不确定性因素，使历史、文化、习俗、制度冲突等所谓'非理性'因素脱离了其视野，得出了一个个充满'确定性'或'规律性'的经济模型，实现了其'科学的'信念。"② 为了实现自身的科学化，经济学陷入了一种狭隘的科学理性主义思维困境。这种科学理性主义所建构的世界并非现实的世界，它只能存在于实验室、数学公式之中的理性世界，它是理性的建构，是思辨的演绎，是经验的归纳，而这些认识方式都不能说自己能够达致真理、碰触现实。西方经济学的机械世界观显然使其无法抵达现实鲜活的经济现实，只能成为一个浮在空中的"黑板经济学"，在这种经济学的指导下提出来的经济政策，也很难想象能取得多好的效果，而西方经济社会的发展现状就是明证。

　　以唯物史观为世界观与方法论的马克思主义政治经济学与西方经济学具有本质性的区别。其中最为关键的是，它将生产力与生产关系加以本质关联，将经济基础与上层建筑加以本质关联，在此基础上，将经济体视为一个社会有机体来加以考察。不仅关注生产领域，还强调生产－流通－分

---

① 〔法〕莱昂·瓦尔拉斯：《纯粹经济学要义》，蔡受百译，商务印书馆，1989，第27页。
② 程恩富、胡乐明主编《经济学方法论》，上海财经大学出版社，2002，第184页。

配领域的整体性考察；不仅将物质资料生产视为整个社会有机体的本体性基础，还尤其重视生产力与生产关系、经济基础与上层建筑之于整个社会系统的综合建构作用。在社会有机体的经济哲学视域中，人类的经济活动本质性地与文化、政治、生态、社会等关联起来，成为一个相互依存、相互作用、相互制约的有机体。经济学和经济活动绝不能将人类活动中的历史、文化、习俗、制度等完全撇开，与其"息交绝游"，这实际上也是不可能做到的。同时，就马克思主义经济哲学本身而言，它天然地就具有一种总体性，这种总体性的经济哲学研究范式由马克思开启。在他那里，唯物史观、政治经济学与科学社会主义是相辅相成、有机融合的"一整块钢铁"，马克思从未就经济而论经济，他的政治经济学批判工作自始至终与其世界观与方法论紧密链接，并清晰地表明，这一切工作的根本目的是实现无产阶级的自由解放。因此，我们在进行经济建设的时候，绝对不能就经济论经济，忽略了与之本质关联着的政治、文化、社会、生态，即新时代中国特色社会主义所建构起的"五位一体"总体布局。只有这样，才能做到对马克思主义经济哲学总体性方法的本真把握和自觉运用。换言之，也只有从这样一种总体性范式出发去安排经济工作，我们才能最大限度地接近经济活动本真的运行环境，在充满不确定性的复杂社会中，最大限度地获得确定性的认识和良好的经济效果。

既然人类经济活动本质性地关联着政治、文化、社会、生态等总体性范畴，那就必然意味着作为推进经济社会发展的具体经济战略，也应该是一个协同并进、统筹推进的系统性、总体性战略体系。如果我们认识到了经济与其他领域的总体性关联，但是在战略上仍然采取单向度的、孤立式的战略方法，也必然不会取得较好的经济效果。"四个全面"战略布局就是这一系统性、总体性战略体系。"四个全面"战略布局构成完整的战略有机系统，即作为战略目标的全面建设社会主义现代化国家，作为战略驱动的全面深化改革，作为战略保障的全面依法治国，作为战略领导的全面从严治党。四者之间也是"同时存在而又相互依存"的。全面建设社会主义现代化国家是整个战略有机系统的根本目标，无论是全面深化改革，还是全面依法治国、全面从严治党，他们都要为全面建设社会主义现代化国家这个总目标服务，提供支持，形成合力。全面依法治国对于其他三者而言，起着基本的法制保障作用。法治是现代化的根本特征，是全面深化改革的"神兵利器"，是全面从严治党的刚性威慑。全面深化改革是全面建设社会主义现代化国家的必由之路，只有破除体制藩篱、进行制度创新，不断调适社会关系，才能最大限度地解放和发展生产力、提升社会机体机能与社会系统整体效能。全面深化改革需要进一步推进法治建设，营造良好的法治氛围，规范和引导人们的活动。全面深化改革是中国共产党正在啃的"硬骨头"，是党必须完成的艰巨任务，考验着党的执政能力和创新能力。因此，全面深化改革需要全面从严治党，加强党的领导，同时将党建设成为学习型、创新型的政党。从以上分析来看，"四个全面"战略布局也是对社会有机体理论及其总体性范式的运用，它们构成完整的战略有机系统，为中国特色社会主义社会有机体提供了系统的战略规划和实践指南。

三　以发展实体经济为根基，以供给侧结构性改革为主线

金融化世界的到来，使人类经济活动普遍地具有"脱实向虚"的内在冲动。信息经济、数字经济、平台经济、元宇宙、区块链等经济业态的萌生，进一步助推了世界的金融化态势。纵览人类文明史，金融一直是人类5000多年社会发展中不可或缺的组成部分，它极大地提升了人类减少生存风险和跨越时间配置资源以促进增长的能力。[1] 近代以来，资本市场的兴起使得投资日趋平民化，因此金融也从少数人的工具开始转变为社会普遍运用的投资工具，整个社会日趋金融化。作为一种提高效率的技术手段，金融在本质上无好坏善恶之分，但是它确实在提升人类生产组织效率的同时，给人类经济活动带来了消极的作用。譬如，2008 年席卷世界的次贷危机的根本原因，就在于美国经济脱实就虚，房地产泡沫和金融杠杆过大，制造业比重过低，产业空心化，结构失衡，贫富差距加大，再就业问题突出。可见，金融带来的直接性问题，就是极易使逐利的资本离开实体经济领域，转向盈利成本更低、盈利空间更大、盈利周期更短的虚拟经济领域。尤其是在资本主义制度之中，金融化更加迎合了本就对物质生产充满

---

[1] 〔美〕威廉·戈兹曼：《千年金融史：金融如何塑造文明，从 5000 年前到 21 世纪》，张亚光、熊金武译，中信出版集团，2017，导论第 11 页。

厌恶感的资本的逐利本性，使它们非常愿意略过烦琐、漫长的物质生产过程，而直接在流通过程中攫取财富，实现增值。正如马克思很早就指出的，资本是没有办法才从事物质生产这种倒霉的事情的，它也不愿意去从事物质生产，它总希望有更快、更轻松的赚钱手段。它们希望不通过生产过程就能赚到钱，对泡沫经济心存侥幸，"每个人都知道暴风雨总有一天会到来，但是每个人都希望暴风雨在自己发了大财并把钱藏好以后，落到邻人的头上。我死后哪怕洪水滔天！"① 这种极端的投机心理，充分暴露出资本主义制度中商业资本追逐利润的贪婪本性。现实地看，美国就是在这种极度的金融化中逐渐使自己产业空心化，证实了资本排斥劳动的本性。

从马克思主义政治经济学的劳动价值论来看，唯有劳动才能创造真正的价值。习近平的相关论述也能印证这一点，习近平经济思想坚持科学劳动价值论立场，提出"通过辛勤劳动创造幸福生活"② "我国经济是靠实体经济起家的，也要靠实体经济走向未来"③ "必须把发展经济的着力点放在实体经济上……加快建设制造强国，加快发展先进制造业"④。可见，习近平将作为主要劳动形式的生产、制造、创新等实体经济视为我国经济社会发展的基石和本体，鲜明地承续着马克思主义政治经济学的劳动价值论立场。在分析实体经济与虚拟经济的地位时，习近平非常清醒地认识到，实体经济发展至关重要，任何时候都不能脱实向虚。在如何处理实体经济与虚拟经济的关系，实现二者一起发展的问题上，习近平也提供了创造性的方案，"要推动互联网、大数据、人工智能和实体经济深度融合，加快制造业、农业、服务业数字化、网络化、智能化"⑤。

历史证明，要化解政府债务危机、经济泡沫的根本办法是进行供给侧结构性改革；靠实体经济发展，拉动税收增长；靠合理的产业结构获取经

① 《马克思恩格斯文集》第5卷，人民出版社，2009，第311页。
② 中共中央文献研究室编《习近平关于全面深化改革论述摘编》，中央文献出版社，2014，第93页。
③ 中共中央文献研究室编《习近平关于社会主义经济建设论述摘编》，中央文献出版社，2017，第116页。
④ 《习近平谈治国理政》第3卷，外文出版社，2020，第24页。
⑤ 《习近平谈治国理政》第3卷，外文出版社，2020，第307页。

济收益，平衡国际收支；靠经济要素供给总量合理，减少赤字，约束透支，让政府债务与 GDP 比重平衡。所以，习近平提出要将供给侧结构性改革作为新时代我国经济社会发展的主线，并将其视为实现"十四五"发展目标和 2035 年远景目标的关键性战略。恰如习近平指出的那样："振兴实体经济是供给侧结构性改革的主要任务，供给侧结构性改革要向振兴实体经济发力、聚力。不论经济发展到什么时候，实体经济都是我国经济发展、我们在国际经济竞争中赢得主动的根基。"[①] 这些重大判断和要求都表明，习近平把经济活动的起点、主体牢牢锚定在生产、制造、创新等劳动性活动上，体现出一个"实"字，就是希望企业实实在在地做产品、实实在在地提供服务，以真实的、具体的、能够满足生产生活需要的产品和服务作为一切经济活动的核心，而不是操纵资本市场、制造泡沫、引发幻想。因此，我们要让金融服务、资本市场、虚拟经济、数字经济等新兴经济业态，都围绕实体经济、服务实体经济、壮大实体经济以及夯实实体经济。目前，中国是世界上唯一拥有全产业链的国家，但同时，我们的产业链在全球产业链中仍处于中低端阶位，这就导致大量的利润和财富都被处于产业链顶端的高科技企业攫取。这种局面极大地制约着我国在新一轮产业革命中的发展空间和长远竞争力。再加上逆全球化浪潮来势汹涌，一些别有用心的国家频频在国际社会上鼓吹全球产业链"去中国化""去本土化"。"时"与"势"的转换，给供给侧结构性改革增添了压力与变数。因此，我们必须保持战略定力，正视新常态，构建新发展格局，推进高质量发展，推进供给侧结构性改革不断向前"闯关"。在保证我国产业链完整性的基础上，积极助推优势、尽快补齐短板，在关系国家安全的重大领域和关键节点构建起自主可控、安全可靠的国内生产供应体系。同时，把创新驱动发展贯彻到供给侧结构性改革中来，围绕产业链部署创新链、围绕创新链布局产业链，不断筑牢实体经济根基，把实体产业牢牢掌握在自己手中。只有经历充满痛苦的结构性改革，中国的产业链才会在世界的新一轮产业革命中取得先发优势，占据主动，为全面建成社会主义现代化强国，实现中华民族伟大复兴中国梦奠定坚实的基础。

---

① 中共中央文献研究室编《习近平关于社会主义经济建设论述摘编》，中央文献出版社，2017，第 116 页。

四　正确处理政府与市场的关系，坚持"五化同步"与"区域协调"

（一）正确处理政府与市场的关系

如何认识和处理政府与市场的关系，是经济方法论的难点问题，也是经济实践中的难题。在理性主义哲学认识方法论的影响下，西方经济学界将现实个人视为"理性经济人"，尤其在斯密那里，"社会即市场，人人皆商人"的观念逐渐发端，并很快成为对商业社会本质内涵的精准表达。这样的"理性经济人"的唯一动机被设定为实现个人利益的最大化。同时，市场信息是完备透明的，理性经济人对市场信息是全知全能的，因此每一个市场主体都可以做出最优化的决策，市场在这个过程中最终会实现均衡，每个人获得自己的那一份利益，社会自动地实现普遍的繁荣幸福。如此，市场这只"看不见的手"被赋予了极为神圣的意义。人们普遍认为政府的干预只会扰乱市场的自发秩序，主张政府的干预越小越好，最好的情况是，政府只充当市场的"守夜人"。尽管凯恩斯主义强调国家对市场干预的重要性，但是 20 世纪 70 年代爆发的"滞胀"危机恢复了人们对国家干预市场的否定态度，新自由主义及其经济学理论——新古典经济学取得了引导经济政策和主导主流经济学的重要地位。但是这并不意味着国家干预的彻底沉寂，它伴随着每一次经济波动不断浮现。因而，在自由主义与干预主义之间来回摆动，成为 20 世纪以来西方资本主义国家经济实践的常态。① 进入 21 世纪以后，金融危机及其带来的系统性经济衰退，加上新冠疫情带来的全球经济停摆，人们越发重视对新自由主义及其经济学理论的反思，其中核心的问题仍然是如何处理市场与政府的关系。

中国特色社会主义以"解放思想，实事求是"为原则，认识到社会主义的本质是解放和发展生产力，结合世情、国情提出我国处于并将长期处于社会主义初级阶段，进而为公有制与市场机制的结合奠定了基础。改革开放以来，中国改革的中心工作就是探索如何协调社会主义基本制度和市场经济体制，这是人类经济发展史上的伟大创举。"所有制从来就不是一

① 〔美〕大卫·M. 科兹：《新自由资本主义的兴衰成败》，刘仁营、刘元琪译，中国人民大学出版社，2020，第 158－159 页。

个先验的范畴，而是一个具体的现实的范畴"①，立足于社会主义初级阶段这个最大的实际，中国特色社会主义首要地进行了基本经济制度安排，如发展以公有制为主体、多种所有制经济共同发展的混合所有制经济，然后引入市场经济体制，进行社会主义市场经济方向的改革，实现经济所有制与市场机制的有机统一，不断解放与发展生产力。改革开放是实现经济奇迹的关键一招，我国经济社会的快速发展归根结底就在于实现了公有制为主体的生产资料所有制与市场机制的有机结合。

进入新时代以来，党和国家基于唯物史观基本原理判定新时代中国特色社会主义面临的基本国情仍然是社会主义初级阶段。因此，改革开放的总路线和总思路仍要持之以恒地加以贯彻。其中，尤为强调要坚持"两个毫不动摇"。党的十八届三中全会明确提出"公有制经济和非公有制经济都是社会主义市场经济的重要组成部分"②；党的十九大报告再次强调，"毫不动摇巩固和发展公有制经济，毫不动摇鼓励、支持、引导非公有制经济发展"③。在此基础上，我们对市场机制调配资源作用的认识由原来的"基础性"上升至现在的"决定性"，这表明，在全面深化改革的实践中，我们对市场作用的认识进一步深化了。充分发挥市场在资源配置中的决定性作用意味着我们在处理政府与市场的关系上已积累了一定的经验，在认识上已经相对成熟。例如一方面，党和国家清醒地认识到"市场配置资源是最有效率的形式。市场决定资源配置是市场经济的一般规律，市场经济本质上就是市场决定资源配置的经济"④；另一方面，我们又审慎地认识到"市场在资源配置中起决定性作用，并不是起全部作用"⑤，并对政府与市场各自的职能进行了科学辩证的区分。市场在资源配置中起决定性作用，并不意味着市场是万能灵药，更不意味着政府对市场可以撒手不管。政府的职责和作用就是要保持宏观经济稳定、优化公共服务、保障公平竞争、

①　刘伟：《新时代中国特色社会主义政治经济学探索》，北京大学出版社，2021，第 96 页。

②　中共中央文献研究室编《十八大以来重要文献选编》（上），中央文献出版社，2014，第 515 页。

③　《习近平谈治国理政》第 3 卷，外文出版社，2020，第 17 页。

④　中共中央文献研究室编《习近平关于社会主义经济建设论述摘编》，中央文献出版社，2017，第 52 页。

⑤　中共中央文献研究室编《十八大以来重要文献选编》（上），中央文献出版社，2014，第 500 页。

加强市场监管、维护市场秩序，推动可持续发展、促进共同富裕。这就要求党和政府努力提升自身驾驭复杂经济形势的能力，在这些方面积极履责。实践证明，在处理市场和政府的关系上，只有讲辩证法、两点论，"看不见的手"和"看得见的手"都用好，才能不断完善社会主义市场经济体制。

（二）坚持"五化"同步与"区域协调"

就经济发展的具体道路而言，同样必须在总体布局和战略布局的基础之上选择适宜的方法。基于此，党的十八大提出，我国经济发展要坚持走中国特色新型工业化、信息化、城镇化、农业现代化道路，推动信息化和工业化深度融合、工业化和城镇化良性互动、城镇化和农业现代化相互协调，促进工业化、信息化、城镇化、农业现代化同步发展。[①]在"四化"同步的发展道路上，以习近平同志为核心的党中央又逐渐认识到生态文明在经济发展道路中的重要作用。2013年5月，中共中央政治局第六次集体学习就生态文明提出许多新观点与新要求，譬如"优化国土空间开发格局""全面促进资源节约""加大自然生态系统和环境保护力度""加强生态文明制度建设"。在2015年中共中央政治局审议通过的《关于加快推进生态文明建设的意见》中，党中央提出"坚持节约资源和保护环境的基本国策，把生态文明建设放在突出的战略位置，融入经济建设、政治建设、文化建设、社会建设各方面和全过程，协同推进新型工业化、信息化、城镇化、农业现代化和绿色化"[②]。"绿色化"正式地与"四化"一起提出来，并且具有基础性和先导性地位。这是关于经济发展具体道路的伟大创新，是习近平"绿水青山就是金山银山""保护环境就是保护生产力"生态哲学思想落实到经济发展道路的生动体现。"五化"同步的经济发展道路，是中国式现代化道路的经济表现形式，具有强大的实践性、超越性、可持续性。

"区域协调发展"不仅要求坚持"五化"同步的经济发展道路，还要求坚持区域之间的"协调发展"，即在空间向度上追求区域生态公平。区域生态公平可以从国际与国内两个维度来讨论。从国际维度来看，以欧美

---

① 中共中央文献研究室编《十八大以来重要文献选编》（上），中央文献出版社，2014，第16页。

② 中共中央文献研究室编《十八大以来重要文献选编》（中），中央文献出版社，2016，第486页。

为主的经济发达国家不仅现代化程度高，而且生态环境也保持得较好。反观众多发展中国家，普遍存在着严重的生态危机。尤其是正处于工业化和城镇化发展阶段的地区，社会经济的滞后与生态环境的恶化呈现出正相关的关系。造成这一现象的原因不难探究，资本主义经济全球化浪潮中，早期进入世界市场的资本主义国家通过资本的原始积累，在世界经济体系中占据了主动位置，制定了世界市场的贸易规则，发展中国家、落后国家被迫卷入经济全球化之中，服从发达国家制定的规则。具体体现为，将发展中国家作为资源与能源供给国、原料生产国与供给国、产品倾销地、污染物倾倒地，并将大量人口密度大、污染排放高的产业向落后国家转移，造成了落后国家越发展越贫穷、越发展生态危机越严重的怪象。在经济全球化的背景下，造成这些现象的本质原因就在于资本对劳动的残酷剥削以及对自然界的野蛮掠夺。

从国内维度来看，我国城镇和农村、东部与西部之间也存在生态不公的现象。改革开放以来，在市场经济的推动下，我国城镇化建设进程不断向前推进。随着城市产业不断升级转型，第三产业比重不断提升，第二产业向城市周边乡村转移。我国广大农村地区成为第二产业的重要集聚地，污染企业数量多、规模小，"从产业结构看，虽然农产品加工业等基于农业资源优势的行业发展较快，但比重较低，而化学原料及化学制品制造业等背离农村技术和农业资源优势的重化工业不仅增速较快，而且在农村工业中占有绝对优势，就业量约占70%"①。农村污染企业的特征决定着其本质是追求利益最大化和成本最小化的经济主体，农村地区无论是地价还是劳动力成本都比城镇低廉，而且在环境管制方面，较之于城镇来说，相对宽松。政府在大多数农村地区的环境监督执法处于"空白"状态。不仅如此，某些地方政府为了追求经济增长，不仅对农村企业造成的污染放任不管，甚至对其违法行为进行隐瞒、包庇，充当保护伞。这些因素造成了农村污染企业的大幅增加，制约着农村的可持续发展，严重损害老百姓的身体健康，造成农村环境污染群体性事件的频发。城镇与农村之间形成了实质性的生态不公，有悖于社会主义改革的价值追求。改革开放以来，我国

---

① 李玉红：《中国农村污染工业发展机制研究》，《农业经济问题》2017 年第 5 期。

东部省份发展迅速，而东部地区资源能源相对有限，因此，西部地区丰富的自然资源被源源不断地输送到东部地区，从某种意义上讲，东部地区的经济"巨人"的"成长"是建立在西部资源"巨人"不断"输血"基础之上的。目前，东部的经济巨人已经长大，需要更多的活动空间，于是将一些高污染、高能耗的企业有时甚至是生产和生活的废弃物转移到西部地区，出现了"东污西迁""东脏西移"非生态化的大转移，西部地区的生态环境压力随之加大，环境污染问题日益突出，经济社会发展相对落后。因此，坚持"协调发展""五化"同步发展，还必须重视"区域协调发展"，这是新时代中国特色社会主义经济建设的重要理论创新和方法创新。

五 坚持"两个增长"与"两个同步"相统一，用好国际国内两个市场两种资源

分配是经济活动的重要环节，关涉经济体系的良好运行及其价值实现，是经济正义的重要体现。同时，分配制度的构建也是各国经济建设中的难点问题，是各国制度价值指向的集中体现。我们可以根据一国的分配制度，对其制度的正义性与文明性做出精准的判定。斯蒂格利茨在分析存在于美国的不平等问题时指出，以边际生产率理论为核心的标准经济学理论不仅无法解释实存于美国社会中严重的收入、财富不平等现象，而且还竭力为这种不平等现象做辩护，因为边际生产率理论所做的辩护工作的核心目的是证明"为什么不平等对于整体经济而言是有益的"。斯蒂格利茨认为，收入、财富等平等是与良好的经济表现相辅相成的，"一个更平等的（包括税前、税后和转移支付的收入分配）、也因此更强健的经济增长是可能实现的"[①]，这显然是真知灼见。

然而，"分好蛋糕"、实现平等和经济增长齐头并进，并非如斯蒂格利茨所设想得那样乐观。他认为改变不平等的现状并非难事，即通过构建更好的公司治理模式，制定和完善反垄断和反歧视法律，创建一个更好的金融监管体系，切实保障工人权利，施行更激进的税收和转移支付政策，以

---

① 〔美〕斯蒂格利茨、周建军、张晔：《不平等与经济增长》，《经济社会体制比较》2017年第1期。

此来"重写治理市场经济的规则"。显然，斯蒂格利茨关于重写治理市场经济规则之手段是值得我们学习借鉴的。但是我们也应注意，在资本主义制度中，这些手段能够实施并发挥作用是值得怀疑的。中国特色社会主义所进行的社会主义市场经济体制建设，在一定程度上是对斯蒂格利茨美好设想的现实践成，这一践成在坚持社会主义本质的基础上才能实现。中国特色社会主义所推进的分配制度创新，本质上是一个不断促进经济增长和实现公平正义的过程。党的十八大报告中明确提出"两个同步"并进一步强调了"两个提高"，即实现居民收入增长和经济发展同步、劳动报酬增长和劳动生产率提高同步，提高居民收入在国民收入分配中的比重，提高劳动报酬在初次分配中的比重。这都是在中国特色社会主义经济实践中探索出来的重要方法，不仅体现出党和政府关于推进分配制度动态发展的实践智慧，也体现出顶层设计的制度规定性与政策层面可操作性的统一，在价值层面深刻契合着社会主义的本质要求，即以共享发展、实现共同富裕为现实追求。这一分配方法生成于中国特色社会主义道路的探索中。

　　纵观中国特色社会主义分配制度演变史，便可以清晰地发现，如何协调平等和发展的关系，一直是中国特色社会主义经济实践中的核心事项，与其息息相关的，就是党和政府对分配制度及其方法的不懈探索。

　　在党的十三大上，中国特色社会主义分配制度"横空出世"。此次会议创新性地提出，要在以按劳分配为主体的前提下实行多种分配方式。这是对早前计划经济时代分配制度的"创造性破坏"——不再追求绝对形式的平等，而是务实地走向实质性平等——党和政府开始实事求是地思考：如何既实现平等，又能有效推进经济增长。以按劳分配为主、多种分配方式并存的分配方法，是我们提出的解决办法。这一办法无疑是具有历史性意义的创举，在坚持社会主义本质的基础上，兼顾社会主义生产关系与社会主义市场经济，平等与发展从此可期。党的十四大进一步将实现平等与发展的问题表述为对"效率与公平"这一对范畴的考量，明确提出要在以按劳分配为主体，其他分配方式为补充的基础上，兼顾效率与公平。运用以市场为主的各种调节手段，既鼓励先进，合理拉开收入差距，又防止两极分化，逐步实现共同富裕。随着改革开放的不断深入，中国特色社会主义经济建设实践也在赋予"以按劳分配为主体的多种分配方式并存"以新的实践成果和新的理论内涵。这里的既合理拉开收入差距，又防止两极分化，体现出党和政府的治理胆略和视野。党的十五大强调要坚持和完善以按劳分配为主体的多种分配方式，允许一部分地区和一部分人先富起来，带动和帮助后富，逐步走向共同富裕。党的十六大确立劳动、资本、技术和管理等生产要素按贡献参与分配的原则，丰富和发展了分配制度，赋予分配制度崭新的内容，比如坚持效率优先、兼顾公平，初次分配注重效率，再分配注重公平，规范分配秩序、合理调节过高收入，扩大中等收入比重、提高低收入者收入水平等。党的十七大对"初次分配注重效率，再分配注重公平"做出重大调整，强调初次分配和再分配都要处理好效率和公平的关系，再分配更加注重公平。这既体现了党对社会主义初级阶段分配制度认识的不断深化，又体现了社会主义的本质要求，是对社会主义分配制度的创新和发展。及至党的十八大，党和政府将"两个同步"与"两个提高"作为进一步增强分配制度正义性的方法。毫无疑问，"两个同步"与"两个提高"是辩证统一的整体，必须并重，协同推进，绝不能将二者割裂开来。具体来说，"两个同步"是实现"两个提高"的重要途径，"两个提高"是"两个同步"的现实目标。只有保持"同步"，才有"提高"的可能。而实现"提高"，可以进一步增强"同步"的协同性，使"同步"更加具有实质性内容，成为常态化的基本发展性状。在此基础上，党的十九大进一步提出了可以促进平等与发展协同前行的方法、路径，即要完善按要素（产权）分配的体制机制，促进收入分配更合理、更有序；提倡勤劳守法致富，扩大中等收入人群，增加低收入者收入，调节过高收入，取缔非法收入，把收入分配纳入法治轨道；通过拓宽财产性收入渠道增加居民收入。十九届四中全会把"坚持以按劳分配为主体，多种分配方式并存"上升为基本经济制度，这意味着中国特色社会主义进入新时代后，分配制度渐趋完善与定型。

从初次分配来看，坚持按劳分配和按要素贡献分配相结合。当生产力还无法保证按需分配时，按劳分配成为社会主义初级阶段的必然选择和主要分配原则，是对社会主义原则的根本遵循。以按劳分配为主体，就是要保证多劳多得，保护劳动所得，不断增加劳动者特别是一线劳动者（中小企业）劳动报酬，提高劳动报酬在初次分配中的比重。这是社会主义分配制度的基本原则和底层逻辑，是依靠劳动、尊重劳动、鼓励劳动的应有之义和具体体现，是人民至上价值原则、以人民为中心的发展思想的生动彰显；同时，按要素贡献分配体现出社会主义市场经济体制的内在要求。社会主义市场经济体制是推进生产力发展的关键，这就需要建立健全劳动、资本、土地、知识、技术、管理、数据等要素按贡献分配制度，以激发主体推进生产力发展的自觉性与积极性。这是创新驱动发展战略在分配制度层面的呼应性调整，是作为经济社会发展核心动力的新技术革命对分配制度的时代性提示；尤其是突出数据对生产力发展的巨大推动作用，体现出分配制度的创新性与时代性。①

　　所谓再分配，是指国家采取税收、社会保障、转移支付等主要手段来调节城乡之间、区域之间、不同群体之间的分配关系。市场经济体制的分配功能往往以效率和贡献为主要标准，再加上按劳分配对人的天赋、能力等方面存在差异的认可，这些因素的存在必然会造成不同群体、不同区域在分配上的不平等，这是市场经济自发运行不可避免的缺陷。新古典经济学企图通过完全竞争市场这一自发的分配机制达至均衡价格、实现帕累托最优，以促进他们所理解的经济正义。这种自由主义经济正义观显然是一套理想型理论，无法落到实处，在自由主义社会中，这种理想型的正义观，被市场带来的巨大贫富差距证否。但是，我们也应重视这种正义观中积极的一面，它对程序性正义的崇尚有利于形成公平竞争的市场环境，而公平竞争原则无疑是保证市场经济活力的关键。针对市场经济在结果正义上的力所不逮，国家、政府必须积极发挥"看得见的手"的调节作用，以社会公平正义为原则，缩小收入差距，限高提低，扩大中等收入群体，形成"橄榄形"社会结构，避免出现诸如"富者累巨万，而贫者食糟糠""公地悲剧"等不平等现象。这是社会主义优越性的重要体现，也是共享发展的现实要求。

　　从第三次分配来看，厉以宁教授早在1994年出版的《股份制与现代市场经济》一书中就提出了"三次分配"的理论雏形，并将个人出于自愿，在习惯与道德的影响下把可支配收入的一部分或大部分捐赠出的行为

---

① 程恩富、王朝科：《我国基本经济制度的新概括》，《前线》2020年第5期。

或政策称为"第三次分配"。2019 年，党的十九届四中全会正式提出要重视发挥第三次分配的作用，发展慈善等社会公益事业。2020 年，党的十九届五中全会再次提出要发挥第三次分配作用，发展慈善事业，改善收入和财富分配格局。2021 年，中央财经委员会会议提出要在高质量发展中正确处理效率和公平的关系，构建初次分配、再分配、第三次分配协调配套的基础性制度安排，加大税收、社保、转移支付等调节力度并提高精准性，扩大中等收入群体比重，增加低收入群体收入，合理调节高收入，取缔非法收入，形成中间大、两头小的橄榄形分配结构，促进社会公平正义，促进人的全面发展，使全体人民朝着共同富裕目标扎实迈进。也就是说，要通过发展慈善等社会公益事业，发挥第三次分配在社会救助、扶弱济困等方面的重要作用，从而实现发展成果由全体人民共享。如果说初次分配主要是依靠市场配置资源、创造财富、分配财富，再分配是利用国家、政府的强制性力量促进平等的话，那么第三次分配所依据的是社会及个人良好的道德自觉和精神力量。第三次分配的提出，具有扎实的政策基础。一是社会财富的大量积聚，使企业和个人积累了一定程度的财富，具备回报社会的客观物质条件；二是社会精神文明的日益充盈，人们的财富观向人之本质——社会复归，社会道德力量强劲、社会良好风尚高扬、个人精神境界不断提升。一方面，企业、个人具有足够的道德认知，乐善好施。另一方面，企业家、个人已认识到自身财富与社会财富增长的同一性、协同性，认识到平等与经济增长（发展）的有机统一性。应当说，"第三次分配"所采用的方法论原则，依然延续着"两个同步"与"两个提高"的政策惯性。

通过持续不断的理论、政策创新，新时代中国特色社会主义建立起初次分配、再分配、第三次分配的立体化、全过程、全方位的分配制度体系。其间，"两个同步"与"两个提高"有机统一的分配方法始终贯穿其中，围绕如何实现公平正义与经济发展相平衡来推进分配制度的完善。这种方法为实现共享发展、促进共同富裕提供了精准的方法保障。

近些年来，中美贸易摩擦不断，以美国为首的西方国家毫无理由地违背国际贸易条例，无端地对我国进行包括贸易保护、高新技术及相应核心零部件出口限制等各种形式的非法制裁，较大程度上影响了我国经济的对外发展。在如此严峻的形势下，以习近平同志为核心的党中央提出要利用好两个市场与两种资源，"要善于统筹国内国际两个大局，利用好国际国内两个市场、两种资源"①。2020 年 9 月，习近平在中央全面深化改革委员会第十五次会议上提出，要"加快形成以国内大循环为主体、国内国际双循环相互促进的新发展格局"②。"双循环"新发展格局的正式提出，对用好国际国内两个市场、两种资源提出了更高的要求。应当说，新发展格局是今后我国经济建设在很长一段时间里必须面对且需主动构建的发展格局。这是由国际国内经济客观发展情势所决定的，是我们党经过充分调查和战略分析提出来的最为妥善的经济决策。

从国际经济形势来看，逆全球化浪潮不断抬头，单边主义、民族主义日益显现，主要发达国家在高附加值的科技领域的角逐逐渐白热化，西方国家加紧技术封锁和压制的趋势更加明显。加之世纪疫情的肆虐，西方国家普遍抗疫不力，使得本就复苏乏力的全球经济再次遭受沉重打击。从国内形势来看，一方面，我国供给侧结构性改革正在紧锣密鼓地推进，产业结构正在发生系统性变革，创新驱动发展战略稳步实施，重大科技突破正在不断涌现，各类新兴市场、经济业态层出不穷，人民对美好生活的向往日趋强烈，对高质量产品供给更加期待；另一方面，发展不平衡不充分问题仍是我国社会主要矛盾的主要方面，尤其是区域发展的不平衡，导致国内市场得不到及时的开发和激活。综合国际和国内形势来看，构建新发展格局势在必行。对新发展格局的理解应该准确、全面，有部分人认为，新发展格局实际上是新的"闭关锁国"，完全放弃国外市场。这实际上是荒谬的看法。整体地来看，任何一个想要谋求自身发展的国家，都不可能脱离经济全球化。经济全球化仍是大势所趋，全球经济早已形成了你中有我、我中有你的深度融合局面。那些妄想逆势而动的人，终究会跌得粉身碎骨。

利用好两个市场、两种资源是我们构建新发展格局的关键所在，是推进社会主义现代化经济建设的重要方法。从需求角度看，要积极推进国际和国内市场的协同互补式扩张。一般而言，增长与需求的总体平衡是经济健康发展的理想状态。而在我国增长态势仍较为强劲但是总体需求不足的

---

① 习近平：《不断开拓当代中国马克思主义政治经济学新境界》，《求是》2020 年第 16 期。
② 《习近平谈治国理政》第 4 卷，外文出版社，2022，第 225 页。

情况下，必须努力实现国内市场和国际市场协同互补式扩张。把两个市场置于一种动态互补的关系之中，当国际市场变小时，就要适时刺激国内市场，反之亦然。从供给的角度看，利用好国内和国际两种资源，是推进我国经济发展的重要方法。就国际资源而言，40 余年来，外资企业和港澳台企业的入驻，给中国带来了大量资金、技术与管理经验等必不可少的资源要素，极大地促进了我国经济腾飞。就国内资源而言，劳动力资源在助推我国经济腾飞中起到了至关重要的作用，一系列劳动密集型产业与产业链得以建立起来，为新时代产业链升级奠定了基础。当前，我国供给侧结构性改革正在快速推进中，对国际国内资源的选择和利用方式正在发生变化，譬如，随着创新驱动发展战略的推进，我们对高科技技术资源的需求与日俱增，对原材料、能源等物质资料的需求相对减小，国内需求在质和量上都有所提升。因此，综合来看，在市场方面，我们要强化国内市场的主导地位，充分发挥我国超大人口规模、国土空间等优势，想方设法地扩大内需，提升人民生活质量，不断满足人民对美好生活的向往。同时，还要坚持底线思维，积极拓展国外新兴市场，继续推进"一带一路"建设，寻求更多的贸易伙伴；在资源方面，要在积极争取国际高科技领域良好合作的基础上，努力提升自身的科研实力，尤其是高端科技资源的供给能力，减少对国外高科技资源的依赖，破除"卡脖子"的困境，提高国内资源的自主权。

六　统筹发展和安全，强化国家经济安全保障

坚持发展与安全并重，实现高质量发展与高水平安全动态平衡，是习近平经济思想的重大创新，这为破解发展与安全的世界治理难题贡献了中国智慧。在人类经济社会发展史中，发展与安全往往很难兼顾。事实是，危机与繁荣从来都是相伴相生的，一个国家如果缺乏忧患意识和战略眼光，沉迷于一时的繁荣，而忽略或者无视实存着的危机，往往会葬送来之不易的发展成果。同理，如果一个经济体为了保证绝对的经济安全，而采取纯粹的封闭防御政策，也会错失发展机遇。历史证明，经济发展与安全稳定绝不能采取简单的二元思维，而应辩证地加以处理。

百年未有之大变局使得危与机的生成转换速率大大加快，也使得全球

经济治理体系不得不面对更为严峻的挑战。一方面，世界经济体系联系日益紧密，尽管全球化逆流洪波涌起，但是市场经济规律作用之下的全球化仍是主流趋势，逆势而动的经济体必将在零和博弈的传统思维中走向衰落。另一方面，传统的世界经济治理体系显然已经无法满足新的经济秩序之要求了。由美国主导的旧有经济秩序，其霸权性、剥削性、非道义性日益凸显，国际社会普遍呼吁更加民主、公平、互惠、共赢的经济治理秩序。在这样的背景下，中国经济的快速崛起，与社会的长期和谐稳定，使得国际社会逐渐看到中国经济治理中的东方智慧和大国担当。在国际经济事务中，中国主张的经济发展理念亦越发清晰地阐明了中国统筹经济发展与安全的核心原则与世界意义。

第五章 经济价值论：当代中国马克思主义经济哲学价值论指向

对经济学价值立场和价值诉求的分析，属于经济学的价值论课题。对资产阶级经济学理论性质和政治立场的哲学批判，对无产阶级经济学理论性质和政治立场的哲学阐明和论证，是典型的经济哲学课题。新时代中国特色社会主义经济实践具有鲜明的"以人民为中心"的根本价值立场，现实价值立场是坚持人民主体地位、实现美好生活愿景和促进共同富裕，因而当代中国马克思主义经济哲学的价值属性是人民经济学。同时，新时代中国特色社会主义经济实践还自觉担负起赓续伟大建党精神、实现中华民族伟大复兴的历史责任，积极参与全球经济治理、重塑世界经济良好秩序的时代担当，因此具有推动世界经济发展、构建人类命运共同体的重要世界历史意义。

第一节 当代中国马克思主义政治经济学的
价值属性：人民经济学

一 实证经济学与规范经济学之争的哲学裁定：经济学价值立场的固然性

在西方主流经济学那里，一心要将自己科学化、数学化的行为背后实际上隐藏着资产阶级立场。廖士祥认为，无论是古典经济学、还是新古典经济学，它们作为资产阶级庸俗经济学，都具有内在的资产阶级立场，这种立场决定了他们在方法上的非科学性：第一，不是研究资本主义社会的内在生理学，不是研究经济范畴之间的内部联系，而是以描述资本主义社会的竞争现象和摹写资产阶级的日常观念为满足；第二，不是研究人与人之间的生产关系，而是专门研究物的关系，用物的关系掩盖人与人之间的关系，用对物的关系的研究取代对人与人之间的生产关系的研究，其学说充满着拜物教气息；第三，不是研究资本主义经济形态所特有的经济范畴和经济问题，而是以研究生产一般、分配一般、交换一般和消费一般相标榜，取代或回避对资本主义经济的特有矛盾的研究；第四，不是对经济范畴进行质的分析，而是偏重于量的分析，企图用量的分析取代或偷换质的分析；第五，摒弃资产阶级古典派经济学揭示资本主义社会阶级对立的经济基础的传统，力图炮制和宣扬阶级利益调和一致的经济学说。[①] 西方经济学的基本价值取向和政策主张：崇尚私有制而反对公有制，崇尚自由市场而反对政府调节，崇尚资本主权而反对劳动主权。[②]

在经济学方法论中，西方现代主流经济学通过将"规范"与"实证"方法割裂甚至对立起来的做法，祛除经济学中的价值判断成分，试图将经济学彻底实证化。他们普遍认为，实证方法是确保经济学真确性的唯一方法。他们将把经济学打造为近似于物理学那样的实证科学当成经济学研究的重要理论任务。因此，实证经济学家大多采用"实证－规范"二分法，将价值层面的因素一律排除在实证经济学之外。边际革命后，瓦尔拉斯和帕累托等经济学家将"实证经济学"与"规范经济学"的区分直接转换为"纯粹经济学"与"应用经济学"的区分，这就彻底地将"规范经济学"和"政治经济学的艺术"排除在主流经济学之外，而将经济学打造为完完全全的实证科学。莱昂内尔·罗宾斯更是将经济学定义为"目的－手段"经济学，使规范经济学在作为科学的经济学之中彻底丧失立锥之地，进而彻底地推进了经济学价值无涉的观念。实际上，西方经济学在科学化、数学化过程中所出现的价值"厌恶"，根本原因在于资产阶级利益及其价值立场的绝对在场。在西方经济学追求均衡中的极值幻想时，现实中呈现出

---

① 廖士祥主编《经济学方法论》，上海社会科学院出版社，1991，第 65－66 页。
② 张宇：《中国特色社会主义政治经济学》，中国人民大学出版社，2016，第 50－51 页。

来的不是完美的均衡，而是彻底的贫富分化、阶级对立、社会撕裂。一味追求科学化的经济学，本质上仍然是资本主义的当代"辩护士"。

二　马克思主义政治经济学：以唯物史观为基础的价值立场与科学性的统一

马克思主义经济哲学思想一个最为标志性的特征，就是始终秉持无产阶级立场。同时，在马克思旗帜鲜明的价值立场背后，还有着严谨、科学的事实判断。事实判断与价值判断的统一是马克思主义经济哲学思想的重要特征。马克思主义哲学的无产阶级解放和人类解放的根本立场为经济价值论和经济学价值论奠定了坚实的理论基础和取向。马克思主义政治经济学是无产阶级的财富论，即人民财富论。马克思主义政治经济学的根本立场之确立，源于其对国民经济学的理论前提进行本体论查审。哲学必须发挥"猫头鹰"的功能，澄清经济学的理论前提，将经济学发展框定在符合现实经济运动规律的轨道中。遗憾的是，对经济学的本体论讨论，在很多经济学家眼中是根本没有意义的。他们像德国的国民经济学家一样，将私有财产及其制度视为自然的、永恒的事实。马克思要站在无产阶级（劳动者）的立场上，去建构无产阶级的政治经济学，就必须对经济学的理论前提进行本体论反思。经济学是经济活动的理论表达，当马克思将现实经济活动的本体还原为现实个人的对象性活动时，也就意味着马克思所要构建的无产阶级的政治经济学必须站在现实个人的对象性活动立场，即无产阶级的立场上进行理论构建。资产阶级政治经济学与无产阶级政治经济学在理论前提和出发点上是根本对立和界限分明的，无产阶级政治经济学具有全新的理论前提，是为无产阶级谋幸福的经济学，它的经济学本体论就是劳动本体论，而不是以资本动力学为基础的资本本体论。以劳动本体论为理论与实践的逻辑前提，必然导向以下几种结果："第一，逻辑前提的展开论证和确立了一种哲学世界观即劳动价值观，这一世界观是马克思思想整体的哲学基础。第二，从劳动人性论的逻辑前提出发，可顺理成章地过渡到政治经济意义的劳动价值论和剩余价值论，进而，商品是用于交换的劳动产品和资本是劳动的物化两个命题也有了自己的逻辑根据。试想，如果没有劳动人性论的逻辑前提，上述马克思政治经济学中四个理论基础性观点的逻辑根据在哪里呢？第三，基于劳动人性论这一逻辑前提而来的马克思政治经济学必然导致政治法律哲学意义上的劳动者主权论，否则，马克思在《资本论》等一系列文献中表达出来的'剥夺剥夺者'等造反有理的思想，哲学根据何在呢？"① 资产阶级经济学把资本主义制度（产权）视为天然的、普遍的、永恒的、神圣不可侵犯的事实性存在，从不追问它们的来历，这一情势自英国古典经济学劳动价值论破产后更加凸显。后世的资产阶级经济学完全放弃了对自身理论前提的反思，径直地扑向科学的怀抱，彻底地将自己自然科学化，将研究视域仅仅放在交换流通领域，以期实现资本利益的均衡化、最大化。无怪乎巴师夏也认为"政治经济学就是交换理论"②。脱离了劳动价值论的资产阶级经济学将研究视域局限在交换或货币和商品的流通领域，在他们的理论框架中，工人的劳动只被视为具有交换价值和任何其他商品没有差别的商品，个人之间的经济、社会和政治差别也消失了，一种人与人之间抽象的平等就出现了，然而这种抽象的平等背后是地地道道的不平等、非正义。资产阶级经济学脱离了劳动价值论，就只能走向庸俗、迷失方向，不仅主观上不愿意，而且客观上更不可能去反思自身的理论前提。

　　马克思恩格斯很早就注意到资本主义制度与劳动者的对立，对旧劳动价值论提出了批判。在《国民经济学批判大纲》中，恩格斯指出："经济学没有想去过问私有制的合理性的问题。因此，新的经济学只前进了半步；它不得不背弃和否认它自己的前提，不得不求助于诡辩和伪善，以便掩盖它所陷入的矛盾，以便得出那些不是由它自己的前提而是由这个世纪的人道精神得出的结论。"③ "新的经济学"指的是由亚当·斯密开启的自由贸易学说，它宣称自由的商业活动是"各民族、各个人之间的友谊和团结的纽带"④，是人类幸福的泉源。但是无产阶级陷入全面贫困的现实揭示了它在理论与现实之间所存在着的巨大矛盾，因此它不得不借助于"说辩和伪善"来掩盖这种矛盾，把自由贸易学说包装成消除贫困的"万能药

① 宫敬才：《重建马克思经济哲学传统》，人民出版社，2018，第101页。
② 〔美〕E.K.亨特：《经济思想史——一种批判性的视角》，颜鹏飞等译，上海财经大学出版社，2007，第173页。
③ 《马克思恩格斯文集》第1卷，人民出版社，2009，第57页。
④ 《马克思恩格斯文集》第1卷，人民出版社，2009，第58页。

方"。恩格斯认为"新的经济学"之所以陷入理论和现实的巨大矛盾之中，就在于"没有想到提出私有制的合理性的问题"。也正基于此，一代代经济学家们才越来越走向诡辩和伪善的极致，其学说越是系统和完整，其结论就越荒谬，"经济学家离我们的时代越近，离诚实就越远。时代每前进一步，为把经济学保持在时代的水平上，诡辩术就必然提高一步。因此，比如说，李嘉图的罪过比亚当·斯密大，而麦克库洛赫和穆勒的罪过又比李嘉图大"①。恩格斯将包括斯密与李嘉图的劳动价值论在内的整个"国民经济学"指认为"从商人的彼此妒忌和贪婪中产生的"科学，"在额角上带有最令人厌恶的自私自利的烙印"②。恩格斯在《国民经济学批判大纲》中主张将成本与效用二者结合起来以此决定商品的"比较价值"，劳动只是其中的因素之一。现在看来，尽管这种解释现在看来非常稚嫩，但是无不显示出青年恩格斯对旧劳动价值论的质疑与不满。

　　另外，《国民经济学批判大纲》时期恩格斯已经发现资本主义私有制是无产阶级遭受苦难的根本原因，正是"这些前提创造并发展了工厂制度和现代的奴隶制度，这种奴隶制度就它的无人性和残酷性来说不亚于古代的奴隶制度"③。国民经济学家从不过问"私有制的合理性"，因此，恩格斯意识到仅仅认识到私有制是根本性致因这一点是远远不够的，必须进一步研究私有制的本质来历，即资本主义制度前史。必须找到人类社会的真正前提，并以此重构国民经济学体系理论前提，创建无产阶级的政治经济学体系。实际上，在《国民经济学批判大纲》中恩格斯已经涉足了这一工作，他从政治经济学家对商品的生产费用的组成要素的界定中推断出"资本和劳动是同一个东西，因为经济学家自己就承认资本是'积蓄的劳动'。这样，我们这里剩下的就只有两个方面，自然的、客观的方面即土地和人的、主观的方面即劳动。劳动……还包括经济学家没有想到的第三要素，我指的是简单劳动这一肉体要素以外的发明和思想这一精神要素……这样，我们就有了两个生产要素——自然和人，而后者还包括他的肉体活动

---

① 《马克思恩格斯文集》第 1 卷，人民出版社，2009，第 59 页。
② 《马克思恩格斯文集》第 1 卷，人民出版社，2009，第 56 页。
③ 《马克思恩格斯文集》第 1 卷，人民出版社，2009，第 58 页。

和精神活动"①。在《神圣家族》中，马克思恩格斯对当时的价值理论提出进一步的反对意见："最初，价值看起来确定得很合理：它是由物品的生产费用和物品的社会效用来确定的。后来却发现，价值是一个纯粹偶然的规定，这个规定根本不需要同生产费用和社会效用有任何关系。工资的数额起初是通过自由的工人和自由的资本家之间的自由协商来确定的。后来却发现，工人是被迫让资本家去确定工资，而资本家则是被迫把工资压到尽可能低的水平。强制代替了立约双方的自由。商业和其他一切国民经济关系方面的情况也都是这样。"② 这里可以发现，马克思恩格斯对劳动价值论的理解又更进了一步，他们反对根据消费者与生产者个人方面的因素（效用和成本，包括劳动成本）来决定价值，而是主张用人与人之间的社会关系来解释交换价值和价格的形成。尽管他们还不成熟地将人与人之间的社会关系表述为"一个纯粹偶然的规定"，但是很容易就能看出他们正接近科学的劳动价值论，即以社会关系为本质的劳动价值论。

在《哲学的贫困》中，马克思严厉地批评了蒲鲁东的"构成价值论"："蒲鲁东先生在政治经济中的全部发现——'构成价值'是什么呢？只要承认某种产品的效用，劳动就是它的价值的源泉。劳动的尺度是时间。产品的相对价值由生产这种产品所需的劳动时间来确定。价格是产品的相对价值的货币表现。最后，产品的构成价值不过是体现在产品中的劳动时间所构成的价值。象亚当·斯密发现分工一样，蒲鲁东先生也自以为发现了'构成价值'。"③ 蒲鲁东的"构成价值论"具有相当大的迷惑性，至少从字面意义上来看，与马克思后来建立起来的科学劳动价值论并无多大区别。但是，"二者之间具有本质的区别。蒲鲁东的这种劳动价值论只是基于对个人行为分析的理论：它认为个人既然花费了一定的劳动就应当取得等量的劳动的回报，只有这样的社会才是公平合理的社会。因此，在这里作为商品交换价值来源与尺度的'劳动时间'是个人的劳动时间，个人的劳动时间之所以成为'价值尺度'是因为这是合乎人性的先天的理性要

① 《马克思恩格斯文集》第 1 卷，人民出版社，2009，第 67 页。
② 《马克思恩格斯文集》第 1 卷，人民出版社，2009，第 256 - 257 页。
③ 《马克思恩格斯全集》第 4 卷，人民出版社，1958，第 88 页。

求，应当根据这个先天理性要求来建立平等的合理的社会"①。显而易见的是，蒲鲁东完全脱离了社会关系这一客观现实，站在个人本位的立场，构建出基于个人主义理性的"劳动价值论"，这种"劳动价值论"因而只能成为空想社会主义的经济学基础。

无论是李嘉图的"成本论"的劳动价值论，还是蒲鲁东基于个人主义理性的"劳动价值论"，对劳动的理解都还局限于个人主义。马克思、恩格斯所创制的唯物史观的重大贡献在于对劳动的重新确认，为科学的劳动价值论奠定了唯物史观劳动本体论基础。在《德意志意识形态》中，实践哲学立场具象化为唯物史观。唯物史观明确了历史的真正前提乃是现实个人的对象性活动："我们开始要谈的前提不是任意提出的，不是教条，而是一些只有在臆想中才能撇开的现实前提。这是一些现实的个人，是他们的活动和他们的物质生活条件。"② 这种"现实个人的对象性活动"不仅仅是个体式的劳动，更是社会意义上的"总体劳动"，是社会劳动。社会劳动涵盖了个体劳动，成为劳动的本质特征。社会劳动生产出人与自然的关系、人与人之间的社会关系，社会关系就是价值的本质。人与人之间的社会关系是由历史发展着的物质生活资料生产方式决定的，因而，基于唯物史观劳动本体论的科学劳动价值论能够顺其自然地发现剩余价值的形成原因，进而揭示资本主义生产方式的运动规律及其制度的剥削性质。

我们认为，劳动本体论在经济学理论的表现上，就是科学的劳动价值论。这一判断的内在逻辑在于，正是通过对现实个人及其劳动活动的革命性发掘，马克思才得以超越传统理论哲学的窠臼，实现了伟大的实践哲学范式革命，树立起全新的实践唯物主义立场，为走向唯物史观寻求到了关键性的理论中介。刘伟教授指出，英国古典政治经济学创建的劳动价值论看到了劳动对于价值的重大意义，但是并不彻底，而且从其资产阶级立场来看，它也不可能彻底地坚持劳动本体论。在李嘉图学派瓦解、劳动价值论破产与效用价值论兴起之际，马克思敏锐地发现英国古典经济学创建的劳动价值论中的科学成分，在《资本论》中对其进行批判性拯救，创构了

---

① 鲁品越：《鲜活的资本论——从〈资本论〉到中国道路》，上海人民出版社，2016，第144 页。

② 《马克思恩格斯文集》第 1 卷，人民出版社，2009，第 516–519 页。

科学的劳动价值论。第一，马克思把价值的本质归结为人与人之间的社会历史关系，把这种历史关系理解为社会生产方式演变的结果，并通过价值理论的分析为阐释人类社会经济关系的运动规律提供理论基础。第二，马克思严格区分了价值和使用价值，将政治经济学的视野集中在价值研究上，强化价值的社会属性。第三，马克思严格区分了价值和交换价值（价格），把决定交换价值的实质归结为价值，进一步把价值归结为人类劳动。第四，马克思分析了劳动如何成为价值的真正源泉。马克思构建了劳动二重性学说，"具体劳动创造使用价值，抽象劳动才创造价值，具体劳动包含着人与自然的关系，抽象劳动作为对具体劳动的抽象反映的是人们劳动的社会性质和历史形式，具体劳动实现抽象，具体劳动的具体形式还原为共同的最为本质的抽象劳动，不仅是理论分析上的抽象过程，而且是把个别劳动还原为社会一般劳动的过程，即社会对于个别劳动是否承认以及承认多少的过程。具体劳动形成使用价值，但这种使用价值是否具有价值，必须经过社会承认并将其还原为抽象劳动，这进一步说明价值属性在于社会性，是一定的社会关系的运动"①。第五，马克思提出"社会必要劳动时间"范畴阐释了如何决定价值量。第六，马克思分析了商品价值的形成和货币的起源及本质。第七，最为重要的是马克思劳动价值论表明的历史价值取向根本不同于资产阶级学者，体现的是无产阶级的根本利益追求，而不是像资产阶级经济学的价值理论那样，服从于为资本主义生产方式的合理性、优越性及必然性的辩护需要。马克思劳动价值论是从无产阶级立场出发，彻底批判和否定资本主义生产方式，并对资本主义生产方式的产生、发展、灭亡的历史过程做出科学分析，为其提供理论基础，是剩余价值论创造价值论的前提。马克思的劳动价值论告诉我们：一方面劳动是价值的唯一源泉，劳动与资本是根本对立的，资本所得只不过是对劳动创造价值的无偿占有，这种占有和剥削是历史的，从根本上说是不合理的；另一方面，价值等范畴的存在和运动表明人类不能支配自身的生产活动，其取决于外在于生产者的自发的和盲目的市场交换，这是一种异化，之所以存在这种异化，根本原因在于私有制。这种处于社会分工条件下的私有

---

① 刘伟：《中国特色社会主义政治经济学必须坚持马克思劳动价值论——纪念〈资本论〉出版 150 周年》，《管理世界》2017 年第 3 期。

制，割裂了人们生产的直接社会联系，在此前提下，生产的社会性必须间接地通过市场交易来实现，这显然是一种异化。要从根本上克服这种异化，就必须消灭私有制。

显然，正是基于科学的劳动价值论，马克思才能构建狭义的政治经济学（资本主义政治经济学、政治经济学批判），更能为广义政治经济学（社会主义政治经济学）提供现实的、科学的理论出发点。科学的劳动价值论，是建基于劳动本体论基础之上的马克思主义政治经济学的理论前提与出发点。我们在这里所强调的劳动不是被古典政治经济学家们形而上学式理解的生产、劳动，而是有具体历史情境、现实物质基础的人的劳动活动。鲍德里亚错误地将马克思视为形而上学的政治经济学家，就在于他将马克思所使用的生产、劳动等观念理解为一种抽象的概念，而忽略了马克思大多数时候是对历史上的劳动、生产持批判态度的，而且马克思早在《1844年经济学哲学手稿》中，就宣示了他的劳动本体论思想，这种劳动就是现实的人的劳动活动。可见鲍德里亚对马克思的理解显然还没有达到应有的深度。因而，只有将如此劳动作为本体论基础，才能真正站在无产阶级的立场上来构建为多数人谋幸福的政治经济学。

三　当代中国马克思主义政治经济学：科学的人民经济学

实践证明，中国特色社会主义经济发展的价值立场自始至终都立足于人民立场，始终追寻着强国富民的价值理想，追寻着实现人自由全面发展的远大共产主义理想。这一过程是前无古人的探索性过程，鲜明地体现出具有一系列"中国特色"的实践特征。从经济哲学来看，最值得注意的就是人民性对经济性的包容性扬弃。

所谓经济性，不仅仅表示资源投入和使用过程中成本节约的水平和程度及资源使用的合理性，这种经济性更多地体现为人们在经济活动中所表现出来的精算意识，而精算意识还不能作为一种标志性特征来表达资本主义的特性。我们所探讨的经济性是资本主义的基本性质之一，它是比精算意识更为本质的特征。人类活动的经济性并非资本主义所独有。早在剩余物出现之前，人类就逐渐产生了精打细算、未雨绸缪的经济意识，资源的稀缺、生存环境的恶化等原因，要求人们必须核算生存所需成本，并对未来进行筹划，这是最初的经济性表现。此时的经济性还是在为满足人类的切实需要而起着积极性的作用，在根本上还是属人的。当资本主义生产方式形成之后，经济性就与现代性形成了相互生成、相互表征的紧密关系，并逐渐成为资本逻辑逐利本性的核心概括，日益翻转为一种外在于人、且具有强力支配权的客观特性。何至于此？这要从经济性与作为近代西方经济学理论内核的世俗主义、经济个人主义、价值通约主义勾连来分析。

　　要理解现代性，必须理解世俗主义。世俗性取代了神性，将历史进步的尺度从道德进步转换为"人的欲望所牵引的世俗经济发展"。在世俗主义中，经济性首先与欲望结合成为一种本体性存在。如惠特克在《经济思想流派》中指出："究竟什么才可称之为近代经济学呢？……近代经济学是对于欲望满足的客观研究。"① 欲望及其满足成为驱动历史进步的根本动力，人类经济活动的经济性就是要不断满足作为人之天性的欲望，成为市场、竞争、财富、交换的本体基础，推进整个经济体系不断流转。经济学家康芒斯也曾转引边沁的一段名言："欲望，有各种痛苦甚至死亡本身作为它的武器，支配了劳动，鼓起了勇气，激发了远见，使人类的一切能力日益发达。每一种欲望获得满足时的享受或愉快，对于那些克服了障碍和完成了自然的计划的人，是一种无穷尽的报酬的源泉。"② 其次，经济性融入市场意识。人类经济活动的经济性还体现在将市场视为获取利益之最佳方式。一切人类活动和行为都被首要地考虑为市场行为，根据市场需求调整自己的活动（劳动），以便在交换中最大化地节约成本、增大效益。再次，经济性与现代商业精神的形成。资本主义社会的经济性之所以特殊，原因就在于它与现代商业精神的结合。商业是现代市场的核心，它所特有的诸多精神气质，如自主、契约、信用、公平、合作、开放、创新、洞察、远见大多成为现代市场的原在性价值。经济性在这些精神价值理念的沉淀中被赋予了一种观念上的合法证明。最后，经济性才表现为通常意义上的精算观念。这是在世俗中生存与生活下去必须具备的基本观念。

　　经济性与经济个人主义勾连。经济性的充分表达，需要人们在经济活动中具有充分的自由意志。早在18世纪，斯密就对此做了分析：听任个人

① 〔英〕埃德蒙·惠特克：《经济思想流派》，徐宗士译，上海人民出版社，1974，第72页。
② 〔美〕约翰·康芒斯：《制度经济学》（上），于树生译，商务印书馆，1962，第276页。

在竞争市场中自由地进行自己感兴趣的交易，就会最可能获得好的社会效果；市场理应自由放任，个人则是社会财富增长的基本运作单位。鲍尔格曼也指出："个人最初看来似乎是执行现代规划的自然补充物。个人是企业的创始人和其成果的受益者。"① 由此可见经济个人主义的重要作用。在经济学思想史上也不难发现，经济个人主义是自斯密以来整个西方主流经济学所秉持的理论轴心。而在资本主义生成史，即自然经济向商品经济、农业文明向商业文明转化的过程中，也是个人主义不断现实化的过程。"个人"从宗法关系中解放出来，作为具有自由意志的主体参与到市场化、商品化的世俗生活中，进而成为现代性的灵魂。而经济性也在这种主体性革命中逐渐成为每个人心中不可动摇的观念原则。

价值通约主义"以一种经济性符号来兑换对象化世界的一切存在"②。它普遍性地存在于资本主义经济活动中。马克思对此进行过深刻的揭示：资产阶级"把人的尊严变成了交换价值，用一种没有良心的贸易自由代替了无数特许的和自力挣得的自由"③。这种经济性往往表现为作为一般等价物的货币，用货币经济来通约人和万物的价值，形塑人的价值观念，成为权力的象征符号。它通过购买劳动的客观条件与活劳动来不断地实现自己的资本化，而这个过程也是劳动异化、社会阶级二元对立化、经济性主体化的过程。

人类的经济活动离不开经济性，离开了经济性，人类的欲望与需求无法激活，人类的自由意志无从体现，人与物的价值无法链接，最终也无法实现人与社会的发展。但是从经济性与近代西方经济学核心价值的勾连中可以发现，经济性在现代性生成中尤其是在资本主义社会中明显地背离劳动、背离主体，而逐渐演变为一种具有自我行为逻辑的主体性存在。它用自己的逐利欲望取代了人的灵性、用自己的逐利意志取代了人的自由意志、用自己的交换价值衡量着人与万物的价值，进而产生了严重的现代性后果。

---

① 〔美〕艾尔伯特·鲍尔格曼：《跨越后现代的分界线》，孟庆时译，商务印书馆，2013，第46页。

② 张雄：《现代性逻辑预设何以生成》，《哲学研究》2006年第1期。

③ 《马克思恩格斯文集》第2卷，人民出版社，2009，第34页。

从马克思主义经济哲学视域来看，经济性必须服从人的意志尤其是大多数人的意志，要从目的复归于手段，为人民生财、为人民创富，而不是成为一个无法控制的、动力强劲的"脱缰野马"，将人类经济社会推向充满风险和不确定性的明天。它必须再次经历一次内核转换，现在看来，这种转换路径已经非常明了了，即中国特色社会主义制度之下的"人民性"转换。中国共产党自成立那一天开始，就把为中国人民谋幸福、为中华民族谋复兴作为自己的初心与使命，这充分体现了党性与人民性的统一。这种统一贯穿在百年党史的每个时期、每个环节，实际上也是一个对经济性从拒斥，再到引入，再到扬弃的辩证过程。

新民主主义革命时期，积贫积弱、四分五裂的旧中国的社会主要矛盾是帝国主义和中华民族的矛盾、封建主义和人民大众的矛盾。初生的中国共产党在承担起实现民族独立、拯救中华文明于危难之中的历史重任时，首要的是依据当时的社会主要矛盾来进行自己的经济实践。建党初期，党领导了工人运动与农民运动来为人民争取经济政治权益。在1927年大革命失败后，党开始向农村转移，将土地革命作为经济实践的中心工作，新民主主义经济发展道路初步展开。抗日战争时期，战时新民主主义经济模式逐渐成熟[①]，抗日根据地的生产得到显著发展，为抗日战争的胜利奠定了经济物质基础。新民主主义时期的经济实践还具有过渡性，但就其所取得的革命成效来看，无疑是实现了一场伟大经济革命。这场革命，将中国人民彻底地从半殖民地半封建的生产关系中解放出来，独立自主地开辟了解放与发展生产力之路。

尽管后期"文化大革命"给中国的经济社会发展带来了浩劫，但其间中国的工业化仍在持续推进，一系列重大科技攻关项目也取得了一定的成绩。总之，这一时期的经济实践为改革开放奠定了制度基础、理论基础和物质基础。

改革开放和社会主义现代化建设时期，我国社会主要矛盾已转变为人民日益增长的物质文化需要同落后的社会生产之间的矛盾。在生产力水平较低、经济规模尚小、经济结构简单与发展目标集中的时代，高度集中的

---

① 赵凌云主编《中国共产党经济工作史（1921—2011年）》，中国财政经济出版社，2011，第112页。

计划经济体制起到了巨大的作用，然而随着生产力不断提升、人民需求不断丰富，这种经济体制必须要相应调整，才能适应生产力发展、不断解放与发展生产力，而不是反过来成为生产力发展的阻力。党和国家对社会主义本质有了更加深刻的认识——"贫穷不是社会主义"，在保证经济社会人民性的本体地位之时，创新性地建立起社会主义市场经济制度，大胆地倡导经济性机制，积极利用市场经济制度来配置资源、组织生产、提高效率。中国共产党创造性地提出"中国式的现代化"①，这是一条既不同于苏联社会主义现代化道路、又超越西方现代化道路的全新现代化道路，它将现实地、具体地生成中国特色社会主义经济文明的超越性特征。社会主义初级阶段理论与改革开放政策为经济社会建设提供时空坐标。现代化进程从来都不是从起点到目标的单线发展，而是在遭遇坎坷与挑战的矛盾之中向前蠕动。现代化也不是闭门造车、封闭空想就能实现的，而是要在全球化浪潮中寻找契机。社会主义初级阶段理论与改革开放路线把中国的现代化事业拉回现实国情、世情之基，实事求是地根据当下的时空条件来现实地制定发展目标、选择发展模式。立足于现实，才有对社会主要矛盾的正确判定，才能对经济体制、政治体制进行现实具体的改革，才能通过改革开放走出一条中国特色社会主义道路，才能开启"中国式的现代化"。

以邓小平同志为主要代表的中国共产党人提出"建设有中国特色的社会主义"，并着手进行经济体制改革，建立起中国特色社会主义市场经济体制，这是马克思主义基本原理同中国实践相结合的第二次飞跃，写出了中国政治经济学的初稿。在所有制方面，突破单一的公有制形式，提出以公有制为主体、多种所有制经济共同发展；在分配制度方面，打破平均主义，实行以按劳分配为主体、多种分配方式并存；在经济运行与管理体制方面，建立起社会主义与市场经济相结合的全新体制。社会主义市场经济体制有效激活了人民群众的创造热情，极大提升了生产要素的利用效率，生产力得到前所未有的提升与发展，中国从单纯的工业化走向全面现代化，创造了经济总量跃居世界第二的中国经济奇迹，实现了人民生活从温饱不足到总体小康、奔向全面小康的历史性跨越。应当说，中国特色社会

---

① 《邓小平文选》第2卷，人民出版社，1994，第194页。

主义的出场，意味着人民性逐渐将经济性纳入自己的"工具箱"之中，开启了一条扬弃超越经济性的经济发展创新之路。而这种超越将真正地在新时代中国特色社会主义的经济实践中得到更加清晰的体现。

第二节　经济发展的根本价值立场：以人民为中心

以人民为中心的发展思想是对马克思主义经济哲学人民性原理的坚定遵循。人民性原理所表达的深刻哲学意蕴在于，人是目的（康德），而不是手段，人民的劳动创造伟大的人类社会历史。人民性是马克思主义最为鲜明的理论品格，也是新时代中国特色社会主义经济实践的价值立场的集中体现。人民性与中国共产党的党性是统一的，是中国共产党全心全意为人民服务根本宗旨的具体体现。"以人民为中心的发展思想"是人民性的新时代表达，是中国共产党践行初心使命、坚守人民立场而创制的新发展思想。中国共产党的百年经济实践史就是人民性与现实性不断加强的历史，而其成果体现在中国共产党成功地实现了人民性与经济性的辩证统一。所以，"以人民为中心的发展思想"不是观念中的预设，而是在历史实践中不断生成、发展的，具有坚实的现实性与真理性。因此，探讨新时代中国特色社会主义的经济价值论，要抓住"以人民为中心"的价值立场，更要抓住作为其核心的人民性的生成史。而这一生成史绕不开经济性，因而，我们需要从人民性与经济性的辩证关系中去把握。把握住人民性对经济性的扬弃综合，我们才能体认到"以人民为中心的发展思想"的超越性和现实性意义。

中国特色社会主义进入新时代以来，"以人民为中心的发展思想"承续着中国共产党在为人民谋幸福、为民族谋复兴中一直坚持的人民性。从中国共产党百年经济实践史中可以发现，人民性是其经济实践一以贯之的价值立场。中国特色社会主义道路开启后，人民性的内涵得到了丰富与发展，即经济性不再被视为绝对消极的事物而被彻底地拒斥，相反，中国共产党人意识到，在社会主义初级阶段，经济性仍然可以帮助社会主义国家有效地解放与发展生产力。如此，人民性与经济性不再处于绝对对立的关系之中，而是发展出一种崭新的存在样态，即由人民性统摄、导控、扬弃经济性。进入新时代以来，这种包纳了经济性的人民性，显示出更加现实、更加强劲的生命力，新时代中国特色社会主义道路越走越宽，越走越强。

"人民性是马克思主义的本质属性"①，而彻底完成这种转换，需要进入新时代中国特色社会主义的"以人民为中心的发展思想"境域中。我们可以将其理解为对"以经济建设为中心"的创新性继承与新时代表达。应当说，"以人民为中心的发展思想"表达出一种从经济性向人民性转换的热烈期待，是新时代中国特色社会主义为人类经济文明做出的伟大贡献，也是中国特色社会主义区别于资本主义的本质特征。正如习近平总书记指出："人民是我们党执政的最深厚基础和最大底气。为人民谋幸福、为民族谋复兴，这既是我们党领导现代化建设的出发点和落脚点，也是新发展理念的'根'和'魂'。只有坚持以人民为中心的发展思想，坚持发展为了人民、发展依靠人民、发展成果由人民共享，才会有正确的发展观、现代化观。"②"以人民为中心的发展思想"将人民性反映到经济社会发展的每个环节、每个方面，现实地、彻底地完成了从经济性到人民性的创造性转换，这种转换不是二元式的抛弃否定行为，而是辩证统一、综合扬弃的创造性升华。为这种转换提供基础保障的，就是马克思主义经济哲学对人类经济活动的自觉反思与纠偏。

新时代中国特色社会主义经济实践对经济性的这种扬弃式超越，是中国特色社会主义社会有机体区别于资本主义社会有机体的本质特征。我们知道，资本主义社会有机体的价值论本质地体现为"同一"逻辑及其经济性，而中国特色社会主义社会有机体则体现出来的是真正的价值多元的"自由"逻辑及其人民性。新时代中国特色社会主义实现了对经济性的超越式扬弃，把人民性反映到经济社会发展的每个环节、每个方面。具体表现为"发展为了人民、发展依靠人民、发展成果由人民共享"③。而在发展理念上则体现为"创新、协调、绿色、开放、共享"④。讨论新时代中国特

---

① 中共中央宣传部：《习近平新时代中国特色社会主义思想学习纲要》，学习出版社、人民出版社，2023，第 295 页。

② 《习近平谈治国理政》第 4 卷，外文出版社，2022，第 171 页。

③ 《习近平谈治国理政》第 4 卷，外文出版社，2022，第 171 页。

④ 《习近平谈治国理政》第 4 卷，外文出版社，2022，第 169 页。

色社会主义的经济价值论，就是要为构建 21 世纪的人民财富论提供价值基准。

一　经济发展的价值目标：发展为了人民

习近平总书记指出："发展为了人民，这是马克思主义政治经济学的根本立场。马克思恩格斯指出：'无产阶级的运动是绝大多数人的、为绝大多数人谋利益的独立的运动'，在未来社会'生产将以所有的人富裕为目的'。邓小平同志指出，社会主义的本质，是解放生产力，发展生产力，消灭剥削，消除两极分化，最终达到共同富裕。党的十八届五中全会鲜明提出要坚持以人民为中心的发展思想，把增进人民福祉、促进人的全面发展、朝着共同富裕方向稳步前进作为经济发展的出发点和落脚点。这一点，我们任何时候都不能忘记，部署经济工作、制定经济政策、推动经济发展都要牢牢坚持这个根本立场。"[1] 习近平总书记的论述表明，经济活动不是纯粹的功利性活动，必须用人民性加以引导。同时，新时代中国特色社会主义所谋求的经济社会发展只能是为了人民，而不可能是为了任何其他主体。就新时代中国特色社会主义的经济活动而言，人民具有至高无上的地位，是新时代中国特色社会主义经济实践的动力与旨归。人民是发展的全部意义。发展如果不是为了人民，那将不是新时代中国特色社会主义所追求的发展，而只能成为彻底的倒退，新时代中国特色社会主义也将不再具有任何存在的意义与合法性。新时代中国特色社会主义经济实践的全部价值与意义本质性地被框定在增进人民福祉之中。反过来看，真正能增进人民福祉的发展只有通过新时代中国特色社会主义伟大经济实践才能现实地完成。值得注意的是，新时代中国特色社会主义对人民性的理解表现为对人民需要的现实确认，即社会主要矛盾的再理解与再转换，进而现实地确认人民的现实需要，为新时代经济活动提供明确的方向。换言之，"以人民为中心的发展思想"集中体现了发展的人民性与人民对发展的现实需求。

---

[1]　中共中央文献研究室编《十八大以来重要文献选编》（下），中央文献出版社，2018，第4页。

二 经济发展的价值依托：发展依靠人民

马克思恩格斯通过唯物史观劳动本体论形成了科学的劳动价值论，为社会主义政治经济学提供了科学的理论前提。因此，马克思主义科学劳动价值论是新时代中国特色社会主义政治经济学区别于西方主流经济学的根本性标识与本体论区别。学者董明惠就明确指出："西方经济学理论的继续发展，不可能实现如上所说的经济学在 21 世纪创新发展的希望。这是因为，西方经济学的整套理论方法，不是建立在对创造人类社会的劳动的认识基础上，而是建立在对人的生理欲望认识的基础上。这样两种根本不同的认识基础，决定了两种经济学理论在性质和内容上的根本区别。作为一个历史范畴存在于一个历史阶段的商品经济形态，是唯一和独立的，没有另外的经济形态作为历史范畴同时存在。这样，经济学的基础理论对象和真理体系，只有唯一的一个。这个唯一的真理体系，只能是在对劳动认识的基础上建立的。"① 正是由于以科学的劳动价值论为理论前提，才是"中国特色的"，也是"社会主义的"。习近平总书记在其关于政治经济学，特别是中国特色社会主义政治经济学学说体系建设的多次讲话中，明确指出必须坚持马克思主义的劳动价值论。不仅要坚持马克思主义劳动价值论的唯物主义方法，而且要坚持马克思主义的历史观，坚持劳动价值论的历史价值取向，坚持其无产阶级立场和追求。不难发现，习近平经济思想从马克思主义劳动价值论出发，统筹经济学价值与哲学价值，聚焦一个"实"字，是为民族复兴奠定更强大物质基础的经济学。②

第一，马克思劳动价值论是新时代中国特色社会主义政治经济学"社会主义"性质的根本保证。新时代中国特色社会主义政治经济学，是中国特色社会主义政治经济学的重要组成部分和最新成果，显而易见的是，它们都属于社会主义政治经济学。新时代中国特色社会主义政治经济学本质上是社会主义性质的政治经济学，因此，坚持马克思劳动价值论是新时代中国特色社会主义政治经济学"社会主义"性质的根本保证。马克思劳动

---

① 董明惠：《通评西方经济学的理论方法》，清华大学出版社，2016，前言第 2 页。
② 傅华：《认识理解习近平经济思想的五大鲜明特征——论"美、实、效、协、共"》，《中国经济评论》2022 年第 Z1 期。

价值论本质上就是对资本主义生产方式及其私有制进行最彻底的历史分析，是揭示其历史性、特殊性与不正义性，消解其神圣性、永恒性、合法性的强大武器。马克思劳动价值论从资本与劳动的根本对立出发，经由剩余价值理论，无情地揭示出资本无偿占有劳动力剩余价值的全景图式，向全社会揭露资本主义生产方式的非人道性以及资产阶级经济学的庸俗性。资产阶级经济学是为资本主义生产方式及其制度做辩护的经济学理论，它的理论前提，是被视为神圣不可侵犯的私有财产和资本主义制度。马克思通过唯物史观澄清了人类经济社会历史发展的前提，将其归结于现实个人的对象性活动，即生产性劳动，说明了资本主义私有制的来历。资本主义制度不是恒久不变的事物，私有财产也不是与生俱来的经济事实，在本质上，它们都是被现实个人的对象性活动生产出来的，是随人类社会历史发展中自发分工的发展而不断演化生成的。简言之，马克思通过唯物史观的创制，为自己的经济学研究提供了科学的世界观与方法论，也奠定了哲学意义上的劳动本体论基础，这种哲学意义上的劳动本体论的奠基，直接地决定着马克思要构建科学的劳动价值论来开始自己的经济学研究，就此而言，我们是可以将劳动价值论视为马克思政治经济学的理论前提的。如果没有哲学意义上的劳动本体论奠基，很难想象马克思会超越古典经济学的劳动价值论，提出科学的劳动价值论。因此，马克思劳动价值论是对资本主义制度的根本性否定，是对社会主义制度的前提式肯定。坚持马克思劳动价值论是新时代中国特色社会主义政治经济学"社会主义"性质的根本保证。以劳动本体论为经济哲学基础的新时代中国特色社会主义政治经济学，在其本质上，只能是"劳动的政治经济学"，而不是别的什么经济学，更不是"资本的经济学"。正如习近平总书记深刻指出的那样："各种经济学理论五花八门，但我们政治经济学的根本只能是马克思主义政治经济学，而不能是别的什么经济理论。"① 只有马克思主义经济学才是坚决地为绝大多数人民谋幸福的经济学。马克思主义政治经济学以无产阶级的劳动为本体与出发点，来构建整个经济学理论体系，它切中了人类社会发展规律，因此真正做到了历史与逻辑的统一。新时代中国特色社会主义政治经

---

① 中共中央文献研究室编《十八大以来重要文献选编》（下），中央文献出版社，2018，第 2 页。

济学需要坚持马克思主义劳动价值论，首要的是坚持马克思主义劳动价值论所要求的历史价值观，坚持其所体现的无产阶级的根本利益，坚持其所追求的共产主义理想。价值理论说到底是为一定阶级所代表的社会生产方式进行争辩，新时代中国特色社会主义政治经济学的价值学说，必须也只能以论证中国特色社会主义生产方式发展运动的历史正义性、必然性、合理性、有效性为根本，而马克思主义的劳动价值论恰恰以此为初衷。

第二，坚持马克思劳动价值论是新时代中国特色社会主义政治经济学"中国特色"特征的根本保证。如果从以西方主流经济学为代表的资产阶级经济学家的立场出发，来评价劳动价值论之于新时代中国特色社会主义政治经济学的重要意义的话，他们必然会给出否定性评价。因为在他们眼里，中国特色社会主义市场经济本质上就是市场经济，马克思劳动价值论在这里早就没有市场了。这里实际上出现的是中国特色社会主义政治经济学面临的最大难题，即如何将社会主义与市场经济在理论上自洽地结合起来？更深层次的问题是，作为对私有制及其附带的商品生产关系进行彻底否定的马克思劳动价值论，如何在新时代与市场经济自洽地结合起来？在西方主流经济学那里，这几乎是不可能完成的任务，在社会主义教条主义那里，这也是不可接受的。尽管改革开放四十多年来，中国特色社会主义的提出与成功实践为社会主义市场经济制度提供了成功案例，但是中国特色社会主义政治经济学还没有在学理上给出让人们（尤其是让西方主流经济学）满意的答案。我们认为，中国特色社会主义进入新时代，不仅在实践上进一步完善发展了社会主义基本经济制度，取得了历史性成就，还进一步证明了这样一个事实：新时代中国特色社会主义政治经济学的"中国特色"，本质性地就在于对马克思劳动价值论的坚持与发展。中国特色社会主义具有鲜明的历史性特点，作为世界上最大的发展中国家，中国现阶段的生产力水平仍然是比较低下的，解放与发展生产力是根本任务，这就需要创造性地把社会主义和市场经济有机结合起来。我国基本国情是仍处于并将长期处于社会主义初级阶段，在社会生产力达到更高水平之前，这种状态还会持续较长一段时间，它是我们走向社会主义更高阶段，即劳动价值理论所揭示出来的消灭了私有制及其随附的商品经济关系的社会主义阶段。那么，在社会主义初级阶段，采取社会主义市场经济制度这种过渡式制度，是对马克思劳动价值论的背离吗？我们的答案显然是否定的，但是应当说，这不得不被视为新时代中国特色社会主义政治经济学最大理论难点，也是其"中国特色"的最佳凸显点。要解决这个理论难点，凸显"中国特色"，就必须将马克思劳动价值论作为自身的理论前提。把劳动价值论作为理论前提，不是说要将其教条式地理解为片面性地追求纯而又纯的公有制，彻底拒斥市场经济制度，而是坚持劳动价值论所本质性蕴含的劳动本体论内涵，始终站在无产阶级的立场上去构建经济学理论体系，指导经济实践。"以人民为中心的发展思想"是新时代中国特色社会主义对劳动本体论的本质遵循，是新时代中国特色社会主义政治经济学的理论前提，这一理论前提直接继承和发展了马克思劳动价值论。应当说，从劳动本体论到劳动价值论再到新时代的"以人民为中心的发展思想"，体现了马克思主义经济哲学对劳动本体论一以贯之的坚持。就此而言，坚持马克思劳动价值论不仅不是社会主义市场经济的自我矛盾，反而是新时代中国特色社会主义政治经济学"中国特色"特征的根本保证。

三 经济发展的价值实现：发展成果由人民共享

新时代中国特色社会主义凸显社会主义本质的根本之处在于将共享作为其经济活动的灵魂。这是新时代中国特色社会主义对人类经济活动的本质追问与价值纠偏。斯密认为通过市场经济的自由的经济活动，整个社会可以自然地达到富裕，每个人可以实现幸福的生活。从市场经济发展史来看，斯密的想法无疑过于乐观。法国经济学家托马斯·皮凯蒂在《21世纪资本论》中通过考察18世纪以来财富分配和收入分配动态变化情况，用翔实的历史数据证明了自由市场经济在带来富庶的同时，导致人类贫富分化不断加深的事实，"全球最富的0.1%人群（人均财富为1000万欧元的450万名富豪）拥有了20%的全球财富"[1]，而且该趋势将随着"r>g"（资本收益率大于收入和产出增长率）这一资本主义的核心矛盾进一步扩大。皮凯蒂揭示了所谓资本主义物质文明极端野蛮的一面，即一方面是极少数资本家与社会精英阶层对绝大部分社会财富的掌控，另一方面是绝大多数

---

[1] 〔法〕托马斯·皮凯蒂：《21世纪资本论》，巴曙松等译，中信出版社，2014，第452页。

人挣扎在被资本主义的物质文明幻象所遮蔽着的社会贫困之中。新时代中国特色社会主义历史性地将经济共享这一人类经济活动夙愿变成现实，以惊人的速度和卓越的成效破解困扰中华民族几千年的绝对贫困问题。全面建成小康社会的伟大经济社会成就与共同富裕的当下经济实践，集中体现了新时代中国特色社会主义对于经济共享活动的哲学追问与现实实践。

第三节　经济发展的现实价值立场：人民主体、美好生活与共同富裕

新时代我国社会主要矛盾的转化，意味着我们党和人民对实现共同富裕有了更为深入的认识、更加务实的态度、更加具体的路径以及更加精准的导向。共同富裕是社会主义的本质要求，是践行以人民为中心发展思想的集中体现，是推进高质量发展的最终目的，是保证社会和谐、民生充裕的重要基础，是防止两极分化和避免陷入"中等收入陷阱"，推进我国经济健康良好发展的重要方式，是新时代中国特色社会主义经济实践必须遵循的价值立场。本节旨在通过对人民主体、美好生活与共同富裕的哲学阐述，来增进对新时代中国特色社会主义经济实践之价值立场的理解。

一　经济发展的价值出发点：坚持人民主体地位

我们之所以将新时代中国特色社会主义政治经济学称为人民经济学，或者人民财富论，并在价值论层面将之与西方经济学，尤其是与资产阶级经济学区分开来，最为关键的原因就在于，中国特色社会主义的经济实践自始至终都坚持人民主体地位，将坚持人民主体地位作为经济发展的价值出发点。在西方现代性发育的过程中，人之主体地位的命运异常曲折，经历了"被贬抑－高扬－再次被贬抑"的过程。首先是启蒙运动将人性从神性中解放出来，高扬人之理性，人为万物立法，人的主体地位史无前例地得到弘扬。人类相信运用理性可以洞悉社会和自然发展的秘密，进而创造美好的人类世界。数次工业革命的狂飙更加使人们臣服于理性的强大力量。大多数人陶醉于西方现代化道路之中，认为人类终于摆脱了野蛮，进而永久性地迈入真正的文明之地。人本作为一种美好的理想似乎正在成为

现实。然而，一些思想深邃、观察敏锐的人发现了如此"美好"的现代化运动背后人之主体异化的现象实情。现代性的后果不断凸显，人们不得不承认，人的主体在现代性之中不仅没有得到真正的、本质性的弘扬，反而陷入更为深重的奴役地步。这种奴役的本质是整个物的世界统治着人的世界，在支配形式、支配力度、支配范围上都比神支配人更加强劲和不自由。马克思早在《1844年经济学哲学手稿》中通过四重异化的深刻阐述，揭示出资本对人的统治。在《资本论》中，他又通过对拜物教的批判更为深刻地揭示出这一客观现实。时至今日，当世界普遍地陷入极端贫富差距时，我们不得不叹服于马克思的洞察力，他对资本主体地位的揭示，在当下全球资本主义发展进程中，愈加清晰。那么，资本是如何取代人而成为主体的？张雄教授认为这里有两个关键，一是商品交换的动机由人性颠倒为物性，二是劳动者由质的个体颠倒为纯粹的交换价值。① 也就是在这两个关键性的过程中，人逐渐从主体降为载体。具有了主体性的资本，同时又不断地以自身的增殖扩张禀赋及其工具合理性为核心，构建出维系其合法性的知识体系。在西方普世价值的视域中，这种知识体系就明显地勾兑着公平、自由、平等等能指符号，但我们知道的是，这些能指符号显然是资本为了实现自己增殖扩张意志而虚构出来的叙事而已。这种知识体系、这种叙事，就更加凸显资本的主体地位，说到底，资本叙事乃是主体性资本座架世界的工具与话语表现。如此一来，看似体现人之自由意志的叙事实际上乃是资本叙事对市场非理性的一种编目与运作。以资本逻辑为轴心的市场经济直接或间接地决定了经济正义的话语，资本叙事则提供了有关经济正义的剧本。在这个剧本中，所谓原子式个人的自由意志实际上仍然受制于资本逻辑的"理性狡计"。在精神层面上，这些所谓的自由意志实际上被资本逐利私向化和资本权力的扩张性秉性所驱动。于是，人类沦为资本展现其意志的手段与工具。在现实层面上，资本逻辑及其合法化叙事的展开直接带来了对人性、自然与他者的摧残，从而引发了深重的现代性结构性危机。

在新时代中国特色社会主义的展开中，中国式现代化道路越走越宽

---

① 张雄：《现代性后果：从主体性哲学到主体性资本》，《哲学研究》2006年第10期。

广。较之于西方现代化道路，中国式现代化道路之超越性根本在于人民主体地位的现实弘扬。新时代中国特色社会主义真正地实现了主体从资本向人民的复归。在中国式现代化道路中，人民绝非原子式个人实体的集合，也非完全理性的经济人一般抽象，更不是由绝对精神所编写的历史剧本的剧中人，而是生产的人，实践的人，有情感、有情怀的人，有非理性需要的人。换言之，人民是历史的创造者、书写者与叙述者。从资本到民本的复归，本质上是从经济性到人民性的根本性转换。新时代经济实践立足于人民现实生活的需要，反映现实人民生活的需要，运筹现实人民生活的需要，回归现实人民生活的需要，使人民成为经济实践的主体与价值旨归。只有在此基础上提炼的政治经济学才是人民的财富论、人民的经济学，否则就是空泛的、教条的、空中楼阁的"黑板经济学"或者资本主义经济学。

二　经济发展的价值追求：顺应人民群众对美好生活的向往

（一）美好生活：作为"现实的个人"的现实需要

在《关于费尔巴哈的提纲》中，马克思指出："人的本质不是单个人所固有的抽象物，在其现实性上，它是一切社会关系的总和。"① 这表明，人的本质并非抽象的人性预设，而是决定于现实的社会关系，尤其是生产关系。人的本质会随着生产方式的改变而改变。人是"现实的个人"，是具有"一定社会形式的"，而非"抽象的——孤立的——人的个体"。马克思对人之本质的社会性揭示，为唯物史观的创制奠定了实践哲学立场。在《德意志意识形态》中，他进一步指出："个人是什么样的，这取决于他们进行生产的物质条件。"② 这些"现实的个人"之所以进行生产，是因为要满足生活需要。随着物质生产方式改善，人的需要也会相应地提升。"现实的个人"总是在历史遗留下来的物质生产条件中进行劳动，因而他的需要也根据当下的物质生产条件来确定，而不能逾越这些条件来幻想不切实际的需要。这就是需要的现实性，需要的现实性是它与欲望的幻象的本质性区别。

在党的十九大报告中，习近平总书记指出："中国特色社会主义进入

---

① 《马克思恩格斯文集》第 1 卷，人民出版社，2009，第 501 页。
② 《马克思恩格斯文集》第 1 卷，人民出版社，2009，第 520 页。

新时代，我国社会主要矛盾已经转化为人民日益增长的美好生活需要和不平衡不充分的发展之间的矛盾。"① 社会主要矛盾的转化意味着新时代中国特色社会主义所坚守的人民性之现实性更加鲜明强烈。因为，在新时代中国特色社会主义那里，人民越发摆脱了抽象性，越发显示出清晰明朗的现实规定性，而这现实的规定性，就本质性地通过社会主要矛盾体现出来。新时代的社会主要矛盾是人民对美好生活的向往与发展不平衡不充分之间的矛盾。所谓主要矛盾，就是在当前经济社会发展的阶段中起支配作用的矛盾，它是现实性最为充分的、具体的、客观的表达。我们从社会主要矛盾中可以发现，人民与发展之间是相互规定、互为前提的关系，而人民是最具本质性规定的存在，首要地表现为人民日益增长的美好生活需要成为新时代中国特色社会主义的经济社会发展的本质规定。同时，人民对美好生活的需要也受到发展水平、层次等因素的制约，因而这种向往与需要并不是超历史的幻想，而是立足于新时代中国特色社会主义的现实发展进程提出来的，是立足于新时代我国经济社会发展水平、层次等现实性因素提出来的。进入新时代以来，党中央带领全国各族人民统筹推进"五位一体"总体布局、协调推进"四个全面"战略布局，在经济、政治、文化、社会、生态、军队、外交等工作上取得了骄人的成绩。如期全面建成小康社会，生产力得到进一步解放与发展，生产关系得到进一步完善与调适，人民生活水平得到进一步提高，人的全面发展得到进一步体现，人民的需要得到进一步满足和激发，人们向往更加美好的生活，这种对美好生活的向往是具有现实依据的，而不是抛开现实的经济社会发展情况所进行的不切实际的幻想。

（二）美好生活：经济转型升级的依据与动力

中国特色社会主义进入新时代之后，社会生产力水平得以极大提升，使美好生活真正成为现实的、摸得着的需要。但是也要看到，发展不平衡不充分是新时代我国经济社会发展所面临的现实困境，也是制约实现人民美好生活的主要肇因。因此，破解这一困境，是新时代中国特色社会主义经济实践所面临的核心任务。发展不平衡不充分的原因在于原有经济结构

---

① 《习近平谈治国理政》第 3 卷，外文出版社，2020，第 9 页。

的不合理，从供需方面来看，主要是供给侧结构和质量出现了问题。原有的供给侧结构侧重于解决发展上"有没有"的数量问题，这在低收入阶段具有合理性。进入新时代后，以 2013 年为例，我国 GDP 就已达到 59.3 万亿美元，人均 GDP 达到 6800 美元，远超中等收入国家的 5000 美元标准，进入中等收入国家行列。2021 年，我国国内生产总值同比增长 8.1%，经济总量突破 110 万亿元，人均国内生产总值 80976 元，按年平均汇率折算，达到 12551 美元，突破了 1.2 万美元。事实表明，进入新时代后，我国经济发展已经从低收入阶段迈向中等收入阶段，同时这也意味着我国经济发展进入一个"新常态"，从过去将 GDP 视为经济增长的唯一指标，转向注重实现人民幸福生活、供给高质量产品的"新常态"。"新常态"范畴准确把握了我国经济社会发展在现阶段的变化，明确了新时代中国特色社会主义的具体经济结构的战略升级，是对新时代中国特色社会主义经济发展样态转化的准确识别与精准标定。

　　然而，我们仍不能说我们已经成为经济强国，因为旧有的经济增长路径、机制与模式所积累起来的结构性困境依然存在，经济的整体素质有待提升、核心科技竞争力仍显柔弱、产业结构层次短板明显、城市化发展较为滞后、金融体系略显稚嫩、资本市场不够强大，等等。这些方面，不能不使我们高度警惕陷入普遍出现在西方中等收入国家中的"中等收入陷阱"。"中等收入陷阱"最为值得注意的方面是供需结构的调整。习近平总书记在 2014 年 12 月为"新常态"提供了消费需求（结构性变化）、投资需求（投资障碍存在）、出口与国际收支（全球总需求不足）、生产能力和产业组织方式（供给过剩）、生产要素相对优势（人力资本与创新能力不足）、市场机制特点（质量竞争力不足）、资源环境约束趋近、经济风险积累与化解、资源配置模式和宏观调控方式（市场与政府配合度不高）九个趋势性转变的判定依据，使"新常态"范畴更加具有现实性。进入"中等收入阶段"，我国人民的需求日益升级，人民对美好生活的向往日趋强烈，但是供给侧仍存在着结构化困境，社会生产的结构有待优化、水平有待提升、层次有待丰富，因此必须进行供给侧结构性改革，把推进供给侧结构性改革作为新常态中我国经济结构性改革的着力点和主线，推进经济发展的标准从原来的"有没有"转为新常态下的"好不好"，进而推进经济高质量发展。人民生活需求的层次提升、形态多元、结构优化意味着从"物质文化需要"向"美好生活需要"的跃迁，体现出"人民需要"对经济发展的主导性作用，是经济发展、经济结构调整的根本依据和动力。

（三）激发人民创造美好生活的"欲望"

"人的欲望仍是市场（市场经济）中一个重要的内生因素，没有欲望，便没有人的经济活动，便没有市场行为，更没有市场的交换机制。"[①] 从"日益增长的物质文化需求"向"日益增长的美好生活需要"的跃迁，实际上就是对欲望和需求的双向调解过程，而社会主要矛盾变化的根本依据还在于人民需求的日益丰富，满足人民的需求是我国经济社会发展的唯一目的。其中，对人的欲望与需求的激活与满足，是经济发展的根本前提。新时代中国特色社会主义将人民的本能欲望保持在与经济发展水平相一致的节奏之中，既发挥了欲望对激活市场的驱动作用，又合乎理性地调适与满足人民的现实需求。相关学者梳理了新中国成立以来中国人欲望观的历史变迁，认为1949年到1978年，中国人的欲望是克制的欲望、有计划的欲望、相对静止的欲望。1979年到1992年，中国人的致富欲望不断被激活与发育起来。1993年到2012年，中国人的欲望充分涌流并发生了异化。2013年以后，中国人的欲望不断地被文化定义，利用文化对欲望进行形塑，进而实现欲望的主体性回归。姜勇的梳理是比较符合历史事实的，他深刻地指认出欲望之于经济发展的本质驱动作用，同时也强调了利用文化对欲望加以控制的现实紧迫性，这是非常难得的。但是我们认为，姜勇将党的十八大后中国人的欲望归结为被文化所定义的看法颇不符合实际。文化的作用当然不可小觑，但归根结底还是要到新时代生产力与生产关系的现代化变革中去寻找欲望观变易的原因。[②] 新时代人民的欲望本质上生成于新时代的生产力与生产关系之中，因而它是现实的、合理的且可能的，新时代之所以能够激发出人民的奋斗意识，就在于它把人民的欲望与现实的生产力与生产关系关联了起来，从而让人民感受到内心的渴望与现实的

---

① 张雄：《欲望与市场——关于市场非理性因素的经济哲学思考》，《复旦学报（社会科学版）》1996年第5期。

② 张雄等：《改变中国人的十四个观念：改革开放40年经济哲学范畴诠释》，上海财经大学出版社，2018，第59-71页。

新时代现代化进程具有同频共振的一致性。这种一致性给人民带来了满足个人需要和实现民族复兴夙愿的希望，聚起了积极奋斗的动力。也正是这种一致性，使人民摆脱经济人的物性欲望幻象，生成与现实相匹配的美好生活需要。如果没有生产力的极大提升，生产关系的深刻变革，仅仅凭借文化来对欲望加以形塑，来规制美好生活，是存在一定风险的，极有可能导致人民空有精神上的高涨，却没有现实的生产力条件。

新时代我国社会主要矛盾的转化是有其现实依据的，这种依据就是生产力和生产关系的发展实情。进入新时代以来，我国生产力发展水平得以显著提升，经济、政治、文化、社会、生态文明建设齐头并进、全面展开，取得了伟大成就。也正是基于此，党中央审时度势，提出社会主要矛盾已经发生了转化，"人民的美好生活需要"被现实地提了出来。"人民的美好生活需要"的现实性，意味着它切实地符合了人民的现实需要。正因如此，它才能对欲望进行激活与控制，使之成为创造美好生活的生生不息的现实性力量，而非精神性幻象。这就是我们一再强调的，人类的经济活动不仅需要欲望驱动，还需要用现实客观的需求来对其定向，而现实客观的需要如何保持自己的客观性？那就必须依靠现实的人民。它是人民的现实需要，是人民的美好生活，而不是人民超越现实物质生产条件的不合理欲望，也不是任何个人、集团乃至资本的现实需要。离开了人民，所谓需要，只能是纯粹的私欲与物欲的无限增殖，这当然是不现实的需要，在这种不现实要求的引导下，人类的经济活动存在着迷失方向的危险。

激发人民"欲望"还要警惕滋生单向度的"经济人"。"经济人"是对专注于物质财富增长的人的一种特性描述。在西方经济学那里，从斯密开始，"理性经济人"就成为一个不证自明的"真的经验命题"，是一个核心的理论"硬核"。斯密的"社会即市场，人人皆商人"观念是商业社会本质内涵的精准表达。在这种商业社会中，现实的人被理解为"理性经济人"，"理性经济人"的唯一动机就是实现个人利益的最大化，同时，市场信息被视作完备透明的，理性经济人对市场信息的把握是全知全能的。因此，每一个市场主体都可以根据市场信息，做出最优化的决策。在这种过程中，市场最终会实现均衡，这种均衡意味着每个主体都能获得自己的那一份利益。社会也由此自动地实现普遍的繁荣，人也因而获得幸福。西方经济学这种理论上的假定并非没有现实的依据，实际上，在现实的市场经济中，现实世界也确实全然地被市场逻辑所贯通，人的精神世界也全然地被物欲化，世界似乎成为一个物欲充塞往来的物性化平面体，成为不具备任何历史矢量的物。人与人的关系被物与物的关系所换算，人类灵性被物性遮蔽。从马克思主义的角度来看，这是在人对物依赖阶段所必然产生的现象，是现代性给人类带来的负效应。

实际上，在我国社会主义市场经济制度的确立初期，人民的物质欲望被重点激发后，也产生了一系列的现代性后果，其中最为典型的就是受市场经济物欲化侵蚀的"经济人"之形成。进入新时代以来，我们对这些现代性后果进行深刻的反思，集中体现为对"经济人"的反思。从"物质文化需要"到"美好生活需要"的变化，反映出新时代中国特色社会主义的社会进步和人的全面发展趋势。用"日益增长的美好生活需要"来定义新时代"人民"的现实性，意味着人民将摆脱"经济人"的物性缠绕，逐渐进入全面发展的"自由人"之境。"人民"不是一个空泛的概念，而是极具现实性的实存，表现为每一个现实中通过多样化的需求和劳动形式表现自身的现实的个人。在新时代中国特色社会主义这里，"人民"是与抽象的"理性经济人"完全不同的。当西方主流经济学将人狭隘地理解为"理性经济人"时，新时代中国特色社会主义则将"人"现实地推进至具有美好生活的需要的人。当然，有人会说，对于"理性经济人"来说，实现个人利益最大化不也是实现了他的美好生活了吗？不同制度、文化、生产方式下的人们对于美好生活的定义当然具有差异，也正是这种差异的存在，清晰地表明人类社会历史不是一成不变的，人的本质也不是抽象片面的，而是具有进步意蕴和发展意蕴的。换言之，随着人的生产方式的改变，人的本质也随之改变，人的需要当然也要发生变化，这也就是唯物史观关于人的现实性理解。

从文明论的高度来看，新时代中国特色社会主义不仅创制了人类文明新形态，而且在其继续发展的道路上，将不断完善和丰富这一新型文明形态，而人的全面发展是这一文明的先进性、超越性根本标志所在。毫无疑问，人类文明新形态是高于当下的资本主义工业文明的、以人的全面发展为旨归的一种文明形态。一个不可置疑的事实是，在资本文明中，资本统治人。资本文明越昌盛，人类文明就越羸弱，人就越不自由，更谈不上任何发展。而人类文明新形态就是要破除资本文明对人的禁锢与束缚的一面，真正地实现人的自由而全面的发展。人的现代化是文明现代化的基础，更是人自由而全面发展的具体体现与前置条件。应当说，马克思所谓的"人的高度的革命"指的就是社会革命中人的现代化事业，其在当代的理念表达就是"以人民为中心""人民至上"，这是中国革命、建设与改革开放及至中国式现代化新道路出场这一整个文明发展脉理的中轴线、价值取向的基本线，此价值理念所指涉的就是人的现代化，而在人类文明新形态的未来语境中，这一指涉将本质性地跃升为人的自由全面的发展。因此，实现人的自由而全面的发展是中国式现代化新道路之文明路向的出发点与着力点。

在当前社会主要矛盾构境中，中国式现代化新道路所追求的人的全面发展这一文明路向，主要表现为切实满足人民对美好生活的需要、"促进全体人民共同富裕"。这里需注意其背后的几个深层意蕴，一是美好生活的定向本身就表明对资本逻辑中异化之人的超越。西方现代文明对于美好生活的定义被资本逻辑框定在物质财富之中，物的丰裕却带来人的贫乏。人民所希冀的美好生活被定义为物的无限积累。中国式现代化新道路所开创的人类文明新形态则重新定义了美好生活，将人民从物欲之中解放出来，把丰富多彩的人类灵性归还给人民，人民可以在其现实场域中自由想象与创造美好生活。二是这种超越了资本逻辑的美好生活与共同富裕实践，本质上就是人类社会雏形的现实反映，人与人、人与自然之间不再是紧张的对立盘剥关系，而是变成互为本质的感性对象性关系。促进共同富裕乃是经济正义的直接体现，是文明社会对弱势群体的现实帮助，是社会主义文明意蕴本质之所在。不仅如此，人的自由全面发展，还必须通过经济、政治、文化、社会、生态这一整体性文明架构予以实现。就人的现代化而言，其所追寻的乃是中华文明视域中的理想型君子人格，而这种理想型人格将通过这一整体性文明的催生与改造最终得以实现，最终人必将成为真正的现代人、文明人。

三　经济发展的价值指向：不断实现好、维护好、发展好最广大人民的根本利益

新时代经济发展的价值指向就是要不断实现好、维护好、发展好最广大人民的根本利益。从关系论的角度来看，能否处理好利益问题，是关乎经济能否发展的关键，更是关乎经济能否长期向好发展的关键。从价值论的角度来看，经济发展到底为了谁，则关乎着经济正义之现实性问题。纵观人类经济发展史，凡盛世，民亦有利。这表明，国富与民强是互为前提、互为保证的关系。尽管如此，从本质上来说，民强具有更加重要的地位。因此，处理好二者的关系，就必须进行彻底的革命，将国家的资本性彻底地转换为人民性，将人民从资本的统治下解放出来，使国家成为为人民谋幸福的工具，而不是成为为实现资本增殖而剥削人民的工具。新时代中国特色社会主义，将国家利益与人民利益和谐地统一于当下的经济实践之中，国家的一切活动之价值指向都被规约为不断实现好、维护好、发展好最广大人民的根本利益，实现、维护、发展最广大人民的根本利益同时也就是国家的最高利益，二者在利益上是完全一致的，是利益共同体。如此和谐正反馈的国民利益关系，只能在社会主义制度，尤其是具有创新性的中国特色社会主义中被成功建构起来。

四　经济发展的价值路径：为资本设置"红绿灯"，支持和引导资本规范健康发展

新时代经济发展的价值路径在于对资本的再认识与再导控。赋予市场配置资源的决定性地位，就不得不相应地更新对资本的旧有认识。改革开放以来，通过市场经济与社会主义制度的有机结合，资本对生产力的提升作用被极大地释放出来了。应当说，中国经济奇迹的取得，对资本的承认、引入和利用起到了最为关键的作用。学界对资本的理论研究也在如此独具特色的实践中取得了丰硕的理论成果。如张雄教授分析了资本在中国特色社会主义制度创新下涌现出来的巨大能量，认为我国应继续强化制度优势与红色资本发展的正能量关系。① 周丹教授认为社会主义公有制的资

---

① 　张雄：《当代中国马克思主义政治经济学的哲学智慧》，《中国社会科学》2021 年第 6 期。

本形态驾控传统资本逻辑、克服资本内在否定性、超越资本形而上学、有效激活资本文明面，是中国式现代化的基本标识，是带领人类走出现代性困境、实现人的自由解放的现实方案。① 应当说，无论是从制度、政策等具体的实践层面，还是从学术研究、学理分析的理论层面，我们党和政府关于社会主义市场经济条件下的资本治理都积累了相当丰富的方法并获得了明晰系统的认识。

客观地看来，资本的特性与运动规律在社会主义市场经济制度中具有了一种常态性表现，新时代中国特色社会主义对资本有了进一步认识："社会主义市场经济是一个伟大创造，社会主义市场经济中必然会有各种形态的资本，要发挥资本作为生产要素的积极作用，同时有效控制其消极作用。要为资本设置'红绿灯'，依法加强对资本的有效监管，防止资本野蛮生长。要支持和引导资本规范健康发展"②。在 2022 年 4 月开展的中共中央政治局第三十八次集体学习中，习近平总书记进一步强调了对作为重要生产要素的资本的认识、研究和利用等问题。在这次学习中，党中央对资本的认识显然又上升到了一个新的高度。从认识方法来看，党中央采取"历史地、发展地、辩证地"的方法论原则，来认识和把握现实存在于我国经济社会中的各类资本及其作用。这种认识方法，体现出党中央对马克思主义哲学认识论的自觉运用。只有坚持这种方法，才能正确理解资本的性质、发挥资本的作用、把握资本的规律，进而提升政府在资本运行中的治理能力；从意义认识来看，会议认为，坚持在社会主义市场经济的条件下规范和引导资本发展，是中国乃至人类面临的重大政治、经济问题，也是重大的理论、实践问题。这一问题的妥善解决与处理，本质性地关涉着社会主义基本经济制度、改革开放基本国策、高质量发展和共同富裕、国家安全和社会稳定；从作用认识来看，这一问题的妥善解决和处理，可以有效促进科技进步、繁荣市场经济、便利人民生活、提升国际竞争力。

清醒地、辩证地认识资本的二重性面孔，有助于我们在社会主义市场经济方向的改革中始终保持"社会主义性"占据主导地位，妥善导控资本的逐利本性。我们不能否定资本的文明性，也不能低估资本增殖的野蛮性

---

① 周丹：《社会主义市场经济条件下的资本价值》，《中国社会科学》2021 年第 4 期。
② 《中央经济工作会议在北京举行》，《人民日报》2021 年 12 月 11 日。

和非文明性。资本是一定历史阶段的产物，在"人对物的依赖"的社会形态中，在社会主义初级阶段，尽管资本依然具有内在否定性，但是不可否认的是，资本也具有历史进步意义与追求历史普遍性的积极趋向。

五　经济发展的价值落脚点：增进人民福祉，实现美好生活，更好实现共同富裕

（一）共同富裕是什么？

1. 作为马克思主义基本目标的共同富裕

反贫困和实现无产阶级幸福生活是马克思恩格斯一生的价值理想与实践指向，在他们那里，树立全新的哲学立场（无产阶级的哲学立场）是反贫困的基础工作，在此基础上对政治经济学理论前提的澄清和重构（构建无产阶级的政治经济学）是反贫困的关键环节，现实的共产主义运动（无产阶级推翻资产阶级统治的社会革命）是反贫困的根本途径，而实现共产主义和人类解放则是反贫困的终极目标。马克思终其一生所进行政治经济学批判工作的唯一目的，就是揭示资产阶级庸俗经济学的荒谬本质及其资本立场，为构建无产阶级立场的政治经济学发出先声。他们在《共产党宣言》中控诉资产阶级的统治使得工人阶级成为赤贫者，他们比奴隶时代的农奴、封建时代的小资产者还要悲惨，连最基本的生存都难以维系。"无产阶级的运动是绝大多数人的，为绝大多数人谋利益的独立的运动"①，而在《政治经济学批判（1857—1858年手稿）》中又指出，在未来社会"生产将以所有的人富裕为目的"②。

列宁进一步论述了社会主义与共同富裕之间的本质关联，认为社会主义的生产目的就是要让全体人民走上共同富裕之路，"共同劳动的成果不应该归一小撮富人享受，应该归全体劳动者享受"③，同时，列宁强调只有社会主义才能"使所有劳动者过最美好的、最幸福的生活"④。尽管斯大林的共同富裕思想因脱离苏联当时生产力发展水平而在实践上受挫，但是他

---

①　《马克思恩格斯文集》第2卷，人民出版社，2009，第42页。
②　《马克思恩格斯文集》第8卷，人民出版社，2009，第200页。
③　《列宁全集》第7卷，人民出版社，2013，第112页。
④　《列宁全集》第34卷，人民出版社，2017，第356页。

确实为实现社会主义共同富裕做出了有益的探索。他认为只有发展生产力才能真正实现共同富裕，并将实现共同富裕与发挥社会主义优越性关联起来，这显然是一个具有突破性的创见。

2. 作为中华民族世代人民基本理想的共同富裕

概览中华文明史，"天下大同"一直都是中华民族世世代代人民的共同价值追求。"天下大同"的世俗表现形式，就是实现共同富裕。实现共同富裕是广大人民群众最为质朴的现实理想。从《易经》的"天下均平，普利万物""裒多益寡，称物平施""损上益下，民说无疆。自上下下，其道大光"到《礼记》"黄帝正名百物，以明民共财""天下为公""小康社会"，从管子"以天下之财利天下之人""治国之道，必先富民""以人为本"、老子"损有余而补不足"到孔子"不患寡而患不均"，不难发现，中国古代人民朴素的共富意识源自对"天地之道"的不懈探求。先秦思想家们认为，为政者想要实现理想的社会状态，关键在于保障人人都有追求财富的机会，实现下层人民的富足安乐，"下贫则上贫，下富则上富"，因此他们建议为政施政者"为政以德""选贤与能，讲信修睦"，使"老有所终，壮有所用，幼有所长"，最终达致"大同"的社会理想境域。

近代以来，主张"经世致用"的康有为，从中国传统大同理想、"三世进化"出发，结合西方资本主义的批判学说、空想社会主义的合理内核，提出"以行大同救天下为最终之目的"[①]的"大同理想"的近代涵义。作为中国近代资产阶级革命先行者，孙中山先生从社会主义思想出发，对传统儒家的"天下为公"思想进一步做出了创新性表达，提出了以"民有、民治、民享"为核心理念的"三民主义"。可见，不管是古代还是近代，中国人民对共同富裕的期冀从未中断或消失过。因此，习近平总书记深刻地指出，共同富裕"是自古以来我国人民的一个基本理想"[②]。

3. 作为社会主义本质要求的共同富裕

前面介绍了马克思主义经典作家们的共同富裕思想，马克思恩格斯从理论层面指出了社会主义生产的"共同富裕"目的，即在未来社会"生产

---

① 《康有为全集》第 2 集，中国人民大学出版社，2007，第 163 页。
② 《习近平谈治国理政》第 2 卷，外文出版社，2017，第 214 页。

将以所有的人富裕为目的"①。俄国十月革命后，列宁和斯大林在社会主义实践中，将社会主义本质和实现共同富裕创新性地关联起来，并进行了有益的实践探索。新中国成立后，中国共产党人在建设社会主义的过程中，一以贯之地把社会主义本质与共同富裕本质地加以链接。毛泽东认为实现农民的共同富裕，必须走社会主义道路，要坚持合作化、集体化的社会主义路线，农民才能较快地富裕起来。邓小平在"南方谈话"中对社会主义的共同富裕本质做出了全面而精准的阐述："社会主义的本质，是解放生产力，发展生产力，消灭剥削，消除两极分化，最终达到共同富裕。"② 江泽民进一步强调："实现共同富裕是社会主义的根本原则和本质特征，绝不能动摇。"③ 胡锦涛继续提出："使全体人民共享改革发展成果，使全体人民朝着共同富裕的方向稳步前进。"④ 进入新时代后，习近平总书记在不同场合多次强调共同富裕是社会主义的本质要求，对社会主义本质理论做出了新阐释。一是更加凸显共同富裕的重要性。在《关于〈中共中央关于制定国民经济和社会发展第十四个五年规划和二〇三五年远景目标的建议〉的说明》中，习近平总书记指出："共同富裕是社会主义的本质要求，是人民群众的共同期盼。我们推动经济社会发展，归根结底是要实现全体人民共同富裕。"在这里，习近平总书记的重要论述在"归根结底"的意义上，更加凸显了实现全体人民共同富裕对于彰显社会主义本质的根本性地位。二是更加凸显实现共同富裕的紧迫性。从"本质特征"的描述性话语到习近平总书记的"本质要求"，我们可以体会到主观与客观双重意义上的对于实现共同富裕的强烈趋向。2020 年底，我国如期完成了新时代脱贫攻坚目标任务，正在消除相对贫困、实现共同富裕的大道上疾驰。客观上的条件正在逐渐成熟，主观上的精神意志日趋自觉。因此，习近平总书记将实现共同富裕不仅看作是社会主义的"本质特征"，还进一步将其视为新时代中国特色社会主义的"本质要求"。

4. 作为中国共产党重要使命的共同富裕

中国共产党的百年史，一定意义上来说，就是一部践行初心使命、扎

① 《马克思恩格斯文集》第 8 卷，人民出版社，2009，第 200 页。
② 《邓小平文选》第 3 卷，人民出版社，1993，第 373 页。
③ 《江泽民文选》第 1 卷，人民出版社，2006，第 466 页。
④ 《胡锦涛文选》第 2 卷，人民出版社，2016，第 291 页。

实推动全体人民共同富裕的奋斗史。建党前，一些自觉转向马克思主义信仰的先进分子就生发出"共同富裕"思想。陈独秀指出，"不平均分配"是资本主义社会的弊病之一，因为"资本生产制一面固然增加财富，一面却增加贫乏"①。李大钊在论述对社会主义的理解时指出："社会主义不是使人尽富或皆贫，是使生产、消费、分配适合的发展，人人均能享受平均的供给，得最大的幸福。"②

中国共产党自成立之时起，就把为中国人民谋幸福、为中华民族谋复兴视为自己的初心使命，积极发动广大农民群众"打土豪、分田地"，实行"耕者有其田"。我们党带领人民，经过坚苦卓绝的抗日战争、解放战争，最终取得了新民主主义革命的胜利，使无数穷苦人民扭转悲惨命运，翻身成为国家的主人，为后来的共同富裕实践创造了根本意义上的政治条件。

社会主义革命和建设时期，党带领全国各族人民没收官僚资本，稳定物价和统一全国财经，废除封建土地制度，开展"三反""五反"运动，在"公私兼顾、劳资两利、城乡互助、内外交流"方针的指引下，国民经济很快得到恢复。1953 年，以工业化为目标的第一个五年计划开始实施。同时，土改后的农业难以满足城市工业和生活需要，贫富分化的苗头逐渐萌发。于是，党和政府又领导人民进行社会主义改造，并制定了总路线，即"一化三改"。随着社会主义改造的完成，我们党又建立起社会主义政治制度和经济制度，这意味着当时占世界人口 1/4 的东方大国稳健地走上了社会主义道路。社会主义改造顺利完成之后，毛泽东进一步提出了实现共同富裕的现实路径。他认为，实现农民的共同富裕，必须走社会主义道路，要坚持合作化、集体化的社会主义路线，农民才能较快地富裕起来。同时，他非常注重生产力对于实现共同富裕的关键作用，将是否提升生产力作为农村合作社是否健全完善的标准。在《论十大关系》中，毛泽东提出要调动一切力量，把中国建设成为一个强大的社会主义国家。③ 在《关于正确处理人民内部矛盾的问题》中，毛泽东强调，要在正确处理人民内部矛盾的基础之上，"向自然界开战，发展我们的经济，发展我们的文化，

---

① 《陈独秀文集》第 2 卷，人民出版社，2013，第 84 页。
② 《李大钊全集》第 4 卷，人民出版社，2013，第 246 页。
③ 《毛泽东文集》第 7 卷，人民出版社，1999，第 24 页。

使全体人民比较顺利地走过目前的过渡时期，巩固我们的新制度，建设我们的新国家"①。毛泽东还认识到实现共同富裕的过程性，认为"要建成一个伟大的社会主义国家，大概经过五十年即十个五年计划，就差不多了，就像个样子了"②。这种认识，是符合当时中国生产力与生产关系的现实情况的，对实现共同富裕的艰难和漫长具有清晰的认识。

1978 年，党的十一届三中全会决定将我们党和国家事业的工作重心转移到社会主义现代化建设上来。现代化建设的中心工作就是经济建设，所以，在 1980 年中共中央召集的干部会议上，邓小平正式提出了"以经济建设为中心"的战略，为社会主义现代化建设夯实物质基础。改革开放和社会主义现代化建设新时期，我们党对社会主义的本质有了更加清晰的认识："社会主义的本质，是解放生产力，发展生产力，消灭剥削，消除两极分化，最终达到共同富裕。"③ 这既是对社会主义本质的认识，也指明了实现共同富裕的路径和方向。现实路径是聚焦社会生产力的提高，方向则是坚持"消灭剥削，消除两极分化"的社会主义方向，二者统一于实现共同富裕这个最终目标。同时，邓小平还提出了"先富带后富"的共同富裕策略，"提倡按劳分配……也提倡一部分人和一部分地方由于多劳多得，先富裕起来。这是坚定不移的"④。后经以江泽民同志为主要代表的第三代中国共产党人、以胡锦涛为代表的第四代中国共产党人艰苦奋斗，我国经济建设成就显著，GDP 由 1978 年的 3645 亿元快速跃升至 2012 年的 518942 亿元，年均增长率高达 9.8%，远超经济起飞时期的亚洲"四小龙"，实现新的经济腾飞。⑤ 生产力水平显著提高，人民的物质文化需要得到了很大程度的满足。

进入新时代后，以习近平同志为核心的党中央更加明确地将实现共同富裕作为我国经济高质量发展的出发点、落脚点与根本价值立场。早在 2012 年，习近平总书记就强调要坚定不移走共同富裕之路，在 2020 年《关于〈中共中央关于制定国民经济和社会发展第十四个五年规划和二〇三五年远景目标的建议〉的说明》中，习近平总书记把新时代推动经济社会发展

---

① 《毛泽东文集》第 7 卷，人民出版社，1999，第 216 页。
② 《毛泽东文集》第 6 卷，人民出版社，1999，第 329 页。
③ 《邓小平文选》第 3 卷，人民出版社，1993，第 373 页。
④ 《邓小平文选》第 2 卷，人民出版社，1994，第 258 页。
⑤ 国家统计局：《改革开放铸辉煌经济发展谱新篇》，《人民日报》2013 年 11 月 6 日。

的根本目标明确为实现全体人民的共同富裕。在党的十八届五中全会上，党中央进一步强调"坚持以人民为中心的发展思想。把增进人民福祉、促进人的全面发展、朝着共同富裕方向稳步前进作为经济发展的出发点和落脚点。这一点，我们任何时候都不能忘记，部署经济工作、制定经济政策、推动经济发展都要牢牢坚持这个根本立场"①。在推进共同富裕的伟大征程中，我们党率领全国各族人民坚持和完善中国特色社会主义，国家经济社会发展取得了历史性成就。党带领人民矢志不渝地打赢了脱贫攻坚战，如期实现了全面建成小康社会奋斗目标。在全面控制新冠疫情的同时，我们克服困难，奋力拼搏，2020 年的国内生产总值 1015986 亿元，较 2019 年提升了 2.3%，是全球唯一实现经济正增长的主要经济体。新时代社会主要矛盾的转化，意味着我们党和人民对实现共同富裕有了更为深入的认识、更加务实的态度、更加具体的路径、更加精准的导向。"共同富裕"的内涵不断得到丰富与升华，各项准备条件不断成熟和稳定，正式进入扎实推进的新发展阶段。

（二）共同富裕不是什么？

1. 不是少数富裕、部分富裕

人类进入现代文明以前，满足生存的资源总体上是稀缺的，人类的物质生活大体上是匮乏且残酷的。实现现代化后，尽管资源仍旧紧张，但是科学技术的发展极大地推动了生产力的发展，使人们进入丰裕社会。尽管如此，文明史上所谓"富裕"从来都仅指涉着社会中的少数人，尤其是在资本主义制度中，极端的贫富分化成为其物质文明篇章中难以删去的"段落"。这表明，人类对财富与文明之间关系的认识还远不够深刻，无数人间惨剧在现代文明中频繁发生，提醒着人类要对所谓的文明进步进行深刻的反思。而对共同富裕的思考，是尤为值得重视的。

新时代中国特色社会主义所要实现的共同富裕，不是少数人的富裕，而是全体人民的富裕。经过不懈努力，我们党带领人民全面建成小康社会，消灭了绝对贫困，创造了人间奇迹。这个过程中，邓小平的"先富带后富"的共同富裕策略起到了至关重要的作用，在生产力水平低下的发展

---

① 中共中央文献研究室编《十八大以来重要文献选编》（下），中央文献出版社，2018，第 4 页。

阶段，让一部分地区、一部分人通过勤劳创业先行富裕起来，进而盘活全国经济，促进生产力发展，把"蛋糕"做大，为全面推进共同富裕奠定了坚实的物质基础。进入新时代，我国生产力获得了进一步的解放和提升，广大劳动人民创造了更加丰裕的各类财富，但是发展的不平衡不充分问题也逐渐凸显出来，消解区域之间、人与人之间的贫富悬殊逐渐成为实现共同富裕路上新的重要课题。因此，新时代共同富裕的内涵得到不断丰富和深化。其中，"共同"是指由全体人民共创共享，解决的是财富创造与分配问题。将全体人民纳入财富的积极范畴之中，使之共享现代化成果。财富由人民群众创造，他们具有分享财富的合法性。社会不仅不能抛弃每一个成员，还要充分提供各种机会与条件来促进每一个人的发展。

2. 不是单维的物质财富取向

当今世界的资本主义及其资本逻辑，具有一种价值通约的天然趋向和本能，就财富观而言，它最大的特点就是将人类原本丰富的灵性极化为对物质财富的单向度狂热，使整个世界变成物欲充塞的平面世界，每个人拜倒在"物"的宝座之下，俯首称臣。人的精神追求、灵性被通约为对物质财富及其符号形式的货币的狂热追求。这里出现的乃是一种财富幻象，在这种幻象中，财富的结构内涵被遮蔽了，财富的辩证发展被阻滞了，原本鲜活且丰富的财富结构，被理解为单向度的物质财富或者作为其符号的货币形式。诸如精神、生态、实体、知识、制度等财富，在这种单向度的财富幻象中被忽略掉了。物质财富及其货币表现形式被赋予了"神圣性"，一种单极化的财富结构被普遍认可。这种单极化的财富结构所带来的消极影响是非常明显的，使得人类对健全社会、良好生态、人的自由发展的追求成为遥不可及的奢望。

新时代中国特色社会主义显示出对资本主义及其资本逻辑单极化财富观的自觉扬弃，在创造物质财富的同时，把精神财富纳入共同富裕的范畴之中。从邓小平的"两手抓"，到江泽民把物质文明和精神文明统筹推进视为中国特色社会主义的"特色"所在，"不能以牺牲精神文明为代价来换取经济的发展"①，再到胡锦涛强调的用社会主义核心价值体系引领社会

---

① 中共中央文献研究室编《十四大以来重要文献选编》（中），人民出版社，1997，第 978 页。

主义市场经济发展，都显示出中国特色社会主义将人的全面发展与财富的丰富内涵紧密联系起来加以考量的超越性。因此，进入新时代后，习近平总书记重点强调，新时代中国特色社会主义所要实现的共同富裕，"是人民群众物质生活和精神生活都富裕"①。一以贯之地站在人的全面发展的高度，来界定共同富裕的人本内涵，将人的精神、灵性纳入经济实践的考量之中加以关照，这是新时代中国特色社会主义的共同富裕实践区别于西方资本主义福利政策的重要特征。

3. 不是整齐划一的平均主义

无论从历史来看，还是从当前来看，都存在着把共同富裕理解为所谓的"平均主义"的误解。历史地看，马克思早在《1844 年经济学哲学手稿》中就对这种主张"平均主义"的共产主义进行过批评。这种共产主义思潮看到私有财产决定性的历史消极作用，将扬弃私有财产作为自己的根本目标或者说手段。但是，他们没有看到私有财产的历史积极意义。他们把对私有制的扬弃理解为"平均主义"式的平均分配，一种绝对的平均主义，以至于提出要消灭家庭，实行"共妻制"，把所有的女人解放出来让大家平分。更为荒谬的是，当他们无法真正地实现对私有财产的积极扬弃时，他们主张用一把火把这些财产烧掉。这种共产主义思潮是极其荒谬的，以至于马克思称之为"粗陋的共产主义"。

一些人将新时代中国共产党提出的共同富裕理解为"大锅饭"，认为"干多干少都一样"，借此否定奋斗的必要性，这种认识也是极其不符合当代中国现实情况的。新时代中国共产党提出的共同富裕是建立在共同奋斗的基础之上的，如果我们离开共同奋斗来讨论共同富裕，肯定是不切实际的。因为共同富裕不是茶叙餐前的清谈，更不是"空想主义"的空妄想象，而是新时代要打赢的又一场"硬仗"。因而，实现共同富裕绝非"等靠要"，而是要团结、组织全国各族人民继续奋斗拼搏，把"蛋糕"越做越大，越做越好，才能"分好蛋糕"。如果天真地认为，我们所追求的共同富裕，与西方"养懒汉"的福利型社会不存在任何差别，那么我们就会在发展的道路上栽跟头，陷入所谓"中等收入陷阱"，丧失前进的勇气。

---

① 《习近平谈治国理政》第 4 卷，外文出版社，2022，第 142 页。

那种"整齐划一的平均主义",不仅不能实现共同富裕,反而可能将我们带向共同贫穷。因此,要保持一定的差异性,才能激发出奋斗的活性与富裕的特有节律。

4. 不是脱离实际的"画大饼"

新时代中国特色社会主义所追求的共同富裕不是脱离实际的"画大饼",而是有边界的,即"需要与可能","需要"不是无止境膨胀的欲望,而是立足于现实条件的现实需要。同样,"可能"不是脱离客观实际的蛮干与空想,而是建立在现实可能性上的实践。因此,习近平总书记提出,要"坚持尽力而为、量力而行"①,说的就是我们要在经济社会发展实际的基础上来调适实现共同富裕进程中的"需要与可能"。

通过对共同富裕是什么,共同富裕不是什么的双向辨识,我们可以清晰地发现,新时代中国特色社会主义已经将人类经济实践的价值意蕴提升至文明论的高度。我们可以从"中国之治"的具象性中明晰以下两点。其一,中国创造了人类物质文明奇迹。从一穷二白的新中国到繁荣富强的新时代,从"贫穷不是社会主义"到全面建成小康社会,从脱贫攻坚战完美收官到走向共同富裕再出发,在中国共产党的带领下,中国人民用自己的勤劳与智慧,不仅创造了经济奇迹,还保护了生态环境、互利了合作伙伴、落实了分配正义,真正诠释了何谓物质的"文明"。这也超越了西方资本主义的物质文明,重新定义着人类物质文明原则。其二,中国创造了人类精神文明范式。精神现代化及其文明化已成为人类文明事业的主题。中国式现代化新道路的精神现代化文明之路的本质特征在于:构建以中华民族精神为主体,以建党精神为灵魂,以全体人民意志为宗旨,以市场精神为手段,以人类共同自由为理想的精神体系。它具象化为中国特色社会主义道路自信、理论自信、制度自信和文化自信的文明自觉,这是中国式现代化新道路的精神内核与文明性所在。物质文明与精神文明的有机联动,深刻体现了中国式现代化新道路背后"中国之治"的文明意蕴,其成果则是中国人民物质与精神的协同并进,中华民族日益成为美美与共的文明实体,朝向真正的文明境域进发。

---

① 习近平:《高举中国特色社会主义伟大旗帜 为全面建设社会主义现代化国家而团结奋斗——在中国共产党第二十次全国代表大会上的报告》,人民出版社,2022,第46页。

第四节　经济发展的历史责任、时代担当和世界意义

一　历史责任：赓续伟大建党精神，实现中华民族伟大复兴

新时代中国特色社会主义的经济实践，体现出中国共产党百余年来一以贯之的价值追求——实现中华民族伟大复兴的中国梦，体现出党和人民对自身经济实践道路的自信自觉，对经济实践规律的科学把握，对经济实践目标的精准锚定，然后不可逆转地、坚定不移地、成竹在胸地朝着既定目标前进，最终达成目标的精神品质。习近平总书记明确提出："实现中华民族伟大复兴，就是中华民族近代以来最伟大的梦想"[1]，并将其概括为"中国梦"概念，清晰地提出了实现中国梦的"两个一百年"奋斗目标。党的十九大报告中进一步宣示："今天，我们比历史上任何时期都更接近、更有信心和能力实现中华民族伟大复兴的目标。"[2]"更接近"意味着客观条件已经成熟，"更有信心和能力"表明实践主体的主观状态越发自信自觉。在主观与客观的统一中，在现实与可能的交融中，中华民族伟大复兴必将不可逆转地如期实现。中国特色社会主义进入新时代，其经济实践的目标越发清晰笃定。在中国共产党成立 100 周年的"七一"重要讲话中，习近平总书记深刻指出："一百年来，中国共产党团结带领中国人民进行的一切奋斗、一切牺牲、一切创造，归结起来就是一个主题：实现中华民族伟大复兴。"[3] 习近平总书记不断提醒着我们，实现中华民族伟大复兴的中国梦是新时代中国特色社会主义的实践主题，是进行伟大斗争、建设伟大工程与推进伟大事业的统摄性主题，是我们须臾不可忘的初心与使命。

新时代中国特色社会主义的经济活动具有鲜明的主体性，主体的自觉在场为经济活动提供了力量之源与前进方向。中华民族从"站起来"到"富起来"，再到"强起来"的历史性飞跃是人类历史上从未有过的伟大事

① 《习近平谈治国理政》第 1 卷，外文出版社，2014，第 36 页。

② 《习近平谈治国理政》第 3 卷，外文出版社，2020，第 12 页。

③ 《习近平谈治国理政》第 4 卷，外文出版社，2022，第 4 页。

业。伟大事业的成败，取决于劳动主体的价值立场、行动方向、实践方法、精神力量，等等。

其一，从中华文明史来看，中华文明是人类文明星丛中唯一没有中断的文明。世世代代生活其间的人民，在尊崇天道、务本唯实、崇尚和合、兼容开放等精神品质的牵引下，创造出举世瞩目的物质文明与精神文明。尽管近代国家蒙辱、人民蒙难、文明蒙尘，但是勤劳勇敢的中国人民仍然矢志不渝地在残酷飘摇的历史变局中赓续着中华文明之血脉。应当说，中国人民是中华文明的创造者，是中华人民共和国的铸造者，是中国特色社会主义的开创者，是新时代中国特色社会主义的拓进者，这便是"江山就是人民，人民就是江山"① 论断的根本依凭所在，是以人民为中心的发展思想的自觉践行。

其二，从中国共产党百年历史来看，人民的伟大劳动，离不开掌握着真理与历史进步方向的先进分子的引领与辅助。缺乏代表人民根本利益的领导核心，人民所持有的磅礴力量就有可能被禁锢在无限循环的剥削之轮中。中国共产党用自己的实际行动有力地证明了这点，它以马克思主义为根本指导，以实现人的自由解放为根本目标，以维护人民利益为根本立场，领导全国各族人民完成了新民主主义革命时期"开天辟地"的救国大业、社会主义革命和建设时期"改天换地"的兴国大业、改革开放和社会主义现代化建设新时期"翻天覆地"的富国大业，并正在推进新时代中国特色社会主义完成"惊天动地"的强国大业。历史已经证明和必将证明，没有中国共产党就没有新中国，就没有中国特色社会主义道路，就没有中华民族的伟大复兴，就没有全体人民幸福美好的新生活。

其三，中国共产党以其伟大的建党精神重新激活了全体人民的民族进步意识及文化自信，以其先进的理念正确指引着全体人民的奋进方向，以其大公无私的服务精神有效凝聚着全体人民的磅礴力量，成为中华文明、中华民族与中国人民之间的"精神黏合剂"与"行动协同器"。总之，中国特色社会主义进入新时代，离不开以中国共产党为核心的劳动人民主体在场及其主体性的激活与勃兴。

----

① 《习近平谈治国理政》第 4 卷，外文出版社，2022，第 9 页。

二　时代担当：积极参与全球经济治理，重塑更加公平合理的国际经济秩序

马克思恩格斯的世界历史理论指出，随着生产力的提升，人类经济社会发展史必将突破地域与文化界限而逐渐发展为世界文明史。马克思恩格斯的世界历史理论是客观历史规律的集中阐发，也是人类在进行文明创造时必须遵循的历史原则。从"市民社会"到"人类社会"，必须顺应并促进历史的世界化。新时代所置身其中的世界经济实践，尽管在交往范围和形式上发生了极大的扩张和变化，但是其底层的资本逻辑并没有发生任何改变，反而越发提升着自身的支配力，资本主义社会有机体根本性弊病不仅没有消除，反而有了更为突出的体现。在新冠疫情的背景之下，西方经济治理乱象丛生。两相比较之下，新时代中国特色社会主义经济实践具有更加鲜明的特点，它始终以"以人民为中心"为经济实践的基本立场，对作为成熟有机体的中国特色社会主义社会有机体发展规律性进行不懈探索。同时，在此过程中，它对资本主义社会有机体的根本性弊病保持高度警惕，在此基础上，对中国特色社会主义社会有机体生命力的增强、对人类命运共同体社会有机体的治理、对世界经济转向良性循环做出了卓越的贡献。从经济哲学看来，集中表现为"美人之美"的"利他"格局，这与西方以"利己"为原点的经济实践截然不同。

在中国式现代化新道路的文明指向中，美人之美的内涵得到了推进，由认识论转向现实的实践场域，由意向性拓展为现实性。也就是说，文明体之间不仅强调相互尊重、承认彼此的共识性，还要进一步从理念走向行动，从可能走向现实，从共识走向互助。这是中国式现代化新道路的文明利他变奏。历史地看来，在西方文明，尤其是以资本逻辑为中轴的西方现代文明语境中，似乎没有"利他"的位置。无论是在《国富论》，还是在《道德情操论》中，亚当·斯密均将当代西方现代文明的伦理与经济逻辑起点预设为"利己"，由此形成"社会即市场，人人皆商人"的商业文明。斯密以"利己"为人性前提建构起来的和谐文明论深刻地影响着西方现代文明，西方现代文明表面上的物质繁荣似乎也印证着斯密的理论构想。但是在这种文明论中，由"利己"出发自然形成的社会和谐秩序，即所谓的

利他状态，本质上是一种"非意图后果"，而资本文明现实的残酷一再证明这种理论上可以自发达致的和谐状态的虚假性。现代学者亨廷顿也悲观地认为文明之间的冲突不可避免，在《文明的冲突》一书中，他断言以美国为首的西方文明、伊斯兰文明与中华文明将成为文明竞技台上的主角。显然，囿于西方文明这种根深蒂固的主客二元对立之传统思维，斯密与亨廷顿确实难以想象文明的利他性，因此将"利己"理解为文明间性的根本特质也就成为必然。如此就能理解西方文明长期推崇的所谓"战争哲学""修昔底德陷阱"等文明冲突论调了。在他们那里，弱肉强食、赢者通吃乃是不容置疑的思维前见。因此，当中华文明重返世界舞台中心时，西方文明就立即以前述的思维前见把中华民族伟大复兴描绘为"中国争霸"的神话叙事，这种"以小人之心度君子之腹"的行为背后有两点动因：一是对现代性原则不加任何批判的思维惯性，认为人类诸文明无一例外地必然遵循西方道路才能进入现代化；二是他们根本无法理解由中国式现代化新道路复兴的中华文明所具有的超越性，亦即根本不敢相信偌大的中华文明能够不靠掠夺、殖民、战争等西方惯用手段来实现和平发展，甚至成为世界经济社会发展的共享引擎。简言之，他们无法理解"利他"是中华优秀文化传统的底色，亦是中国式现代化新道路正在践行的原则。这种"文明利他"变奏，将成为人类文明新形态的关键理念与重大实践原则。

中国式现代化新道路所激发出来的"文明利他"变奏正在成为文明新风向，以"文明利他"置换世界文明体之间的交往原则将成为中国式现代化新道路的文明指向。一方面，"文明利他"强调必须实现从赢者通吃到互惠共赢、从零和博弈到和合共生的思维转换，这种转换本质性地关乎着人类文明存亡，超出了单个文明的狭隘视域而表现出对人类命运的整体关怀。中国式现代化新道路将打破原有的那种"利己性"竞争模式，为世界秩序注入崭新的元素，即"利他性"共赢模式，消解加诸人类文明发展上的"丛林法则"。另一方面，"文明利他"尤其强调不同发展层次文明体间的公平正义。作为西方现代文明的中轴，现代性及其资本逻辑本身就意味着不公平、不正义。实际上，当代资本的跨时空超速运动使其支配力更加强劲、支配域无远弗届，而经济全球化的文明叙事掩盖着西方资本文明的后殖民主义实质，在"普世价值"与资本逻辑的双重支配下，不发达文明体彻底成为资本轴心文明的附庸，任何独立发展的机会都被抹杀掉了，任何文明复兴的行动都被污名化为对现存文明秩序的威胁。中国式现代化新道路的形成，彰显着打破当下不正义国际秩序的现实可能性。其实践路径是通过支持广大非发达国家、地区及文明体独立自主地选择发展道路，共同构建一个充分保障全体参与者基本生存与长远发展权利的命运共同体。中国式现代化新道路所提供给他们的绝非强权意志、普世价值，而是基于人类道义的、历史现实条件的立场与方法，是尊重文明体文化、习俗与民族意志的切实援助与帮扶，他们指向的乃是不同文明体之间真正的、和谐的相处之道，即"利他性"的美人之美。

三　世界意义：推动世界经济发展，构建人类命运共同体，开启人类文明新未来

新时代中国特色社会主义经济实践不仅自觉担负起实现中华民族伟大复兴的历史使命，而且具有重大的世界历史意义。新时代中国特色社会主义经济实践所追寻的并非经济学意义上纯粹的数量式增长，我们也不能将其价值目标简单地视为追寻一个民族国家的当代复兴和崛起。从马克思主义经济哲学的价值取向来看，我们应将新时代中国特色社会主义经济实践放置于宏大的共产主义叙事之中，来考量其深远的历史进步意义。事实上，从人类命运共同体的倡议，到中国式现代化道路的提出，再到人类文明新形态的呈现，我们很难再将新时代中国特色社会主义经济实践仅仅局限于经济学研究视域之中加以考察，而应当自觉地依循马克思主义经济哲学的世界历史视野来把握其时代担当。

（一）马克思主义经济哲学的共产主义文明取向

马克思主义经济哲学超越资产阶级庸俗经济学的关键在于其哲学基础——唯物史观的伟大创制，唯物史观为马克思主义政治经济学批判提供了科学世界观与方法论，在此基础上，科学论证了未来共产主义文明图式。面临着资源稀少、环境恶劣的客观环境，作为现代文明主要设计者的苏格兰启蒙运动先驱们在思考如何促进经济生产、增进财富的同时，完成了文化思想启蒙。他们依据人性，将"一个文明和商业社会"从国家中剥离出来并加以丰富想象，从文明的本质内涵、文明的治理、文明如何实现和谐平等

三个方面展开思考。其代表人物弗格森将现代文明社会预判为"市民社会",并初步强调了它的三重意蕴:一是强调"城邦居民"的政治哲学底色,二是强调"资本主义"经济生活范式的俗性创制,三是强调公民财产、自由、权利的整体定义。亚当·斯密提出的"社会的四个阶段是狩猎、游牧、农业和商业"① 则为近代殖民主义文明等级论奠定了基础。而作为古典经济学的奠基者,斯密对"市民社会"的政治经济学研究更为商业文明和自由市场主义提供了强力的合法性论证,直到现在依然是当代西方主流经济学的经典格律与原在教条。总之,苏格兰启蒙运动所推崇的市民社会较之于国家,具有人性层面的先在性,"市场经济-道德自律-法律体系-小政府"构成了市民社会的基本逻辑结构。

苏格兰启蒙思想家们对社会文明的经济基础的重视无疑对马克思的唯物史观创制起到了关键性提示作用。这一点通过马克思对黑格尔法哲学的批判清楚地显示出来。尽管黑格尔承认市民社会对于现代文明的重要价值,但"黑格尔在为德国政治辩护的过程中置换了苏格兰启蒙运动的逻辑,确认了国家对市民社会不可撼动的决定作用"②。黑格尔的国家决定市民社会论断无疑使青年马克思陷入了巨大的"物质利益的困惑"之中,市民社会与国家关系究竟应如何把握呢?此时,恩格斯从英国发来的《政治经济学批判大纲》一文给他送来了澄清疑惑的关键"钥匙",恩格斯在该文中将"迄今为止在历史著作中根本不起作用或者只起极小作用的经济事实"③ 作为理解人类阶级斗争、全部政治史的基础,利用政治经济学批判直指资本主义制度的血腥野蛮,揭露了所谓资本主义商业文明的伪善与野蛮。该文为马克思提供了崭新的学科视野、研究方法以及深入人类社会文明本质的切入口,如他在《〈政治经济学批判〉序言》中回忆道:"对市民社会的解剖应该到政治经济学中去寻求"④。据此,克罗伊茨纳赫时期的马克思取得了关键性的进展:一是市民社会决定国家,二是黑格尔"国家

---

① Albert M. Craig, *Civilization and Enlightenment*: *The Early Thought of Fukuzawa Yukichi* (Cambridge: Harvard University Press, 2009), p. 15.

② 臧峰宇:《苏格兰启蒙运动与青年马克思的市民社会理论》,《天津社会科学》2014 年第 2 期。

③ 《马克思恩格斯文集》第 4 卷,人民出版社,2009,第 232 页。

④ 《马克思恩格斯文集》第 2 卷,人民出版社,2009,第 591 页。

决定市民社会"观点的荒谬源于其一般哲学（逻辑学）的错误，三是需要对共产主义本质进行深入探究。马克思清醒地意识到这三个方面的深入推进，必须要进一步对作为市民社会的理论表达——政治经济学加以研究。《1844 年经济学哲学手稿》是对这三个方面的进一步考察。首先，通过把"商品"现象学还原为"劳动的产品"，马克思揭示了被国民经济学所掩盖着的资本主义文明悖论，即以"市民社会"为基础的工业文明背后工人劳动的四重异化，据此得出异化劳动导致私有财产而非私有财产导致异化劳动的重要结论，这一结论在承认劳动之于文明与历史的创造与进步意义的同时，对为资产阶级代言的国民经济学提出了严厉控诉。其次，根据上述结论，马克思批评了"粗陋的共产主义""政治形式的共产主义"对共产主义的错误理解，并从哲学之维对共产主义（运动）做了阐释：通过对私有财产的积极扬弃、消灭异化劳动（人与自然、人与人之间的异化关系）来达致一种"自然主义=人道主义"的社会。最后，从对共产主义的哲学分析引申出对黑格尔的辩证法和整个哲学的批判。马克思对费尔巴哈的感性对象性关系原则与黑格尔的对象性活动原则进行了伟大综合，这一创举意味着实践哲学立场的初现，并直接导向着《1844 年经济学哲学手稿》中实践哲学的公开宣示，以及《德意志意识形态》中作为该立场具象化展开的唯物史观。此间，马克思、恩格斯经济哲学思想的共产主义文明路向逐渐体系化、科学化，具体表现为坚实的哲学基础（作为实践哲学范式具象化的唯物史观）、追求无产阶级以及全人类解放的价值立场与深入历史本质中去的科学实证方法（政治经济学批判）的结构式样。就此而言，马克思、恩格斯的经济哲学超越了以往一切以形而上的观念、唯心主义为哲学基础的资产阶级经济学，为人类超越现代工业文明、走向真正的共产主义文明提供了合法性、合理性论证。就新时代中国特色社会主义经济实践而言，无疑是一场更为深刻、更为现实的共产主义运动。具体而言，这一运动表现为持续推进的两重文明变奏，一是以"美人之美""利他""和合"为精神实质的世界经济治理实践，二是以"美美与共"为目标的共产主义文明实践。

（二）中国式现代化道路的世界历史意义

其一，中国式现代化新道路正显现出共产主义社会有机体的胚胎形式。在《1844 年经济学哲学手稿》中，马克思以感性活动原则为核心，在消除异化劳动和扬弃私有财产的理论基石上对共产主义做出进一步的精妙阐述："这种共产主义，作为完成了的自然主义，等于人道主义，而作为完成了的人道主义，等于自然主义，它是人和自然界之间、人和人之间的矛盾的真正解决，是存在和本质、对象化和自我确证、自由和必然、个体和类之间的斗争的真正解决。它是历史之谜的解答，而且知道自己就是这种解答。"① 这种对共产主义的哲学式解读绝非费尔巴哈式的人道主义抽象，实际上，这一时期的马克思超越了费尔巴哈的人本唯物主义，已经意识到劳动 - 历史的本质重要性，并且开始基于实践哲学范式来思考共产主义本质了。上述关于共产主义的哲学表达意味着这种共产主义超越了认识论而立身于劳动本体论之上，从而深入历史本质中去获得了充分的现实性。就此而言，中国式现代化新道路的创造乃是共产主义运动进程中的重要里程碑，亦是人类从市民社会走向人类社会文明的先声序章，因为在这里，人与人、人与自然之间的矛盾正在得到解决，美美与共的文明大同世界轮廓日益显现。

其二，中国式现代化新道路是消除人与人、人与自然之间矛盾的新道路。改革开放之初，解放和发展生产力、实现丰裕物质文明是当时中国特色社会主义道路的文明指向。随着改革开放的不断深化，中国特色社会主义道路的文明指向逐渐注重物质文明、政治文明、精神文明、社会文明的协调实现。党的十八大以后，中国特色社会主义进入新时代，中国特色社会主义道路转化为中国式现代化新道路，其文明指向明确地表现为物质文明、政治文明、精神文明、社会文明、生态文明的整体性追求。不难发现，从物质文明到作为整体的五大文明，从中国特色社会主义道路到中国式现代化新道路的出场，实际上是一个从物到人的转向与回归，是从人对物的依赖到人的自由全面发展的伟大转向与尝试超越。在中国式现代化新道路这里，物质文明表现为对资本逻辑的全面导控、对科学技术的人道规制以及对拜物教的进一步消解；政治文明表现为对社会主义制度的持续完善、对人民至上的立场坚守以及对依法治国的持续推进；精神文明表现为

---

① 《马克思恩格斯文集》第 1 卷，人民出版社，2009，第 185 - 186 页。

对社会主义核心价值观的全面内化、对中华优秀传统文化的创造性转化与创新性发展以及对人类普遍尊崇的共同价值的尊重与维护；社会文明表现为对社会秩序与活力的双向追求、对社会治理效能的技术提升以及对社会公平正义的持续追求；生态文明表现为对发展模式的结构化转型、对生产方式和生活方式的绿色革新。值得注意的是，我们在这里列举每个文明维度的主要特征并非割裂它们之间的整体联系，而仅仅是为了凸显它们的特质。任何一种对五大文明做孤立、片面式的理解，都无法准确、完整地把握住中国特色社会主义道路的人类社会文明指向。譬如，中国特色社会主义道路所要实现的生态文明，本质上也是物质文明、政治文明、精神文明、社会文明的整体达致，对此马克思早就做出提示："这种共产主义，作为完成了的自然主义，等于人道主义，而作为完成了的人道主义，等于自然主义"[①]。同样，在世界历史视域中，中华文明也必须自觉把握世界历史进程，将自己的发展与世界历史的进步有机统一起来。因此，无论是人道主义抑或自然主义；无论是中国式现代化新道路还是人类命运共同体，只有当它们共时性地作为一个有机整体实现时，我们才能自信地宣示，作为人类社会文明的本真境域——共产主义真实地来与我们照面。

---

① 《马克思恩格斯文集》第 1 卷，人民出版社，2009，第 185 页。

结论　当代中国马克思主义经济哲学思想：
一个具有哲学新高度的
经济学思想体系

　　通过对当代中国马克思主义经济哲学思想的探析，可以明确的是，中国经济取得巨大成就的原因是多方面的，从"经济学－哲学"这一结构性交叉的视角来看，对马克思主义经济哲学传统的创新性继承和实践是其中的一个重要方面。当代中国经济建设实践是对马克思主义经济哲学思想的原则性遵循和创新性运用。随着该课题在马克思主义经济哲学及其中国化的理论逻辑中不断展开，新时代中国特色社会主义政治经济学话语体系获致了坚实的哲学基础和智识支持，创新中国马克思主义哲学尤其是中国马克思主义经济哲学理论形态则寻求到了最为坚固、最为丰富、最为现实的质料素材。中西经济实践及其经济学理论的本质性差异乃是哲学基础的差异。阐明这种差异，必须回到马克思所发动的哲学革命及其真实的思想脉络中——必须回到马克思主义哲学思想生成、发展的历史现场。在那里，马克思的哲学革命与其经济学革命、政治革命之间具有清晰的逻辑关联，是"一整块钢铁"与"艺术的整体"。这种严密的内生关联性使马克思经济哲学思想成为一种具有总体性的研究范式。这种总体性的研究范式，又为当代经济哲学研究提供了重要范式，使作为"结构性交叉"的经济哲学研究更具合法性，也契合了中国特色社会主义经济实践的现实。当代中国马克思主义经济哲学理论体系由经济哲学本体论、经济哲学认识论、经济哲学方法论、经济哲学价值论这四个相互渗透、相互支援的维度组成，为中国经济发展提供了高远精深的智识支持。

　　总之，中国所取得的经济社会发展奇迹呼唤着理论上的创新性阐释，自觉反思和积极构建当代中国马克思主义经济哲学话语体系，是破解中国经济社会发展成功密码的一个重要的理论维度和较为紧迫的理论任务。通过简单的梳理与分析，本书提出，当代中国马克思主义经济哲学思想乃是一个具有哲学新高度的经济学思想创新体系。其创新性主要表现在以下五个方面：一是实现了发展理念的哲学创新，是基于新发展理念的"新发展经济学"；二是实现了发展道路的哲学创新，是开辟人类现代化新道路的"新现代经济学"；三是实现了发展方略的哲学创新，是基于中国方案的"中国马克思主义政治经济学"；四是实现了发展旨归的哲学创新，是"以人民为中心"的"人民经济学"；五是实现了发展视野的哲学创新，是基于人类共同命运的"新世界经济学"。当然，如何讲好中国经济腾飞的中国故事，构建中国的经济哲学话语体系，是一个重大的理论课题，也是我们这一代学人必须肩负起的重大历史责任。本书只是一个粗浅的理论尝试，这里阐发的四个维度及其五个哲学创新，也仅仅是一个宏观上的掠影，当代中国马克思主义经济哲学的丰富内涵必将随着中国特色社会主义经济实践的深入而不断拓展。

参考文献

（一）马列著作及中央文献

[1]《马克思恩格斯文集》第 1-10 卷，人民出版社，2009。

[2]《列宁选集》第 1-4 卷，人民出版社，2012。

[3]《毛泽东选集》第 1-4 卷，人民出版社，1991。

[4]《邓小平文选》第 1-2 卷，人民出版社，1994。

[5]《邓小平文选》第 3 卷，人民出版社，1993。

[6]《江泽民文选》第 1-3 卷，人民出版社，2006。

[7]《习近平谈治国理政》第 1 卷，外文出版社，2014。

[8]《习近平谈治国理政》第 2 卷，外文出版社，2017。

[9]《习近平谈治国理政》第 3 卷，外文出版社，2020。

[10]《习近平谈治国理政》第 4 卷，外文出版社，2022。

[11]《三中全会以来重要文献选编》（上、下），人民出版社，1982。

[12] 中共中央文献研究室编《十六大以来重要文献选编》（上），中央文献出版社，2005。

[13] 中共中央文献研究室编《十六大以来重要文献选编》（中），中央文献出版社，2006。

[14] 中共中央文献研究室编《十六大以来重要文献选编》（下），中央文献出版社，2008。

[15] 中共中央文献研究室编《十七大以来重要文献选编》（上），中央文献出版社，2009。

［16］中共中央文献研究室编《十七大以来重要文献选编》（中），中央文献出版社，2011。

［17］中共中央文献研究室编《十七大以来重要文献选编》（下），中央文献出版社，2013。

［18］中共中央文献研究室编《十八大以来重要文献选编》（上），中央文献出版社，2014。

［19］中共中央文献研究室编《十八大以来重要文献选编》（中），中央文献出版社，2016。

［20］中共中央文献研究室编《十八大以来重要文献选编》（下），中央文献出版社，2018。

［21］中共中央文献研究室编《十九大以来重要文献选编》（上），中央文献出版社，2019。

［22］中共中央文献研究室编《十九大以来重要文献选编》（中），中央文献出版社，2021。

［23］中共中央宣传部：《习近平新时代中国特色社会主义思想学习纲要》，学习出版社、人民出版社，2019。

［24］中共中央宣传部：《习近平新时代中国特色社会主义思想三十讲》，学习出版社，2018。

［25］中共中央宣传部：《习近平新时代中国特色社会主义思想学习问答》，学习出版社、人民出版社，2021。

［26］《中共中央关于制定国民经济和社会发展第十四个五年规划和二〇三五年远景目标的建议》，人民出版社，2020。

（二）国内著作类

［1］卜祥记：《青年黑格尔派与马克思》，商务印书馆，2015。

［2］陈岱孙：《从古典经济学派到马克思——若干主要学说发展论略》，商务印书馆，2014。

［3］陈飞：《经济哲学视域中的马克思》，中央编译出版社，2019。

［4］陈学明：《谁是罪魁祸首——追寻生态危机的根源》，人民出版社，2012。

［5］成龙：《新时代中国特色社会主义的思想逻辑研究》，人民出版社，

2020。

[6] 程恩富等：《马克思主义政治经济学基础理论研究》，北京师范大学出版社，2017。

[7] 程恩富、胡乐明主编《经济学方法论》，上海财经大学出版社，2002。

[8] 董明惠：《通评西方经济学的理论方法》，清华大学出版社，2016。

[9] 高慧珠：《唯物史观新视野与新发展理念研究》，上海人民出版社，2019。

[10] 宫敬才：《重建马克思经济哲学传统》，人民出版社，2018。

[11] 顾海良、荣兆梓等：《中国特色社会主义政治经济学研究》，高等教育出版社，2020。

[12] 国家行政学院经济学教研部：《新时代中国特色社会主义政治经济学》，人民出版社，2018。

[13] 韩庆祥：《中国道路及其本源意义》，中国社会科学出版社，2019。

[14] 何爱平、李雪娇、彭硕毅等：《新时代中国特色社会主义政治经济学的创新发展研究》，人民出版社，2018。

[15] 何关银：《经济认识论》，河南人民出版社，2009。

[16] 洪银兴、任保平：《新时代发展经济学》，高等教育出版社，2019。

[17] 洪远朋等：《共享利益论》，上海人民出版社，2001。

[18] 胡寄窗：《中国经济思想史》（上、中、下），上海财经大学出版社，1998。

[19] 蒋自强等：《经济思想通史》第1卷，浙江大学出版社，2003。

[20] 李秀林：《李秀林文存》，中国人民大学出版社，2007。

[21] 廖士祥主编《经济学方法论》，上海社会科学院出版社，1991。

[22] 林毅夫：《解读中国经济》，北京大学出版社，2012。

[23] 刘伟：《新时代中国特色社会主义政治经济学探索》，北京大学出版社，2021。

[24] 刘远传：《社会本体论》，武汉大学出版社，1999。

[25] 鲁品越：《鲜活的资本论——从〈资本论〉到中国道路》，上海人民出版社，2016。

[26] 鲁品越：《〈资本论〉与当代世界》，学习出版社，2022。

[27] 马涛：《理性崇拜与缺憾：经济认识论批判》，上海社会科学院出版社，2000。

[28] 逄锦聚、洪银兴、林岗、刘伟：《政治经济学（第6版）》，高等教育出版社，2018。

[29] 任保平：《新时代中国特色社会主义政治经济学的创新》，人民出版社，2018。

[30] 荣兆梓：《理解当代中国马克思主义政治经济学》，济南出版社，2019。

[31] 石建勋、张鑫等主编《新时代中国特色社会主义政治经济学》，清华大学出版社，2018。

[32] 孙承叔、王东：《对〈资本论〉历史观的沉思》，学林出版社，1988。

[33] 汤在新主编《近代西方经济学史》，上海人民出版社，1990。

[34] 汪丁丁：《经济学思想史讲义（第2版）》，上海人民出版社，2012。

[35] 汪丁丁：《经济学思想史进阶讲义：逻辑与历史的冲突和统一》，上海人民出版社，2015。

[36] 王立胜：《新时代中国特色社会主义政治经济学研究》，济南出版社，2019。

[37] 王守仁：《王阳明全集》第1册，上海古籍出版社，2014。

[38] 卫兴华：《中国特色社会主义政治经济学研究》，济南出版社，2017。

[39] 吴晓明：《马克思早期思想的逻辑发展》，上海人民出版社，2016。

[40] 萧前、杨耕：《唯物主义的现代形态：实践唯物主义研究》，中国人民大学出版社，2012。

[41] 徐大健：《西方经济伦理思想史——经济的伦理内涵与社会文明的演进》，上海人民出版社，2020。

[42] 阎孟伟：《论社会有机体的性质、结构与动态》，天津人民出版社，1995。

[43] 余源培：《马克思主义经济哲学及其当代意义》，上海人民出版社，2016。

[44] 张雄、陈章亮：《经济哲学：经济理念与市场智慧》，云南人民出版社，2000。

［45］张雄等：《改变中国人的十四个观念》，上海财经大学出版社，2018。

［46］张雄：《经济哲学：从历史哲学向经济哲学的跨越》，云南人民出版社，2002。

［47］张雄：《历史转折论——一种实践主体发展哲学的思考》，上海社会科学院出版社，1994。

［48］张雄、鲁品越：《中国经济哲学评论：2011财富哲学专辑》，社会科学文献出版社，2012。

［49］张雄：《市场经济中的非理性世界》，立信会计出版社，1995。

［50］张彦：《活序：本真的世界观——兼论社会发展的第三种秩序》，上海人民出版社，2019。

［51］张一兵：《回到马克思：经济哲学语境中的哲学话语》，江苏人民出版社，2020。

［52］张一兵：《文本的深度耕犁：后马克思思潮哲学文本解读》，中国人民大学出版社，2008。

［53］张宇：《中国特色社会主义政治经济学》，中国人民大学出版社，2016。

［54］赵凌云主编《中国共产党经济工作史（1921—2011年）》，中国财政经济出版社，2011。

［55］中国社会科学院马克思主义研究学部：《30位著名学者纵论哲学社会科学》，中国社会科学出版社，2017。

［56］朱熹：《四书章句集注》，中华书局，2012。

（三）译著类

［1］〔德〕奥斯瓦尔德·斯宾格勒：《西方的没落》（一、二卷），吴琼译，上海三联书店，2006。

［2］〔德〕费彻尔：《马克思与马克思主义：从经济学批判到世界观》，赵玉兰译，北京师范大学出版社，2009。

［3］〔德〕黑格尔：《精神现象学》（上），贺麟、王玖兴译，商务印书馆，1979。

［4］〔德〕黑格尔：《小逻辑》，贺麟译，商务印书馆，1980。

［5］〔德〕康德：《历史理性批判文集》，何兆武译，商务印书馆，1990。

［6］〔德〕马丁·海德格尔：《存在与时间》，陈嘉映、王庆节译，生活·

读书·新知三联书店，1987。

[7]〔德〕马克斯·韦伯：《社会科学方法论》，韩水法、莫茜译，商务印书馆，2017。

[8]〔德〕马克斯·韦伯：《新教伦理与资本主义精神》，阎克文译，上海人民出版社，2018。

[9]〔德〕于尔根·哈贝马斯：《现代性的哲学话语》，曹卫东等译，译林出版社，2004。

[10]〔法〕埃米尔·涂尔干：《社会分工论》，渠东译，生活·读书·新知三联书店，2000。

[11]〔法〕奥古斯特·孔德：《论实证精神》，黄建华译，商务印书馆，1996。

[12]〔法〕克劳德·梅纳尔：《制度、契约与组织：从新制度经济学角度的透视》，刘刚等译，经济科学出版社，2003。

[13]〔法〕莱昂·瓦尔拉斯：《纯粹经济学要义》，蔡受百译，商务印书馆，1989。

[14]〔法〕托马斯·皮凯蒂：《21世纪资本论》，巴曙松等译，中信出版社，2014。

[15]〔美〕D.韦德·汉兹：《开放的经济学方法论》，段文辉译，武汉大学出版社，2009。

[16]〔美〕艾伯特·奥·赫希曼：《欲望与利益：资本主义走向胜利前的政治争论》，李新华、朱进东译，上海文艺出版社，2003。

[17]〔美〕保罗·斯威齐：《资本主义发展论》，陈观烈、秦亚男译，商务印书馆，2017。

[18]〔美〕布莱恩·阿瑟：《复杂经济学：经济思想的新框架》，贾拥民译，浙江人民出版社，2018。

[19]〔美〕大卫·M.科兹：《新自由资本主义的兴衰成败》，刘仁营、刘元琪译，中国人民大学出版社，2020。

[20]〔美〕大卫·哈维：《新自由主义简史》，王钦译，上海译文出版社，2010。

[21]〔美〕丹尼尔·贝尔：《后工业社会的来临——对社会预测的一项探索》，高铦、王宏周等译，新华出版社，1997。

[22]〔美〕丹尼尔·豪斯曼：《经济学的哲学》，丁建峰译，上海人民出版社，2007。

[23]〔美〕赫伯特·西蒙：《现代决策理论的基石：有限理性说》，杨砾、徐立译，北京经济学院出版社，1989。

[24]〔美〕亨利·威廉·斯皮格尔：《经济思想的成长》（上），晏智杰等译，中国社会科学出版社，1999。

[25]〔美〕加里·S. 贝克尔：《人类行为的经济分析》，王业宇、陈琪译，上海三联书店，1993。

[26]〔美〕罗伯特·J. 希勒：《非理性繁荣》，李心丹等译，中国人民大学出版社，2016。

[27]〔美〕罗伯特·L. 海尔布罗纳、〔美〕威廉·米尔博格：《经济社会的起源》，李陈华、许敏兰译，格致出版社、上海人民出版社，2010。

[28]〔美〕罗伯特·希勒：《金融与好的社会》，束宇译，中信出版社，2012。

[29]〔美〕罗伯特·希勒：《叙事经济学》，陆殷莉译，中信出版社，2020。

[30]〔美〕马泰·卡林内斯库：《现代性的五副面孔：现代主义、先锋派、颓废、媚俗艺术、后现代主义》，顾爱彬、李瑞华译，译林出版社，2015。

[31]〔美〕迈克尔·桑德尔：《金钱不能买什么：金钱与公正的正面交锋》，邓正来译，中信出版社，2012。

[32]〔美〕米尔顿·弗里德曼：《弗里德曼文萃》，高榕等译，北京经济学院出版社，1991。

[33]〔美〕希尔顿·L. 鲁特：《资本与共谋》，刘宝成译，中信出版社，2017。

[34]〔美〕谢拉·C. 道：《经济学方法论》，杨培雷译，上海财经大学出版社，2005。

[35]〔美〕约翰·罗尔斯：《正义论》，何怀宏、何包钢、廖申台译，中国社会科学出版社，1988。

[36]〔美〕约瑟夫·E. 斯蒂格利茨：《美国真相：民众、政府和市场势力的失衡与再平衡》，刘斌、刘一鸣、刘嘉牧译，机械工业出版社，2020。

[37]〔美〕约瑟夫·熊彼特：《经济发展理论——对于利润、资本、信贷、

利息和经济周期的考察》，何畏、易家详等译，商务印书馆，1990。

[38] 〔美〕约瑟夫·熊彼特：《经济分析史》第 1 卷，朱泱、孙鸿敞、李宏、陈锡龄译，商务印书馆，1991。

[39] 〔美〕詹姆斯·M. 布坎南：《经济学家应该做什么》，罗根基、雷家端译，西南财经大学出版社，1988。

[40] 〔日〕池田大作、〔英〕阿·汤因比：《展望 21 世纪——汤因比与池田大作对话录》，荀春生等译，国际文化出版公司，1999。

[41] 〔日〕见田石介：《资本论的方法研究》，张小金、郑桦等译，中国书籍出版社，2013。

[42] 〔瑞士〕库尔特·多普菲：《演化经济学：纲领与范围》，贾根良、刘辉锋、崔学锋译，高等教育出版社；2004。

[43] 〔瑞士〕西斯蒙第：《政治经济学新原理》，何钦译，商务印书馆，2009。

[44] 外国经济学说研究会：《现代国外经济学论文选》第 14 辑，商务印书馆，1992。

[45] 〔英〕F. A. 哈耶克：《致命的自负——社会主义的谬误》，冯克利、胡晋华译，中国社会科学出版社，2000。

[46] 〔英〕I. 梅扎罗斯：《超越资本——关于一种过渡理论》（上、下），郑一明等译，中国人民大学出版社，2003。

[47] 〔英〕埃德蒙·惠特克：《经济思想流派》，徐宗士译，上海人民出版社，1974。

[48] 〔英〕安东尼·吉登斯：《现代性的后果》，田禾译，黄平校，译林出版社，2011。

[49] 〔英〕戴维·麦克莱伦：《恩格斯传》，臧峰宇译，中国人民大学出版社，2017。

[50] 〔英〕弗里德里希·奥古斯特·冯·哈耶克：《通往奴役之路》，王明毅等译，中国社会科学出版社，1997。

[51] 〔英〕弗里德里希·冯·哈耶克：《经济、科学与政治》，冯克利译，江苏人民出版社，2000。

[52] 〔英〕赫伯特·斯宾塞：《社会静力学》，张雄武译，商务印书馆，1996。

［53］〔英〕赫伯特·斯宾塞:《社会学研究》,张红晖、胡江波译,华夏出版社,2001。

［54］〔英〕杰弗里·M.霍奇逊:《经济学是如何忘记历史的:社会科学中的历史特性问题》,高伟、马霄鹏、于宛艳译,中国人民大学出版社,2008。

［55］〔英〕卡尔·波兰尼:《大转型:我们时代的政治与经济起源》,冯钢、刘阳译,浙江人民出版社,2007。

［56］〔英〕卡尔·波普尔:《猜想与反驳:科学知识的增长》,傅季重、纪树立、周昌忠、蒋弋为译,上海译文出版社,2015。

［57］〔英〕马丁·阿尔布劳:《全球时代:超越现代性之外的国家和社会》,高湘泽、冯玲译,商务印书馆,2001。

［58］〔英〕马尔萨斯:《政治经济学定义》,何新译,商务印书馆,1960。

［59］〔英〕马克·布劳格等:《经济学方法论的新趋势》,张大宝、李钢等译,经济科学出版社,2000。

［60］〔英〕齐格蒙特·鲍曼:《现代性与矛盾性》,邵迎生译,商务印书馆,2013。

［61］〔英〕琼·罗宾逊:《经济哲学》,安佳译,商务印书馆,2011。

［62］〔英〕琼·罗宾逊、〔英〕约翰·伊特韦尔:《现代经济学导论》,陈彪如译,商务印书馆,1982。

［63］〔英〕西尼尔:《政治经济学大纲》,蔡受百译,商务印书馆,1977。

［64］〔英〕亚当·斯密:《道德情操论》,余涌译,中国社会科学出版社,2003。

［65］〔英〕亚当·斯密:《国民财富的性质和原因的研究》(下),郭大力、王亚南译,商务印书馆,1974。

［66］〔英〕约翰·内维尔·凯恩斯:《政治经济学的范围与方法》,党国英、刘惠译,商务印书馆,2017。

［67］〔英〕约翰·伊特韦尔等:《新帕尔格雷夫经济学大辞典》第4卷(Q-Z),经济科学出版社,1996。

［68］〔英〕詹姆斯·博纳:《哲学与政治经济学——历史关系的考察》,张东辉、夏国军译,商务印书馆,2021。

（四）期刊论文

[1] 毕京京:《深入学习领会习近平新时代中国特色社会主义哲学思想》,《特区实践与理论》2018 年第 1 期。

[2] 卜祥记、丁颖:《感性活动:〈1844 年经济学—哲学手稿〉的核心成果和理论高度》,《云梦学刊》2016 年第 2 期。

[3] 卜祥记、李华:《感性活动——"对黑格尔的辩证法和整个哲学的批判"的核心成果》,《社会科学战线》2012 年第 11 期。

[4] 卜祥记:《马克思"感性活动"理论境域中的"生产力与交往方式"理论》,《哲学研究》2007 年第 2 期。

[5] 卜祥记:《马克思经济批判的哲学境域》,《哲学动态》2006 年第 5 期。

[6] 卜祥记:《"生态文明"的哲学基础探析》,《哲学研究》2010 年第 4 期。

[7] 卜祥记、王子璇:《马克思经济哲学思想研究的理论逻辑与问题域》,《广西社会科学》2021 年第 1 期。

[8] 卜祥记、易美宇:《叙事经济学的理论贡献及其限度》,《苏州大学学报（哲学社会科学版）》2021 年第 4 期。

[9] 卜祥记、曾文婷:《重返人类中心主义——生态学马克思主义的一个基本命题》,《理论界》2004 年第 2 期。

[10] 卜祥记:《〈资本论〉的理论空间与哲学性质》,《中国社会科学》2013 年第 10 期。

[11] 卜祥记:《〈资本论〉理论定向的阐释维度》,《中国社会科学》2020 年第 8 期。

[12] 卜祥记:《资本主义起源问题的检讨》,《社会科学战线》2009 年第 1 期。

[13] 卜祥记、邹丽琼:《马克思对"正义"合法性的劳动本体论奠基》,《马克思主义与现实》2021 年第 4 期。

[14] 曹亚芳:《习近平治国理政的创新思维研究》,《社会主义研究》2016 年第 3 期。

[15] 常改香:《习近平新时代中国特色社会主义思想的哲学意蕴》,《广西

社会科学》2018 年第 6 期。

[16] 邓纯东：《习近平新时代中国特色社会主义思想的本质特征》，《马克思主义研究》2018 年第 8 期。

[17] 邱乘光：《论习近平新时代中国特色社会主义思想》，《新疆师范大学学报（哲学社会科学版）》2018 年第 2 期。

[18] 董必荣：《资本逻辑："经济正义"的当代境遇——〈资本论〉与〈21 世纪资本论〉比较研究》，《伦理学研究》2016 年第 6 期。

[19] 范宝祥、张泽一：《习近平新时代中国特色社会主义思想的马克思主义哲学底蕴》，《学术探索》2018 年第 3 期。

[20] 方世南：《论治国理政思想的唯物史观基石》，《马克思主义研究》2016 年第 7 期。

[21] 冯俊：《习近平新时代中国特色社会主义思想的哲学意蕴专题研究》，《中国井冈山干部学院学报》2018 年第 4 期。

[22] 宫敬才：《马克思政治经济学的哲学性质问题论纲》，《河北学刊》2019 年第 3 期。

[23] 顾海良：《历史视界时代意蕴理论菁华——习近平新时代中国特色社会主义思想研究》，《当代世界与社会主义》2017 年第 6 期。

[24] 韩庆祥、陈曙光、张异宾、蔡昉、王利明、谢春涛：《党的十九大精神专题研究》，《中国社会科学》2018 年第 1 期。

[25] 韩庆祥、陈曙光：《中国特色社会主义新时代的理论阐释》，《中国社会科学》2018 年第 1 期。

[26] 韩庆祥：《习近平新时代中国特色社会主义思想》，《科学社会主义》2017 年第 6 期。

[27] 韩庆祥：《习近平新时代中国特色社会主义思想蕴含的马克思主义立场观点方法》，《毛泽东邓小平理论研究》2019 年第 3 期。

[28] 韩庆祥：《以哲学把握经济的基本方式》，《哲学研究》2020 年第 11 期。

[29] 韩小敬：《老子的哲学与习近平治国理政的思想渊源关系》，《华北理工大学学报（社会科学版）》2016 年第 4 期。

[30] 韩振峰：《习近平治国理政的重要哲学方法》，《人民论坛》2015 年

第 31 期。

[31] 郝立新、周康林：《当代中国马克思主义发展的新境界》，《东南学术》2018 年第 1 期。

[32] 何毅亭：《习近平新时代中国特色社会主义思想是 21 世纪马克思主义》，《新湘评论》2018 年第 13 期。

[33] 洪银兴、刘伟、高培勇、金碚、闫坤、高世楫、李佐军：《"习近平新时代中国特色社会主义经济思想"笔谈》，《中国社会科学》2018 年第 9 期。

[34] 侯惠勤：《习近平新时代中国特色社会主义思想的哲学意蕴》，《马克思主义研究》2018 年第 5 期。

[35] 胡良琼：《论马克思社会有机体理论视阈中的制度缘出及作用》，《科学社会主义》2013 年第 2 期。

[36] 黄海：《新时代坚定理论自信的理性审思》，《马克思主义研究》2021 年第 9 期。

[37] 鞠立新：《略论习近平经济思想的框架结构、主要特点及方法论——研读〈习近平关于社会主义经济建设论述摘编〉》，《毛泽东邓小平理论研究》2017 年第 9 期。

[38] 李欢、周建超：《论习近平的文化建设思想——基于马克思社会有机体理论的视阈》，《广西社会科学》2015 年第 7 期。

[39] 李少军、梅沙白：《习近平新时代中国特色社会主义思想的哲学基础》，《高校辅导员学刊》2018 年第 3 期。

[40] 栗锋：《习近平新时代中国特色社会主义思想与历史交汇期的基本关系》，《甘肃理论学刊》2017 年第 6 期。

[41] 梁波：《新中国成立 70 年马克思主义发展的新境界》，《学习论坛》2019 年第 10 期。

[42] 刘同舫：《构建人类命运共同体对历史唯物主义的原创性贡献》，《中国社会科学》2018 年第 7 期。

[43] 刘伟：《中国特色社会主义政治经济学必须坚持马克思劳动价值论——纪念〈资本论〉出版 150 周年》，《管理世界》2017 年第 3 期。

[44] 刘雅兰、卜祥记：《只有在社会主义制度中才能真正实践生态文明思

想》，《毛泽东邓小平理论研究》2020 年第 9 期。

[45] 鲁品越：《习近平新时代中国特色社会主义思想的总体系统辩证法》，《武汉大学学报（哲学社会科学版）》2018 年第 5 期。

[46] 马戎：《中华文明的基本特质与不同文明的平等共处》，《人民论坛》2019 年第 21 期。

[47] 马戎：《中华文明基本特质与不同文明的平等共处》，《人民论坛》2019 年第 21 期。

[48] 庞元正：《论五大发展理念的哲学基础》，《哲学研究》2016 年第 6 期。

[49] 逄锦聚：《新中国 70 年经济学理论创新及其世界意义》，《社会科学文摘》2019 年 9 期。

[50] 齐卫平：《习近平新时代中国特色社会主义思想：时代回应与理论功能》，《理论与改革》2018 年第 5 期。

[51] 曲星：《人类命运共同体的价值观基础》，《求是》2013 年第 4 期。

[52] 任福全、薄利惠、白晓帅：《习近平治国理政思想的哲学基础探索》，《吉林省社会主义学院学报》2017 年第 2 期。

[53] 任平：《论唯物史观的中国逻辑及其世界意义》，《哲学研究》2019 年第 8 期。

[54] 尚庆飞：《习近平新时代中国特色社会主义思想理论创新的三重维度》，《求索》2017 年第 10 期。

[55] 尚伟：《正确义利观的科学内涵与积极践行》，《马克思主义研究》2021 年第 8 期。

[56] 双传学、毛俊：《唯物史观："四个全面"的理论基石》，《南京师大学报（社会科学版）》2015 年第 5 期。

[57] 苏伟：《习近平对毛泽东矛盾理论的自觉继承与双重创新》，《湖南科技大学学报（社会科学版）》2017 年第 5 期。

[58] 苏振武：《习近平治国理政哲学智慧的思想渊源与运用管窥》，《青海社会科学》2016 年第 3 期。

[59] 谭扬芳：《习近平总书记关于发展的重要论述对唯物史观的创新》，《世界社会主义研究》2018 年第 7 期。

［60］ 唐爱军：《中国方案的哲学阐释》，《人民论坛》2022 年第 2 期。

［61］ 汪丁丁：《经济学理性主义的基础》，《社会学研究》1998 年第 2 期。

［62］ 汪信砚：《习近平新时代中国特色社会主义思想的哲学基础研究述评》，《武汉大学学报（哲学社会科学版）》2018 年第 2 期。

［63］ 王斌：《"五大发展理念"的唯物史观基础》，《中共福建省委党校学报》2017 年第 4 期。

［64］ 王传玲：《习近平新时代中国特色社会主义思想的理论来源》，《学术交流》2018 年第 3 期。

［65］ 王德峰、张敏琪：《论经济学的非历史性——重读马克思〈哲学的贫困〉》，《学术月刊》2021 年第 7 期。

［66］ 王桂泉、贺长余：《习近平新时代中国特色社会主义思想的方法论探究》，《党政干部学刊》2021 年第 8 期。

［67］ 王伟光：《当代中国马克思主义的最新理论成果——习近平新时代中国特色社会主义思想学习体会》，《中国社会科学》2017 年第 12 期。

［68］ 王永贵：《深刻理解把握习近平新时代中国特色社会主义思想的三个维度》，《马克思主义与现实》2018 年第 6 期。

［69］ 王志强：《习近平新时代中国特色社会主义思想的哲学基础》，《科学社会主义》2019 年第 4 期。

［70］ 卫兴华、逄锦聚、顾海良、洪银兴、胡培兆、程恩富：《发展当代中国的马克思主义政治经济学》，《中国社会科学》2016 年第 11 期。

［71］ 魏一明、张占仓：《习近平新时代中国特色社会主义思想的理论逻辑》，《中州学刊》2017 年第 11 期。

［72］ 吴兵：《马克思实践观的双重品格及其经济伦理意义》，《理论探索》2010 年第 1 期。

［73］ 吴晓明：《辩证法的本体论基础：黑格尔与马克思》，《哲学研究》2018 年第 10 期。

［74］ 吴晓明：《以唯物史观引领"三大体系"建设》，《中国社会科学评价》2019 年第 4 期。

［75］ 向松祚：《超越实证经济学方法论》，《国际融资》2020 年第 12 期。

［76］ 谢春涛：《实现中华民族伟大复兴的根本遵循》，《中国社会科学》

2018 年第 1 期。

[77] 谢伏瞻:《新中国 70 年经济与经济学发展》,《中国社会科学》2019 年第 10 期。

[78] 严金强:《论习近平新时代中国特色社会主义经济思想的方法论基础》,《马克思主义研究》2021 年第 3 期。

[79] 杨家祚:《我国理论界关于经济哲学讨论综述》,《国际安全研究》1998 年第 4 期。

[80] 杨金海:《习近平新时代中国特色社会主义思想的几条重大理论主线——十八大以来马克思主义理论创新的辉煌历程与丰硕成果》,《人民论坛·学术前沿》2017 年第 21 期。

[81] 杨卫军:《习近平绿色发展观的哲学底蕴》,《学术论坛》2016 年第 9 期。

[82] 杨卫军:《习近平治国理政的哲学底蕴》,《学习与实践》2016 年第 8 期。

[83] 余达淮、杜鹏宇:《共享发展理念的经济正义取向》,《中学政治教学参考》2019 年第 12 期。

[84] 余源培、赵修义、俞吾金、张军、程恩富、张雄、石磊:《关于经济哲学的笔谈》,《中国社会科学》1999 年第 2 期。

[85] 俞吾金:《把〈经济哲学〉与〈经济的哲学〉区别开来》,《光明日报》1997 年 2 月 15 日。

[86] 袁久红、陈硕:《"历史周期律"难题的时代解答——论习近平的历史观》,《东南大学学报(哲学社会科学版)》2017 年第 3 期。

[87] 臧峰宇:《苏格兰启蒙运动与青年马克思的市民社会理论》,《天津社会科学》2014 年第 2 期。

[88] 张传平:《论准确把握习近平新时代中国特色社会主义思想的方法论原则》,《南京社会科学》2017 年第 12 期。

[89] 张亮:《合目的性与合规律性的有机统一——习近平经济工作中的辩证思维》,《河海大学学报(哲学社会科学版)》2016 年第 1 期。

[90] 张雄:《财富幻象:金融危机的精神现象学解读》,《中国社会科学》2010 年第 5 期。

[91] 张雄:《从历史走向未来的经济哲学》,《光明日报》2017 年 8 月 28 日第 15 版。

[92] 张雄:《当代中国马克思主义政治经济学的哲学智慧》,《中国社会科学》2021 年第 6 期。

[93] 张雄:《对经济个人主义的哲学分析》,《中国社会科学》1999 年第 2 期。

[94] 张雄:《货币幻象:马克思的历史哲学解读》,《中国社会科学》2004 年第 4 期。

[95] 张雄:《金融化世界与精神世界的二律背反》,《中国社会科学》2016 年第 1 期。

[96] 张雄:《全球化背景下的经济正义》,《经济研究参考》2017 年第 18 期。

[97] 张雄:《唯物辩证法与经济"新常态"》,《解放日报》2015 年 2 月 12 日第 11 版。

[98] 张雄:《习俗与市场》,《中国社会科学》1996 年第 5 期。

[99] 张雄:《现代性逻辑预设何以生成》,《哲学研究》2006 年第 1 期。

[100] 张雄:《欲望与市场——关于市场非理性因素的经济哲学思考》,《复旦学报(社会科学版)》1996 年第 5 期。

[101] 张雄:《政治经济学批判:追求经济的"政治和哲学实现"》,《中国社会科学》2015 年第 1 期。

[102] 张雄、朱璐、徐德忠:《历史的积极性质:"中国方案"出场的文化基因探析》,《中国社会科学》2019 年第 1 期。

[103] 张异宾:《从认识论和方法论高度深入学习领会党的十九大精神》,《中国社会科学》2018 年第 1 期。

[104] 赵连中:《习近平治国理政思想体系论纲》,《长白学刊》2016 年第 4 期。

[105] 钟祥财:《习近平经济思想的方法论特点》,《毛泽东邓小平理论研究》2017 年第 6 期。

[106] 周建超:《马克思社会有机体理论视域下的"四个全面"战略布局》,《当代世界与社会主义》2017 年第 1 期。

［107］周建超：《马克思社会有机体理论与科学发展观》，《宁夏社会科学》2008 年第 5 期。

［108］周文、肖玉飞：《中国共产党百年经济实践探索与中国奇迹》，《政治经济学评论》2021 年第 4 期。

［109］朱光磊：《全面深化改革进程中的中国新治理观》，《中国社会科学》2017 年第 4 期。

后　记

　　本书是在《新时代中国特色社会主义经济哲学研究》这篇博士论文的基础上修改完成的，旨在系统性地揭示中国特色社会主义伟大实践和习近平经济思想中的经济哲学意涵，为创新新时代中国特色社会主义政治经济学话语和构建当代中国马克思主义经济哲学范式提供一些理论参考。这无疑是一项充满挑战的工作。仅在写作思路和研究大纲上，课题参与成员就下了很大功夫，经过反复讨论分析后才最终确定，更不用说整个论证过程所付出的努力了。可以肯定的是，当代中国马克思主义经济哲学的丰富内涵必将继续随着中国特色社会主义经济实践的深入而不断丰富和发展。本书作为一个宏观上的理论掠影，若有幸能够开拓读者在理解当代中国经济社会发展奇迹时的视野，就算实现其价值了。

本书作者

2024 年 6 月

图书在版编目（CIP）数据

当代中国马克思主义经济哲学思想研究／易美宇，
邓斯雨著．--北京：社会科学文献出版社，2024.9.
ISBN 978-7-5228-3936-3

Ⅰ.F0-0

中国国家版本馆 CIP 数据核字第 20243P40H5 号

当代中国马克思主义经济哲学思想研究

著　　者／易美宇　邓斯雨

出　版　人／冀祥德
责任编辑／周雪林
责任印制／王京美

出　　版／社会科学文献出版社·马克思主义分社（010）59367126
　　　　　地址：北京市北三环中路甲 29 号院华龙大厦　邮编：100029
　　　　　网址：www.ssap.com.cn
发　　行／社会科学文献出版社（010）59367028
印　　装／三河市尚艺印装有限公司

规　　格／开　本：787mm×1092mm　1/16
　　　　　印　张：16　字　数：255 千字
版　　次／2024 年 9 月第 1 版　2024 年 9 月第 1 次印刷
书　　号／ISBN 978-7-5228-3936-3
定　　价／99.00 元

读者服务电话：4008918866